国家文化公园管理文库
GUOJIA WENHUA GONGYUAN GUANLI WENKU

邹统钎 等著

国家文化公园政策的国际比较研究

International
Comparative Study
on National Cultural
Park Policies

中国旅游出版社

序

2019 年 12 月，中共中央办公厅、国务院办公厅印发《长城、大运河、长征国家文化公园建设方案》（以下简称《方案》），提出建设国家文化公园探索文物和文化资源保护传承利用的新思路、新方法、新机制，做大做强中华文化重要标志。《方案》明确了大方向和时间表，但建什么？怎么建？怎么管？怎么用？法律上如何保障？这需要面对我国文化遗产管理存在的"多头管理、遗产地人口众多、土地产权复杂、资金保障不足、跨区域协调困难"现实，需要借鉴各国先进经验，解决"人地约束"和"权钱难题"，探索中国特色的国家文化公园管理制度，为文化遗产保护与利用提供中国方案。

目　录

第一章
国家文化公园的诞生、目标与
实现路径

国家文化公园建什么？《方案》提出以突出意义、重要影响、重大主题为标准，以打造中华文化重要标志为目标，以国家代表性与全民公益性为原则，建设国家文化公园。未来我国国家文化公园建设的目标是什么？我们首先必须确定未来国家文化公园体系的类型、数量、规模，厘清其与国家公园、世界遗产、国家考古遗址公园等的关系。

一、中国文化遗产保护体系发展演变

国家文化公园是一个既包括文化遗产也包括自然遗产，既包括物质文化遗产也包括非物质文化遗产的遗产体系，但它的主体是文化遗产。中国文化遗产保护事业经过 60 余年的发展，截至 2023 年 5 月，共确立了全国重点文物保护单位 5058 处，国家历史文化名城 142 座，中国历史文化名镇名村 799 个，国家级文化生态保护区 12 个，国家考古遗址公园 55 处。目前正在建设的国家文化公园都包含上述类型遗产，正在以一个包罗万千的制度构思出现在文化遗产保护体系的顶端，那么如何协调国家文化公园和现有文化遗产保护体系的关系？又该怎样确立国家文化公园的主体地位并构建具有中国特色的文化遗产保护体系？与此相比，关于自然保护地体系的相关研究较为充分①，现已形成了以国家公园为主体，以自然保护区为基础、各类自然公园为补充的自然保护地管理体系。文化遗产保护体系研究任重道远，文化遗产管理不能"只见树木、不见森林"，但目前缺乏对遗产管理体系的整体研究设计。

根据文化遗产制度特性和相关政策文件，可将我国的文化遗产保护体系发展历程划分为以下三个阶段。

（一）以文物本体保护为中心阶段

20 世纪 50 年代，文物惨遭战争摧损和流失海外两大冲击，我国文化遗产保护体系建设起步。1956 年，国务院颁布《关于在农业生产建设中保护文物的通知》，"文物保护单位"地位得到首次确立，意指经过国家相关部门指定、受国家保护的不可移动文物，包括构筑物、建筑物、遗址或历史场所（site）②。随后，1961 年国务院发布第一批全国重点文物保护单位名单，标志着我国"文物保护单位"制度正式启动③。此外，为避免文物古迹在大规模的社会主义建设中进一步受到损害，《中华人民共和国文物保护法》于 1982 年出台。至此，我国初步形成了以"文物"为核心的文化遗产保护体系。该阶段对文化遗产的认识还仅限于文物，而仅以"文物保护单位"为主的单核文化遗产保护体系远不能彰显我国文化遗产的丰富性和多样性。

（二）多类型保护体系形成阶段

自 1982 年始，经 40 余年的创设和实践，我国文化遗产保护体系不断壮大。在城市建设与遗产保护矛盾加剧的背景下，1982 年国务院公布了首批国家级历史文化名城，旨在保存文物特别丰富且具有重大历史价值或者革命纪念意义的城市；2008 年《历史文化名城名镇名村保护条例》出台，其保护范畴进一

---

① 张建亮，王智，徐网谷. 以国家公园为主体的自然保护地分类方案构想［J］. 南京林业大学学报（人文社会科学版），2019，19（3）：57-69.

② 黄明玉. 文化遗产概念与价值的表述——兼论我国文物保护法的相关问题［J］. 敦煌研究，2015（3）：134-140.

③ 曹昌智. 中国历史文化遗产的保护历程［J］. 中国名城，2009（6）：4-9.

步向街区、镇、村寨延伸①。同期，为顺应旅游业发展趋势，1982 年国务院将"具有观赏、文化或科学价值，自然景物、人文景物比较集中，环境优美，可供人们游览、休息，或进行科学文化教育活动，具有一定的规模和范围"的地域划定为风景名胜区，并于 1985 年颁布《风景名胜区管理暂行条例》②。此外，作为统筹遗址保护与城市民生发展的有效途径，遗址公园在中国历经多年探索③；2009 年，国家文物局印发《国家考古遗址公园管理办法（试行）》④，明确了国家考古遗址公园是"以重要考古遗址及其背景环境为主体，在遗址保护和展示方面具有全国性示范意义，并且有游憩、科研功能的公共空间"，国家考古遗址公园在我国正式付诸实践⑤。特别地，在"文化多样性"国际思潮的推动下，"国家级文化生态保护区"的方案在《国家"十一五"时期文化发展规划纲要》（2006 年）中启动⑥；随后，我国颁布《中华人民共和国非物质文化遗产法》（2011 年）。在《国家级文化生态保护区管理办法》（2019 年）中指"以保护非物质文化遗产为核心，对历史文化积淀丰厚、存续状态良好、具有重要价值和鲜明特色的文化形态进行整体性保护，并经文化和旅游部同意设立的特定区域"⑦。由此，我国文化遗产保护范围从点状性走向区域性，保护类型亦从有形拓展至无形⑧。

经该阶段发展，历史文化名城名镇名村、风景名胜区、国家考古遗址公园、文化生态保护区等保护制度相继建立，文化遗产保护体系逐渐完善。

---

① 杨丽霞.文化遗产保护和旅游发展［D］.南京：东南大学，2005.

② 2006 年国务院颁布《风景名胜区条例》，将风景名胜区等级划分更改为国家级和省级两级，并明确国务院建设主管部门负责全国风景名胜区的监督管理工作，国务院环境保护主管部门、林业主管部门、文物主管部门参与相应的管理工作。

③ 郭薇.考古遗址公园规划的反思与建议［J］.建筑创作，2018（3）：80-85.

④ 2022 年国家文物局组织修订了《国家考古遗址公园管理办法》，现已公布施行。

⑤ 滕磊.国家考古遗址公园的实践与思考［J］.博物院，2018（5）：93-98.

⑥ 周建明，所萌，岳凤珍.文化生态保护区的理论基础与规划特征［J］.城市规划，2014，38（S2）：49-54.

⑦ 李晓松.文化生态保护区建设的时间性和空间性研究［J］.民俗研究，2020（3）：33-45，158.

⑧ 孙华.文化遗产概论（上）——文化遗产的类型与价值［J］.自然与文化遗产研究，2020，5（1）：8-17.

（三）保护体系升级改革阶段

在民族复兴、文化强国建设和旅游发展的复调背景下，2019年中央审议通过了《方案》，标志着我国国家文化公园项目正式启动[①]。国家文化公园是由国家批准设立，为打造国家文化重要标志、坚定国家文化自信、增强国民文化认同，整合具有国家代表意义的文化遗产和文化资源，以保护传承利用、文化教育、公共服务、旅游观光、休闲娱乐、科学研究为主要功能，实行公园化管理运营，具有特定开放空间的公共文化载体[②]。目前，国家文化公园仍处于创建和探索阶段。具体来说，其面临两大任务：一是以创建权责明确、运营高效的管理模式为目标，旨在打造新时代文化遗产保护传承利用中国方案的典范；二是解决现有文化遗产保护的局限性问题，助力文化遗产保护体系的顶层设计。

国家文化公园的诞生作为文化遗产保护体系现有矛盾的"催化剂"，为优化保护体系的内部结构提供了契机。由此，我国文化遗产保护体系正式迈入高标准高效益升级改革阶段（图1-1、图1-2）。

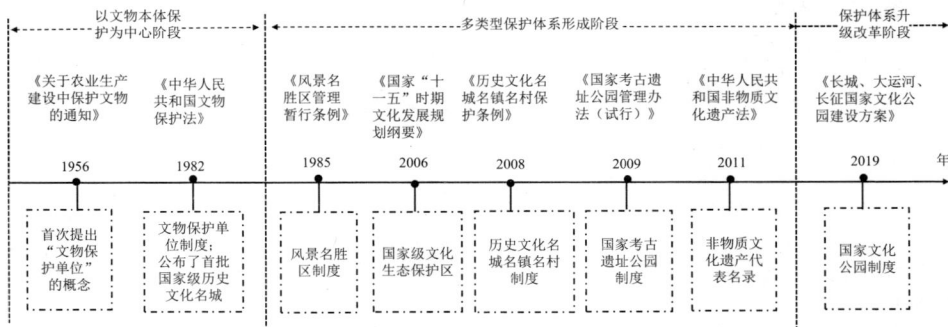

图1-1　中国文化遗产保护体系发展历程

[①] 中共中央办公厅、国务院办公厅印发《长城、大运河、长征国家文化公园建设方案》[EB/OL].（2019-12-05）[2022-10-6]. http://www.gov.cn/xinwen/2019/12/05/content_5458839.htm.

[②] 邹统钎.国家文化公园的整体性保护与融合性发展[J].探索与争鸣，2022（6）：8-11.

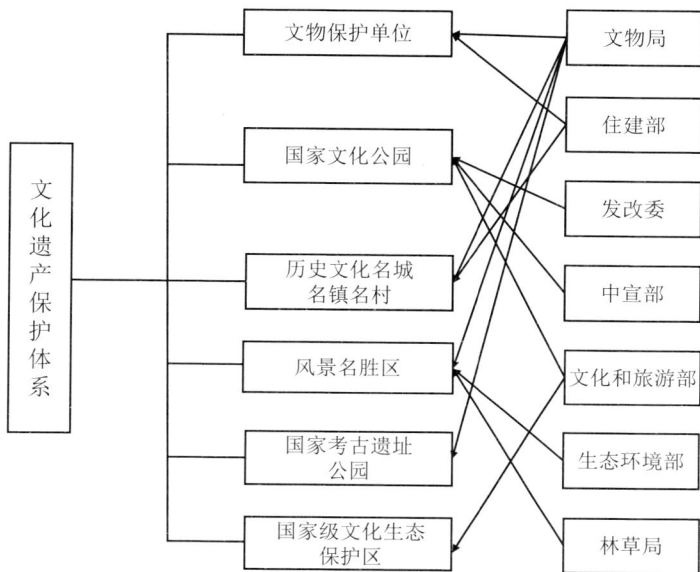

图 1-2 中国现有文化遗产保护体系

二、中国文化遗产保护体系现存问题

在国家文化公园建设的背景下，综观现有文化遗产保护体系的现存问题，我国文化遗产保护实践明显滞后于保护要求[①]，其问题集中体现在保护观念的落后、类型体系存在的"一地多牌"难题、多头管理和条块分割的管理体制以及有待完善的保障机制对遗产管理的威胁，并互为影响并共同作用于保护体系效用的发挥。

（一）保护观念：缺乏整体性保护意识

保护观念作为思想根源，直接决定了文化遗产的保护模式和管理成效，并可能造成类型体系、保障机制和管理体制的决策失误。

保护理念的落后体现为整体性和多样性保护理念不足，线性遗产的整体性

---

① 喻学才.我国当前文化遗产保护存在的八大难题［J］.旅游学刊，2005，20（5）：12-13.

保护与国际社会相比存在一定差距；此外，对文化遗产所蕴含的民族符号的价值理解不深刻也导致了公众的遗产自觉保护意识未普遍形成，往往将遗产保护置于经济开发效益之后。总体上看，保护观念作为遗产保护体系产生诸多问题的总根源①，在一定程度上会妨碍类型体系、保障机制和管理体制建设，影响文化遗产保护体系的整体效能。国家文化公园制度将从"整体性"角度完善以往制度的不足，整合具有突出意义、重要影响、重大主题的线性文化资源并进行整体性保护，将为遗产保护提供整体性的解决方案。

（二）管理体制：多头管理、条块分割

管理体制是导致遗产保护难以实现理想化目标的制度根源，多头管理和条块分割等管理制度诱因必然导致保护效力低下。

管理主体多元化是我国文化遗产管理体制存在的主要弊端。长期以来，我国根据文化遗产的资源属性和管理职权实行条块管理，文化遗产保护受上级主管部门和地方部门的双重控制②；且负责文化遗产的主管部门繁杂，涉及文旅、文物、林草、住建等多个部门，存在职权交叉、责任不明等保护漏洞，缺乏有效的统筹协调沟通机制，导致政出多门和管理效率低下，致使遗产保护难以实现理想化的总目标。

特别地，国家文化公园所涉及的文化资源，都是跨省域，涉及多个部门的大型线性遗产，如长城跨越 15 个省份，大运河跨越 8 个省份，长征跨越 14 个省份，黄河跨越 9 个省份等，并由文化和旅游部、自然资源部、水利部等多个部门管辖。建设国家文化公园，面临着遗产地原住居民人口多、土地产权复杂、自然与文化遗产交叠、多头管理、跨省域协调困难等现实问题，亟须突破现有的多头管理难题，建立稳定统一的国家文化公园管理机构和高效的协调机制。

---

① 祁黄雄，杨锐，左川．我国保护性用地体系的分析［J］．水土保持研究，2004（3）：10-13，56.

② 张昕竹．自然文化遗产资源的管理体制与改革［J］．数量经济技术经济研究，2000（9）：9-14.

（三）类型体系：体系繁杂、一地多牌

类型体系作为驱动因素，其"一地多牌"等分类问题在一定程度上妨碍了管理体制的决策。

我国文化遗产保护体系类型多样、体系繁杂[1][2]。究其根本，其分类依据混乱是造成类型结构复杂的主要原因。目前，我国文化遗产的分类除了以行政区域为标准划分以外，还基于资源属性展开，但文化资源属性多元，难以简而概之为一类，因此"一地多牌"现象广泛存在。例如，不少国家级风景名胜区兼具自然保护区、文物保护单位、森林公园、地质公园、水利风景区等多个属性[3]。相应地，属性的多元化也是多头管理等体制问题产生的温床。此外，线性遗产在分类体系中体现不明，如大运河、丝绸之路等，常以"点状遗产"形式存在，不仅削弱了线性文化景观的完整性，也切断了文物点之间的内在联系[4]。我国文化遗产分类体系的合理性和科学性有待商榷。

（四）保障机制：资金短缺、人才匮乏、法律缺位

保障机制如资金短缺、人才匮乏和法律缺位等都是遗产保护效能的制约因素，并限制着管理体制的制度运转。

首先，法律法规是管理的依据。至今，我国仅有一部《中华人民共和国文物保护法》，存在指导性强、可操作性弱等问题[5]。其次，文化遗产队伍中人才的匮乏制约了相应部门的管理能力。在人才结构上，一是缺乏战略性的管理人才，二是缺乏将文化遗产转化为市场对路的营销人才，三是缺乏对遗产有感情的从业人员，非物质文化遗产传承后继无人现象严峻。最后，资金筹集机

---

[1]　马婷婷，肖细苗.风景名胜区保护管理的问题与对策［J］.规划师，2015，31（S2）：25-28.

[2]　贾建中，邓武功.建立具有中国特色的国家遗产保护体系［J］.中国园林，2010，26（9）：4-6.

[3]　邰艳丽，王磐岩.关于国家级风景名胜区管理机制的问题研究［J］.中国园林，2015，31（12）：80-86.

[4]　严国泰，林轶南.对构建历史边界线路遗产保护体系的思考［J］.中国园林，2012，28（3）：94-98.

[5]　朱之勇.论我国当前文物保护的困境与对策［J］.学术探索，2012（5）：94-97.

制不健全也限制了我国文化遗产保护工作的长足进展。资金投入主要来自国家下拨的扶持资金与各级政府设立的专项资金，缺少有效的引导和专业的融资机构[①]。资金、人才和法律作为保障机制，制约着文化遗产保护工作的运转且限制着管理体制的健全与发展。

三、国外文化遗产管理经验的借鉴

1810 年，英国诗人威廉·华兹华斯（William Wordsworth）提议将英格兰的"湖区（lake district）"建设成为"每个人都享有权益的某种国家财产（national property），供人民用眼睛来感知，用心灵来感受"。1832 年，美国艺术家乔治·卡特林（George Catlin）为了保护北美水牛、荒野（wilderness）和印第安文化，提议建立"国家的公园（Nation's Park）"："为美国有教养的国民、为全世界、为子孙后代保存和守护这些标本。其中有人也有野兽，所有的一切在自然之美中都处于原始和鲜活的状态。"

创立国家公园的一个共同的想法是：为子孙后代保护"野生自然"，并将其作为民族自豪感的象征。1872 年，黄石国家公园创立之初就提出其创立的宗旨是"为人民谋福利和享受的公共公园或游乐园"。美国国家公园管理局的使命就是"完好无损地保护国家公园系统的自然和文化资源和价值，以供今世后代享受、教育和启发"。

从设立目的看，多数国家公园都基本遵循了世界自然保护联盟（IUCN）"保护大尺度生态过程以及这一区域的物种和生态系统特征"的原则，但在具体设立国家公园上，各国又各有侧重，美国国家公园侧重自然原野地，非洲侧重野生动物栖息地，欧洲侧重人工半自然乡村景观。

波兰是最明确提出文化公园（波兰语：park kulturowy）这个概念的。波兰的文化公园是遗产名录中对波兰文化遗产的文化景观级对象的指定[②]。截至

---

① 吕寒，李怀亮，刘璐.论当前文化遗产环境约束的制度含义［J］.艺术百家，2012，28（6）：228-230.

② Ustawa z dnia 23 lipca 2003 r. o ochronie zabytków i opiece nad zabytkami, Dz. U. z 2003 r. Nr 162, poz. 1568.

2019 年，波兰国家遗产委员会列出了 38 个文化公园（该清单是不确定的，因为地方公社没有义务报告文化公园的建立)[①]。对我国国家文化公园管理影响重大的管理制度是欧洲的文化线路与美国的国家文化公园制度。

（一）欧洲文化线路理念与分类体系

欧洲的文化线路（Cultural Routes）是对线性遗产管理最早与最系统的探索。欧洲文化线路希望通过文化建立和维护欧洲共同的价值观。1960 年，欧洲委员会"欧洲的延续"小组提交《将欧洲重要文化遗产融入居民休闲文化》报告，提出通过旅游重新发掘共同遗产，促进文化互动、宗教对话、景观保护和文化合作。1980 年，文化线路概念颁布。1987 年，欧洲共识最广的宗教主题文化线路——圣地亚哥朝圣之路正式确立。欧洲文化线路包括五大主题：宗教遗产、历史与文明、艺术和建筑、景观和手工艺、工业和科学遗产。时至今日，欧洲已认定 45 条文化线路（图 1-3）。

（二）美国国家公园体系

一般人们都以为美国只有自然遗产公园，但实际上，美国的国家公园是个体系（National Park Systems），在这个体系中，既包括国家公园，也包括类似于国家文化公园的国家资产体系。这个体系具体如表 1-1 所示。

---

① List of cultural parks maintained by the Narodowy Instytut Dziedzictwa（retrieved August 4, 2019）.

圣地亚哥朝圣之路

欧洲的犹太遗产之路

法兰西罗马之路

圣马丁游览之路

欧洲的克吕尼遗产

欧洲西多会修道院之路 ——— 宗教遗产

圣·奥拉夫朝圣之路

胡格诺教和韦尔多教之路

改革之路

罗密欧·日耳曼尼卡之路

西里尔和美多德之路

莫扎特之路

欧洲墓地之路

欧洲温泉城市线路

古罗马文化之路

新艺术运动网络

20世纪欧洲政治极权主义地区的建筑遗产 —— 艺术和建筑

罗伯特·路易斯·史蒂文森之路

格兰德地区的防御工事之路

勒·柯布西耶之路

印象派之路

阿尔瓦·阿尔托之路

汉萨之路

维京之路

腓尼基人之路

安达路西亚的厄尔尼诺加佳多之路

璃加通道

史前岩画艺术足迹

罗马皇帝与多瑙河酒之路

拿破仑之路

欧洲巨石文化之路

哈布斯堡之路

查理五世之路

查理曼大帝之路

铁幕之路

欧洲解放之路

欧洲历史园林之路

铁器时代多瑙河路线

欧洲之路达达尼昂

埃涅阿斯之路

历史与文明

线路主题

钢铁之路

葡萄之路

橄榄树之路

陶瓷之路

景观和手工艺

工业和科学遗产 ——— 欧洲工业遗产之路

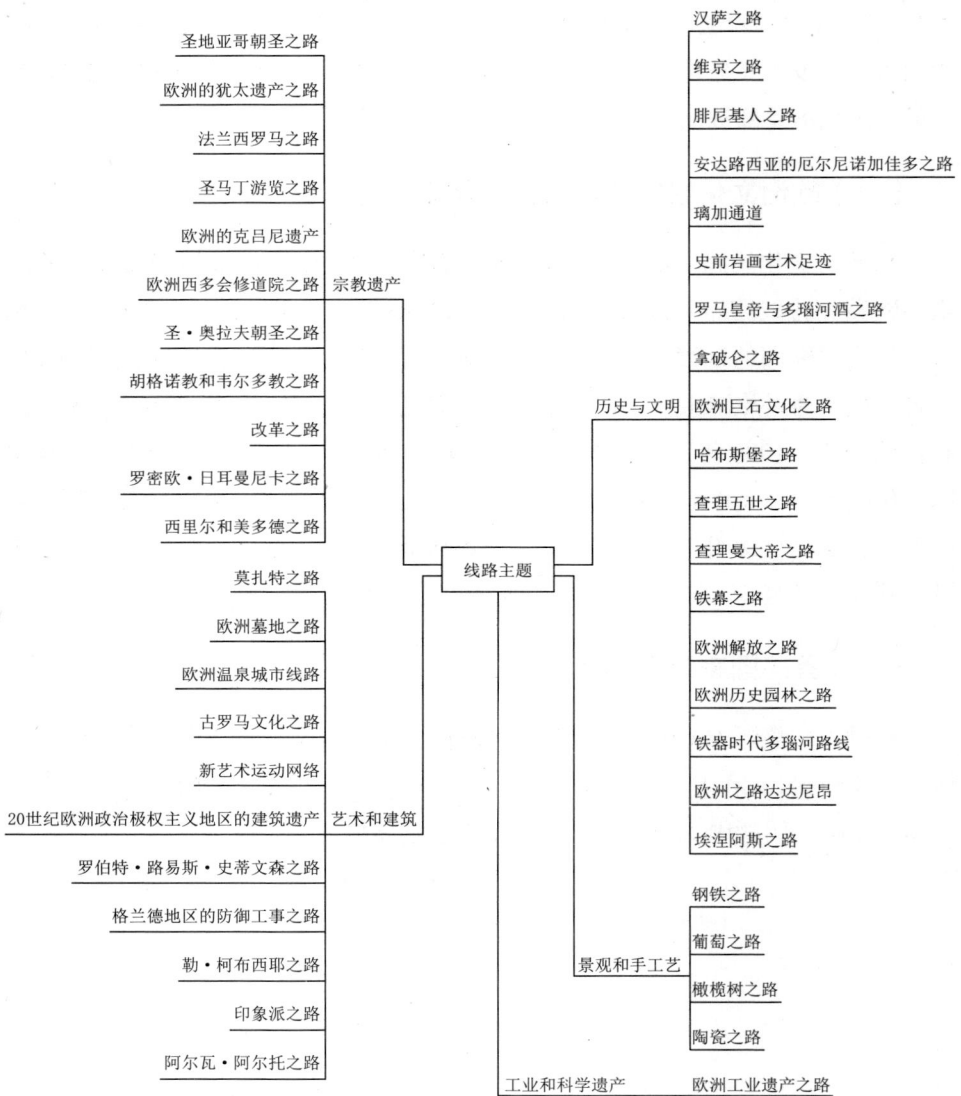

图 1-3 欧洲文化线路体系

表 1-1 美国国家公园体系

分类（数量）
1. 国家战场（11）
2. 国家战场公园（4）
3. 国家战场遗址（1）
4. 国家军事公园（9）
5. 国家历史公园（57）
6. 国家历史遗迹（76）
7. 国际历史遗迹（1）
8. 国家湖滨（3）
9. 国家纪念馆（30）
10. 国家纪念碑（83）
11. 国家公园（62）
12. 国家园林大道（4）
13. 国家保护区（19）
14. 国家保留区（2）
15. 国家游憩区（18）
16. 国家河流（5）
17. 国家野生风景河川和水道（10）
18. 国家风景步道（3）
19. 国家海滨（10）
20. 其他区域（11）

四、国家文化公园建设目标体系与改革路径

中国国家文化公园是由国家批准设立，为打造中华文化重要标志、坚定国家文化自信、增强国民文化认同，整合具有国家代表意义的文化遗产和文化资源，以保护传承利用、文化教育、公共服务、旅游观光、休闲娱乐、科学研究为主要功能，实行公园化管理运营，具有特定开放空间的公共文化载体[①]。

（一）以整体性保护和相容性利用为原则，重塑保护理念

世界遗产保护原则为我国文化遗产体系的整合优化提供了依据。纵观国际文化遗产保护理念的演变历程，总体趋势体现在从真实性保护向完整性保护拓

① 邹统钎.国家文化公园的整体性保护与融合性发展［J］.探索与争鸣，2022（6）.

进，从专注保护向相容性利用拓展。在遗产保护方面，自 1964 年《威尼斯宪章》正式提出"真实性"的概念以来，真实性的内涵从"本体真实"过渡到"过程真实"，继而演变成"环境真实"，保护理念从"真实性"保护向"完整性"保护转变。在遗产利用方面，1979 年，《巴拉宪章》提出谨慎地利用是一种文化遗产保护方式；文化遗产利用成为遗产阐释与展示、促进其可持续利用的手段。

国际文化遗产的整体性保护理念已成共识，相容性利用原则也为解决遗产保护与利用的矛盾问题提供了思路。我国应遵循国际遗产保护理念，创造使文化遗产保护和利用相兼容并互惠的最大条件，保护文化遗产整体而不仅是个体，保护遗产所处的环境而不仅是遗产本身，保护遗产所承载的多元价值而不仅是物质载体；最大限度地实现遗产与生态、生产及生活相容性发展，激发文化活力和提高文化软实力。以线性遗产保护为核心的国家文化公园的诞生既是对文化遗产整体性保护理念的贯彻，也是对相容性利用理念的拓展，我国应延续国家文化公园的发展思路[1]。

（二）以国家文化公园为统领，重构中国文化遗产保护体系

我国的文化遗产类型体系主要面临分类交叉和分类遗漏等问题。我国现有的文化遗产分类体系具有一定特殊性：一是划分标准不一，既涉及以行政区域为划分标准的历史文化名城名街名镇（村），又包含以资源属性为划分标准的国家考古遗址公园和国家文化生态保护区等；二是保护模式多样，包括名录式保护和空间保护两种模式。其中，名录式保护的核心在于通过编制遗产名录，对文化遗产进行认定和分类，明确保护对象，为后续的保护工作提供依据；空间保护则更侧重于文化遗产所在的物理空间和环境，通过划定保护区域，对文化遗产及其周边环境进行整体性保护。

当前世界自然保护联盟（International Union for Conservation of Nature,

---

① 刘鲁，郭秋琪，吴巧红．立足新时代，探索新路径——"国家文化公园建设与遗产活化"专题研讨会综述［J］．旅游学刊，2022，37（8）：150-158．

IUCN）以及大多数国家在建设自然保护地体系中呈现的共识性分类原则包括：第一，选择设定体系化的管理目标以划分遗产类型；第二，基于资源管理保护的整体性、联系性原则，各类保护地间应当不发生交叉重叠或者重复命名的现象 ①。

　　依据以上分类原则，并结合我国遗产管理的既有现状，新的分类体系不能"另起炉灶"，但需要保护高效。据已公布的《国家考古遗址公园管理办法》《国家级文化生态保护区管理办法》《历史文化名城名镇名村保护条例》可知，已明确规定将文物资源或非物质文化遗产资源作为申报条件之一；从国家文化公园现有的建设范围来看，同样建立在文物保护单位和非物质文化遗产基础之上。因此，文物保护单位和非物质文化遗产的基础地位不可动摇。此外，国家文化公园的建设范围正不断扩大，国家文化公园体系作为我国文化遗产整体性保护和相容性利用的典范，其统领作用需得以体现。对具有突出价值和典型意义的文物保护单位和非物质文化遗产代表性项目实施国家文化公园体系化保护，在保护的基础上有效发挥遗产最大的利用价值，既符合我国现有的文化遗产制度逻辑，也使得国家文化公园的统领作用有效发挥。同时，历史文化名城体系、文化生态保护区体系以及考古遗址公园作为以文物资源、非物质文化遗产资源以及大遗址资源的空间实践，应作为名录式保护的补充。此外，风景名胜区正在纳入自然保护地体系的发展过程中，仅作为文化遗产的保护称号使用。综上所述，中国文化遗产保护体系的分类建议是：以文物保护单位和非物质文化遗产为基础，以国家文化公园为统领，以历史文化名城名镇名村、文化生态保护区和国家考古遗址公园为补充的文化遗产保护体系（图 1-4 和表1-2）。

　　这种文化遗产分类体系致力于解决现有的分类症结，并具有如下优势：一是系统性，在资源属性的基础上，明晰名录保护和空间保护两种保护模式，并进行有效梳理；二是层级性，强调国家文化公园体系的统领地位，以历史文化

———————

① 刘超. 以国家公园为主体的自然保护地体系的法律表达［J］. 吉首大学学报（社会科学版），2019，40（5）：81-92.

名城体系、文化生态保护区和国家考古遗址公园分别作为补充；三是衔接性，吸收了我国已有的保护成果，实现了与现有的文化遗产保护体系的有效衔接，具有一定可行性；四是目标性，综合考虑"管理目标"和"保护对象"，不同类型文化遗产的特性及功能定位清晰明确，化解分类交叉等难题。

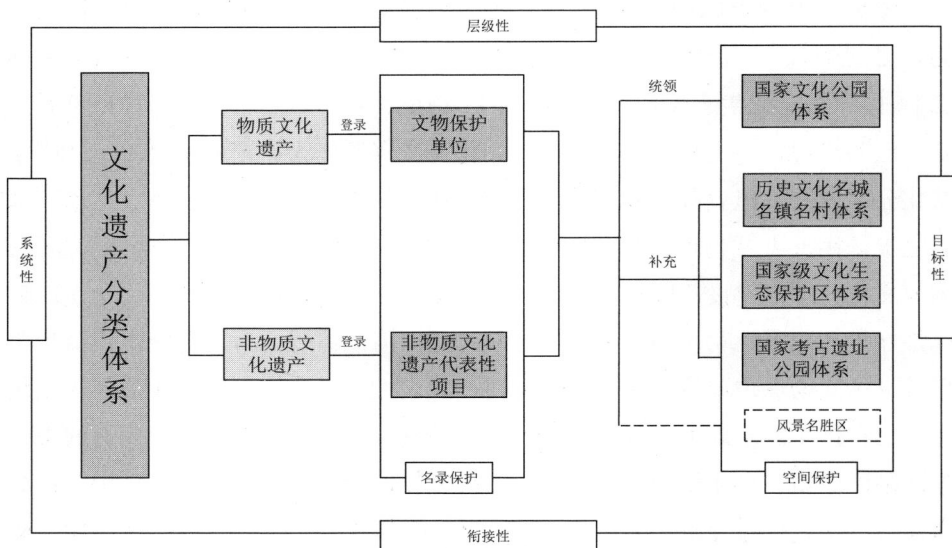

图 1-4　文化遗产分类体系重构示意图

表 1-2　文化遗产空间保护体系

类别	保护对象	管理目标
国家文化公园	具有国家代表性、突出意义、重要影响和重大主题的长城、大运河、长征、黄河、长江等线性遗产资源	实现遗产整体性保护和相容性利用，打造中华文化标志
历史文化名城名镇名村	文物特别丰富，具有重大历史文化价值和革命意义的城市、乡镇和村落	实现遗产完整性和真实性保护，弘扬优秀传统文化
国家级文化生态保护区	非物质文化遗产代表性项目集中、特色鲜明、形式和内涵保持完整的特定区域	实现文化生态的区域性整体保护，促进遗产的活态利用
国家考古遗址公园	在考古遗址保护和展示方面具有全国性示范意义的特定公共空间	实现文化高质量发展，促进考古成果转化

（三）以统一机构为前提，优化管理体制

自然保护地的管理体制改革走在了文化遗产前列，已基本实现从"分部门管理"走向"统一管理"的体制改革。回顾其改革历程，旧有的自然保护地分属于多个部门[①]；逐渐暴露出权责不清、定位不明、各自为政和管理低效等问题。基于此，2018 年中共中央印发《深化党和国家机构改革方案》，在自然资源部下设国家林业和草原局，加挂国家公园管理局牌子，并将多部门的自然保护区、风景名胜区、自然遗产、地质公园等管理职责加以整合[②]，负责管理以国家公园为主体的自然保护地体系。实践证明，此举有利于强化国家公园在自然保护地体系的主体地位，也有助于自然保护地的统一管理。

基于自然保护地管理体制改革的发展路径，文化遗产管理体制也应通过机构调整优化顶层设计，由"多头管理"向"统一管理"转变。一是要整合国家文物局与文化和旅游部非物质文化遗产司的职能，组建文化遗产管理局，将物质文化遗产和非物质文化遗产进行统一管理，旨在实现统筹文化生态系统治理的目标；二是在文化遗产管理局加挂国家文化公园管理局牌子，将住建部、发改委、中宣部等部门的相关管理职责进行整合，并内设相应的管理机构，负责管理以国家文化公园为统领，以历史文化名城名镇名村、国家级文化生态保护区和国家考古遗址公园为补充的文化遗产保护体系，以破解"多头管理、部门分治"的制度障碍。至此，形成稳定统一和高效协调的文化遗产管理机制，实现文化遗产资源治理能力现代化（图 1-5）。

---

① 朱彦鹏，李博炎，蔚东英，等 . 关于我国建立国家公园体制的思考与建议 [J] . 环境与可持续发展，2017，42（2）：9-12.

② 赵金崎，桑卫国，闵庆文 . 以国家公园为主体的保护地体系管理机制的构建 [J] . 生态学报，2020，40（20）：7216-7221.

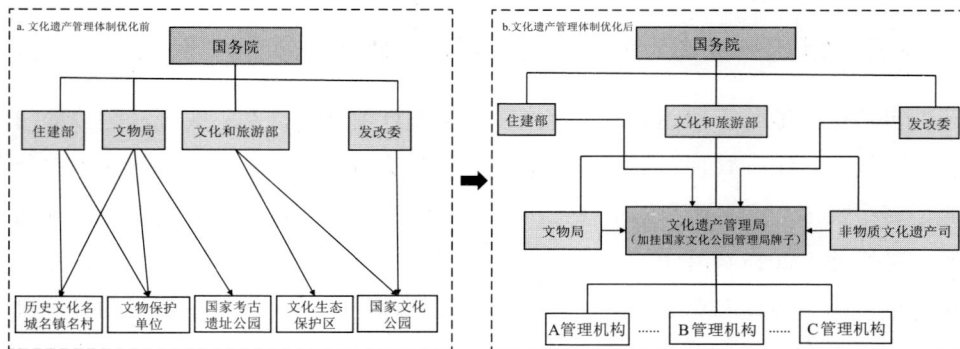

图1-5　文化遗产管理体制优化前后示意图

（四）以"人、财、法"护航，升级保障体系

在保障体系方面，我国现有的文化遗产保护体系面临人才匮乏、资金短缺和法律缺位三大难题。

专业型人才配置是文化遗产保护体系得以高效运转的重要保障。法国的国家建筑师、历史文物建筑主任建筑师、遗产建筑师等专业型人才，在推动文化遗产的普查、设计、修缮、研究和监管等方面发挥了巨大作用。结合我国具体情境，强化人才队伍建设应把握两点要义：一方面，在人员引进和编制上向专业技术人员倾斜，形成更有实效的人才队伍格局；另一方面，建立科学的遗产保护培训体系，优化管理人才、营销人才和技术人才，促进文化遗产事业健康发展。

资金保障机制是文化遗产持续稳定发展的支柱力量。墨西哥政府为保护文物古迹免受自然和人为的破坏，为文物古迹购买保险。法国充分发挥民间组织的力量（如历史纪念物基金会、文化艺术遗产委员会、考古调查委员会等），缓解政府的资金拨款压力。美国利用特许经营制度，对餐饮、交通、住宿等辅助设施公开招标，引入市场机制。结合我国国情，我国文化遗产地经济发达程度差异悬殊，需因地制宜，可建立"拨款＋债券＋基金"等复合资金机制；即在东部发达地区充分发挥民间与市场的作用，在西部贫困地区则加大财政拨款，实现遗产保护资金多元发展。

　　法律保障机制是提升文化遗产管理能力的重要筹码。法国自大革命时期的文化遗产管理初创阶段发展至今，先后颁布了一百多部相关法律，在遗产保护领域走在世界前列①。美国实行"一园一法"制度，通过有针对性地立法在管理上取得了一定成效。与之相比，我国在文化遗产保护领域的立法存在不全面和操作性弱等问题。因此，我国应强化专项立法，制定相应的实施细则，构建起以《中华人民共和国宪法》为基础，以《中华人民共和国文物保护法》为主干，以国家文化公园等不同类型的文化遗产保护法规规章为基础的立法体系，为文化遗产筑实法律保护屏障。

五、建设国家文化公园统一管理体系

　　为提高我国文化遗产现代化治理能力和管理效能，构建科学而系统的文化遗产保护体系是国家文化公园面临的首要任务。遵循"现状—问题—建议"的研究逻辑，以国家文化公园的建设为突破口，助力完善文化遗产保护体系的顶层设计。在回顾文化遗产保护体系的发展历程的基础上，探索文化遗产保护体系面临的现实障碍，并从国际对比研究的视角探讨了我国文化遗产保护体系的改革路径，在对原则、目标和内容分析的基础上，提出以国家文化公园的建设为改革突破点，建议以完整性和多样性理念为指导，重塑保护观念；以国家文化公园为统领，重构分类体系；以统一机构为前提，优化管理体制；以"人、财、法"护航，升级保障体系；提出为打造文化遗产保护体系的中国模式提供了方向与建议。特别需要提出文化遗产保护体系的分类建议，即形成以文物保护单位和非物质文化遗产为基础，以国家文化公园为统领，以历史文化名城名镇名村、国家级文化生态保护区和国家考古遗址公园为补充的文化遗产保护体系。通过国际对比研究、国内相关工作参考借鉴，基于"整体性"和"系统性"思维，提出中国国家文化公园创建的基本思路，为明确其创建的目标、标准和路径作出了有益尝试。

---

　　①　王珊.法国和意大利文化遗产保护的经验与启示［J］.华北电力大学学报（社会科学版），2015（2）：74-79.

第二章

国家文化公园管理体制的国际比较

一、国家文化公园管理的核心思想与理论基础

（一）国家文化公园管理的国家要求

1. 国家文化公园管理的指导思想

国家文化公园的概念和建设事业是中国创举，是习近平新时代中国特色社会主义思想在文化领域的重要体现和战略落点。自 2017 年 5 月，中共中央办公厅、国务院办公厅印发的《国家"十三五"时期文化发展改革规划纲要》中明确要规划建设一批国家文化公园，形成中华文化的重要标识以来，国家陆续出台一系列文件，持续统筹推进国家文化公园建设。2019 年 7 月 24 日，中央全面深化改革委员会会议审议通过了《方案》，强调以长城、大运河、长征沿线一系列主题明确、内涵清晰、影响突出的文物和文化资源为主干，生动呈现中华文化的独特创造、价值理念和鲜明特色，促进科学保护、世代传承、合理利用，积极拓展思路、创新方法、完善机制，同时首次明确了重点建设管控保护、主题展示、文旅融合、传统利用四类主体功能区。2021 年 4 月 25 日国家发展改革委等 7 部门印发的《文化保护传承利用工程实施方案》，明确国家文化公园建设应区分重点项目和其他项目，并详细罗列了国家文化公园主要建设内容。"整合长城、大运河、长征、黄河、长江沿线等重要文化资源，强化文

物和非遗真实完整保护传承，重点建设管控保护、主题展示、文旅融合、传统利用等主体功能区。"2022 年 8 月 30 日，中共中央办公厅、国务院办公厅印发的《"十四五"文化发展规划》一文在推进国家文化公园建设方面，提出了明确要求。此外，先后出台的《长城国家文化公园建设保护规划》《大运河国家文化公园建设保护规划》《长征国家文化公园建设保护规划》等也为国家文化公园管理体制研究指明方向并提出要求。

2. 管理体制机制改革

国家文化公园的管理主要涉及"人、权、事、资金"方面的问题。国家文化公园在建设过程中，也一直面临着这些问题。在"哪些人管"上，研究建立全国统一的管理机构，构建"统分结合"的基本框架。设立统一管理机构是国际一般做法，但需考虑中外国情的差异。在土地征用或职能指导方面需发挥中央职能，在地方上，应重视在国家"整体要求"基础上确定地方"主动行动范围"；在"怎么管理"上，研究借鉴日本分级管理经验，确定分级分类管理体系，重点研究有限发展、分级管理、分类治理三大原则；在"权责所有与资金来源"上，研究确定所有权、经营权、处置权三权安排以及资金筹措与收支管理模式，研究建立资金投入多元化机制，形成政府公共资金和社会公益资金多元投入资金保障模式；在"地方管理协调"上，像长城、大运河、长征国家文化公园宜建立中央牵头的专门协调委员会管理。同时以文化遗产空间上的完整保护为指导原则，引入"遗产廊道"等理念构建大型跨区域文化公园区域合作与协调机制，实现有统有分、有主有次，分级管理、地方为主，最大限度地调动各方积极性，实现共建共赢。

3. 组织机构和管理队伍建设

党的二十大报告提出"建好用好国家文化公园"的要求，再次强调了国家文化公园建设的重要性。国家文化公园是一项重大文化工程，通过整合具有突出意义、重要影响、重大主题的文物和文化资源，实施公园化管理运营，实现保护传承利用、文化教育、公共服务、旅游观光、休闲娱乐、科学研究功能，形成具有特定开放空间的公共文化载体，集中打造中华文化重要标志，以进一步坚定文化自信，充分彰显中华优秀传统文化持久影响力、社会主义先进文化强大生命力。这要求在符合中国实情、体现中国特色上，尤其要基于中华文化标志属性和宏大空间格局，来为中国也为世界提供文化保护、传承与利用的创新管理思路。

国家文化公园是中国首创，同时无论长城、大运河，抑或长征、黄河，都是中华民族独一无二的、承载着最深层次文化记忆的符号，换言之，国家文化公园所依靠的本体是我国千年的文化积淀。由此，国家文化公园的管理体制机制绝不是照搬国际经验，照抄他国模式。需要充分考虑中央、省、市国家文化公园建设工作推进的实际情况，梳理我国国家文化公园管理体制机制现状与问题，基于此尽快完善形成与国家文化公园建设目标相适应的从中央到地方的统一、稳定的组织机构和管理队伍。

（二）国家文化公园管理的理论基础

1. 完整性理论

遗产领域的完整思想和完整性理论最初是借鉴了生态学的完整性保护思想。在遗产领域，当"Integrity"指保护原则时，一般被译作"完整性"，指保护方法时则一般被译作"整体性"。"完整性"作为属性，强调保护的准则与结果；"整体性"作为方法，强调保护的过程与手段。

国际组织与国际文件中较早对完整性的概念进行了界定。1997年，在《世界遗产公约操作指南》中明确规定了"完整性"的检验要素，包括时间上的连续性、地域上的关联性、生态系统的完整性和类型的多样性、具有持续且完备的立法、监管和保护措施等[1]。而美国《国家注册评估标准》（*The National Register Evaluation Criteria*）将遗产属性与完整性联系起来，认为遗产完整性的构成至少需要包括"地点（location）、设计（design）、环境（setting）、材料（materials）、技艺（workmanship）、感情（feeling）、关联（association）"[2]

---

[1] UNESCO, "Operational guidelines for the implementation of the World Heritage Convention," at: https://unesdoc.unesco.org/ark:/48223/pf0000111505 posInSet=10&queryId=2d2f3b12-5575-444f-b102-5bfd3e994452（accessed 2022-9-15）.

[2] 张成渝. 原真性与完整性：质疑、新知与启示［J］. 东南文化，2012（1）：27-34，127-128.

等方面。

但随着学界的不断探索，对遗产领域"完整性"的概念提出了不同的见解，其重点关注遗产随时间流逝而变化的情况。约基莱托（Jokilehto）提出完整性包括功能完整性、结构完整性与视觉完整性三个维度，需考虑其过去和现在的背景①。斯托弗（Stovel）将完整性理解为遗产在一段时间内所具备的保障和维持其重要性的能力②。哈拉夫（Khalaf）将连续性与兼容性作为完整性的限定条件③。还有其他学者提出评估遗产的完整性指标④和乡村景观完整性的评估指标⑤。

国内研究中，在沿用国外保护原则的基础上，加入了遗产整体环境和管理对保障完整性的思考。国内研究者注意到整体性保护要注重遗产生存的环境与背景，注重遗产的发展与流变，注重遗产事象的存在方式与存在过程⑥。此外，当地政府是其直接政策规划者与管理实施者，遗产地完整性的实现在很大程度上有赖于管理部门统筹管理、统一规划。

综上所述，完整性理论的构成要素主要是围绕遗产自身属性，包括组织结构完整性、功能价值完整性、视觉景观完整性与精神意义完整性，是遗产整体性保护的基础与要义（表2-1）；其保障是指以管理协调机制和规划协同体系为核心的管理体系保障，是遗产整体性保护的保障手段⑦。完整性理论也给我

---

① Jukka Jokilehto. Considerations on authenticity and integrity in world heritage context［J］. City & Time，2006，2（1）：1.

② Herb Stovel. Effective use of authenticity and integrity as world heritage qualifying conditions［J］. City & Time，2007，2（3）：21-26.

③ Roha W Khalaf. The implementation of the UNESCO world heritage convention：Continuity and compatibility as qualifying conditions of integrity［J］. Heritage，2020，3（2）：384-401.

④ Ayman G Abdel Tawab. The world heritage centre's approaches to the conservation of new gourna village，and the assessment of its authenticity and integrity［J］. Alexandria Engineering Journal，2014，53（3）：691-704.

⑤ Paola Gullino，Federica Larcher. Integrity in UNESCO world heritage sites.A comparative study for rural landscapes［J］. Journal of Cultural Heritage，2013，14（5）：389-395.

⑥ 刘魁立. 非物质文化遗产及其保护的整体性原则［J］. 广西师范学院学报，2004（4）：1-8，19.

⑦ 邹统钎，仇瑞. 国家文化公园整体性保护思想诠释与路径探索［J］. 民俗研究，2023（1）：59-68，157-158.

国国家文化公园整体性保护提供一定启发，在建设管理过程中应保证对象、结构、时间、空间的完整。

表 2-1　四大遗产属性主要构成要素

遗产属性	要素
组织结构完整性	结构完整，建筑布局、空间组织、形式组织无缺憾性
功能价值完整性	生态功能、教育功能、经济价值、社会价值、政治价值、审美价值
视觉景观完整性	视觉审美、环境连续、城市景观、生态景观、自然布局
精神意义完整性	身份象征、文化价值、历史价值、精神价值

2. 线性文化遗产保护和利用理论

基于国家文化公园的基本空间形态，文化线路（Cultural Routes 或 Cultural Itinerary）和遗产廊道（Heritage Corridor）可提供重要的理论借鉴。目前国内的研究一方面引入西方概念与理论进行分析解读，尝试与本土化实践相结合；另一方面，也将众多线性文化遗产本土概念进行拓展性研究和理论挖掘，共同成就了如今线性文化遗产研究的火热局面。这些国内外理论研究成果为国家文化公园提供了最直接的研究参考，推动了国家文化公园的概念创新，为其建设发展做了充分的理论准备和路径探索。

（1）线性文化遗产

线性文化遗产（Lineal or Serial Cultural Heritage）是近年来国际文化遗产保护领域提出的新理念。2008 年，国际古迹遗址理事会第十六届大会在加拿大古城魁北克通过了《关于文化线路的国际古迹遗址理事会宪章》，标志着具有线状排列特征的文化遗产以及文化遗产集群空间成了需要明确保护的对象。在国内，单霁翔最早提出"线性文化遗产"的概念，认为线性文化遗产是指在拥有特殊文化资源集合的线形或带状区域内由一条线状纽带联结的物质和非物质的文化遗产族群，真实再现了历史上人类活动的移动，物质和非物质文化的交流互动，赋予作为重要文化遗产载体的人文意义和文化内涵，并指出它不同于"文化线路"和"遗产廊道"，更加广泛地强调遗产的物质属性和文化属性^①。此后，陆续有学者对线性文化遗产的内涵进行了全方位的解读^{②③}。他们认为，与文化线路一样，线性文化遗产也强调了时间、空间和文化因素，强调各个文化资源点共同构成的文化价值功能以及至今对人类社会、经济的可持续发展产生的深刻影响^④。

线性文化遗产具有丰富的表现形式，如道路交通、自然河流与水利工程、军事工程、历史主题事件等。总体上看，线性文化遗产的特征可以概括为四点：范围广，遗产种类多，反映了丰富的人类活动形式，属于线状或带状的文化遗产区域；尺度较大，可以跨越多个城镇、州乃至多个国家；包括物质与非物质文化遗产，具有多样性和典型性；拥有深厚的历史文化内涵，涉及经济价值、生态价值。由此可见，线性文化遗产体现了世界文化遗产保护领域的发展趋势，即不断扩大文化遗产保护范围，不再局限于单体文物，向历史地段、文化景观、遗产区域，乃至串联的数座城镇或城市、一个或多个国家的更大文化区域扩展，由单个遗产向重视群体遗产方向发展。

（2）文化线路

文化线路（Cultural Routes 或 Cultural Itinerary）是 20 世纪 90 年代以来国际上提出的有关世界文化遗产保护的新理论。和以往的世界遗产相比，文化线路注入了一种新的世界遗产的发展趋势，即由重视静态遗产向同时重视动态遗产方向发展，由单个遗产向同时重视群体遗产方向发展，并从单纯的重视文化遗产逐渐转变到对社会、经济、政治的共同重视。

《文化线路宪章》中将"文化线路"定义为："任何交通线路，无论是陆路、水路，还是其他类型，以拥有清晰的物理界限和自身所具有的特定活力和历史功能为特征，以服务于一个特定的明确界定的目的，且必须满足以下条件：第一，它必须产生于并反映人类的相互往来和跨越较长历史时期的民族、

---

①　单霁翔.大型线性文化遗产保护初论：突破与压力［J］.南方文物，2006（3）：1-5.

②　任唤麟.跨区域线性文化遗产类旅游资源价值评价——以长安—天山廊道路网中国段为例［J］.地理科学，2017，37（10）：1560-1568.

③　张书颖，刘家明，朱鹤，等.线性文化遗产的特征及其对旅游利用模式的影响——基于《世界遗产名录》的统计分析［J］.中国生态旅游，2021，11（2）：203-216.

④　陈俪伽.基于线性文化遗产视角的蜀道沿线历史城镇保护研究［D］.重庆：重庆大学，2017.

国家、地区或大陆间的多维、持续、互惠的商品、思想、知识和价值观的相互交流；第二，它必须在时间上促进受影响文化间的交流，使它们在物质和非物质遗产上都反映出来；第三，它必须集中在一个与其存在于历史联系和文化遗产相关联的动态系统中。"世界遗产委员会在2013版的《实施"世界遗产公约"操作指南》中对"文化线路"界定如下：基于动态性特征和思想的交流，在时间和空间上具有一定的连续性，是一个整体性概念，其整体价值远远大于线路所有遗产要素的相加，这种价值使它具有文化上的重要意义。文化线路强调国家或地区之间的交流与对话是多重维度的，在线路形成的最初目的——宗教、商贸、行政等之外，可能形成不同特征。

国内学者对于文化线路的内涵与特征也进行了相关探讨。王建波和阮仪三认为，界定一条交通线路为文化线路，应该满足以下条件：第一，该线路应是一个完整的体系，通过共同的历史关系等内在联系将各遗产部分联系起来；第二，文化线路来源于特定的历史功能的交通线路；第三，线路将不同地方联系起来从而产生不同文化的交流，沿途应有见证这一文化交流传播的相关遗产[①]。从现有相关表述中可以看出，文化线路是地理空间上尺度较大的遗产，其更加强调文化或历史层面的联系，它不仅体现了人与自然的互动，还反映了不同区域人群的冲突、交流和合作，是一种多维度、多价值的遗产保护理念。不仅仅包含线路本身的物质文化遗产，还包括非物质文化遗产。此外，学术界还对文化线路的特征进行了详细的界定。张杰等认为其具有时空动态连续性、历史功能独特性、要素关联整体性与文化交流多样性四个方面的特征[②]；张硕指出文化线路是一类兼具"区域复合型""交互式动态"以及"社会现象"等特征的新型遗产[③]；王丽萍则指出，文化线路必须由物质和非物质要素共同构成，与其所依存的环境间具有密切联系，强调其整体跨文化性，具有典型的动

---

① 王建波，阮仪三.作为遗产类型的文化线路——《文化线路宪章》解读 [J].城市规划学刊，2009（4）：86-92.

② 张杰，孙晓琪，侯轶平.论明清海防卫所的文化线路属性判读 [J].中国名城，2018（9）：49-57.

③ 张硕.基于文化线路理论的世遗澳门历史城区军事建筑遗存的整体性保护与再利用策略研究 [D].深圳：深圳大学，2018.

态特征①；此外，戴湘毅等提取了典型的中国文化线路进行分析，发现中国文化线路持续时间长，空间跨度大，其历史职能多以交通和贸易为主，是中国文化遗产中内容最为繁杂、规模最为巨大的类型②。

综观学者们对于文化线路特征的解读，可以大体上将其概括为三个方面：动态连续性、整体跨文化性、区域复合性。其中，动态连续性是指文化线路中所体现的人类迁徙、文化变迁和交流的动态性，特定历史现象的连续性；整体跨文化性强调文化线路中整体遗产价值大于单体遗产价值，包括物质与非物质文化要素；区域复合性是指文化线路的范围覆盖广、涉及区域多，在长时间发展中形成了区域复合性的文化遗产集群。

（3）遗产廊道

1993年，Flink和Searns在绿道理论的基础上，提出了"遗产廊道"的概念，即"拥有特殊文化资源集合的线性景观，通常带有明显的经济中心、蓬勃发展的旅游、老建筑的适应性再利用、娱乐及环境改善"③。国内学者俞孔坚和李伟指出"遗产廊道"是大面积、区域性前提下的遗产保护理念，通常具有稳定均一的依托形态，运河、环湖带、山脉和道路等都是其重要表现，是一个涉及复杂空间的各要素结合体，是一种追求自然与遗产保护、区域振兴、居民休闲、文化旅游及教育等多目标多赢的保护规划方法④。钟翀认为，遗产廊道具有形态狭长、与两侧景观基质显著不同、却又与其周边地形及人文环境密切相关等空间特性，同时还具有其残存状况与地方社会文化、政权史的关联度较高等历史文化性格⑤。

从现有研究中可以归纳出，遗产廊道具有三个特征：属于线性景观，是

① 王丽萍.文化线路：理论演进、内容体系与研究意义［J］.人文地理，2011，26（5）：43-48.

② 戴湘毅，李为，刘家明.中国文化线路的现状、特征及发展对策研究［J］.中国园林，2016，32（9）：77-81.

③ Flink C A，Searns R M. Greenways: a guide to planning, design, and development［M］. Island Press，1993.

④ 俞孔坚，李伟.遗产廊道与大运河整体保护的理论框架［J］.城市问题，2004（1）：28-31，54.

⑤ 钟翀.遗产廊道的深刻鉴别与再发现——日本线性历史景观研究中的历史地理学先发探查与解析［J］.风景园林，2021，28（11）：10-14.

遗产区域大类中专用于保护线性区域的一种模式单独存在[①]，可以是绿色通道、河流、铁路以及道路等不同表现形式；在空间形态上多为中尺度，但也有尺度较小或较大的遗产廊道；属于综合保护措施，自然、经济、历史文化三者并举，其将历史文化内涵提高到首位，同时强调经济价值和自然生态系统的平衡能力[②]。总的来看，遗产廊道的概念进一步深化了绿道的意义，兼顾了景观和文化遗产，也兼顾了地方发展战略和生态效益，具有历史重要性、建筑或工程上的重要性、自然对文化资源的重要性和经济重要性[③]。

二、国家文化公园管理国际经验研究

（一）国家公园管理体系

1. 欧洲国家公园管理体系

（1）法国：全社会共同参与

法国作为文化遗产强国，其先进的文化遗产管理体系在实践中形成了特有的法国经验。法国以集权为主要特征，形成"层级型机构与专业型人才并重的全社会共同参与的文化遗产管理体系"。法国设置了中央、大区、省三级管理机构来实现对文化遗产的保护[④]，同时，还培养了专业型人才（如国家建筑规划师、历史文物建筑主任建筑师、遗产建筑师等）来积极参与到文化遗产的保护中去。法国的文化遗产管理体系真正做到了将层级型的行政体系与专业性的专家人才充分结合，切实发挥管理体系对文化遗产的保护作用。

（2）英国：多元、自主的综合型管理体系

英国国家公园采用多元、自主的综合型管理体系，以当地社区居民参与作为管理的基础，每个国家公园都由一个名为国家公园管理局的组织管理，该组织包括管理局成员（Member）、雇员（Staff）和志愿者（Volunteer）3 种身

---

① 龚道德，张青萍. 美国国家遗产廊道（区域）模式溯源及其启示 [J]. 国际城市规划，2014（6）：81-86.

② 陈俐伽. 基于线性文化遗产视角的蜀道沿线历史城镇保护研究 [D]. 重庆：重庆大学，2017.

③ 王志芳，孙鹏. 遗产廊道———一种较新的遗产保护方法 [J]. 中国园林，2001（5）：86-89.

④ 教莹. 法国文化遗产保护的特点及发展前景分析 [J]. 故宫学刊，2013（1）：362-370.

份^①。此外，英国在重视规划的统一管理的同时，尊重各国家公园的自主权利。英格兰、威尔士和苏格兰分别由英格兰自然署（Natural England）、威尔士乡村委员会（Countryside Council of Wales）和苏格兰自然遗产部（Scottish Natural Heritage）负责各自区域内国家公园的监督和管理。每个国家公园在不违反英国对国家公园的管理规章之下，会自行商定管理办法，有着较高的自主性。

（3）意大利：自上而下垂直管理

意大利在文化遗产保护方面硕果累累，形成世界知名的"意大利模式"。意大利的文化遗产管理模式即设立最高机构文化遗产部，中央政府自上而下垂直管理，体现为中央对地方的人员委派和机构的垂直领导。此外，意大利实施文物宪兵制度，与中央垂直管理的制度兼容，中央直接对文物宪兵司令部负责，主要职能是维护文化遗产安全、监视文物状况、为文化遗产保护提供专业建议、打击文物犯罪、追回被盗文物；同时还实施文物监督人制度^②，文物监督人主要职责是沟通地方和中央，协助地方进行文化遗产保护工作，其受中央直接领导。

（4）西班牙：国家公园网络管理

西班牙实施国家公园网络的管理机制，国家公园网络的管理是由自治国家公园管理局与国家总局协作来完成，下设职能机构董事会（每个国家公园）、国家公园合作与协调委员会、协调委员会（超自治国家公园）、国家公园网络理事会、国家公园科学委员会等。国家公园网络的目的是整合西班牙所有自然系统中最具代表性的样本，从而产生最佳西班牙自然遗产的综合体^③。

2. 美洲国家公园管理体系

（1）美国：中央集权型管理

美国主要采用"国家公园管理局—地方办公室—基层管理机构"式的中

---

① North York Moors.How the Authority works［DB/OL］.［2021-07-11］.https://www.northyorkmoors.org.uk/about-us/how-the-authority-works.

② 史梦頔，董恒年.文化资源的传承、保护和开发——公众参与文化遗产保护的意大利模式解读与启示［J］.文化学刊，2018（2）：5-8.

③ Kanashiro Diaz L J. Comparación de las herramientas de gestión de los Parques Nacionales de Perú y España：Plan Maestro del Parque Nacional Cordillera Azul-Perú y el Plan Rector de Uso y Gestión del Parque Nacional de Doñana-España［D］. Universidad Internacional de Andalucía，2013.

央集权型管理体制[①]，国家公园管理局是美国国家公园管理体制的核心，实行自上而下的垂直式领导，其下按照地区分设七个地区局，这些地区局对其区域内的国家公园管理机构进行直接管理，而地方政府一般不参与国家公园的日常管理。美国国家公园体制具有资金管理来源多样、公益性极强，多方参与、公私合作，分区管理的特点，美国国家公园的管理人员始终把自己当作国家公园的服务者，而不是公园的主人，他们普遍对"国家公园属于全体美国人及其子孙"这一理念表示认同。

（2）加拿大：综合管理

加拿大实施自上而下的协同管理、科学管控的分区管理、全方位多层次的公众参与的综合管理体系。加拿大国家公园管理局除统一负责国家公园的相关事务外[②]，还会与公园所在地区的省政府、当地土地管理机构、旅游部门等相关部门协同合作。国家公园分区系统包括特殊保护区、荒野区、自然环境区、户外休闲区和公园服务区五个区域[③]。国家管理局还会分别与原住民、科研机构、公众、志愿或公益组织合作，共同为国家公园的发展出谋划策。

（3）巴西：公共治理机构

巴西文化遗产主要由巴西历史和艺术国家遗产研究所（Instituto do Patrimônio Histórico e Artístico Nacional，IPHAN）直接负责保护、维护和推广，IPHAN 与其他级别的公共行政部门，即州和市政当局在遗产保护方面共享权限。IPHAN 下设咨询委员会、大学理事会、管理委员会三部分，是一个灵活、透明和高效的公共治理结构[④]。文化遗产咨询委员会负责审查、评估、非物质文化遗产的登记和受法律保护的文化遗产临时出国展览等有关的问题；大学理事会的职责之一是调查、审议和决定与保护文化产品有关的问题；管理委员会

---

① 周兰芳.美国国家公园体制概况及对我国的启示［J］.时代农机，2015，42（4）：82-83.

② 邹统钎，常梦倩，赖梦丽.国家文化公园管理模式的国际经验借鉴［N］.中国旅游报，2019-11-05（003）.

③ Parks Canada Guiding Principles and Operational Policies［EB/OL］.https://www.pc.gc.ca/en/docs/pc/poli/princip/sec2/part2a/part2a4.

④ Exercício 2021- Estrutura de Governança［EB/OL］. https://www.gov.br/iphan/pt-br/acesso-a-informacao/auditorias-1/prestacao-de-contas-1/relatorios-de-gestao/exercicio-2021-1/estrutura-de-governanca.

与其他文化机构、旅游部门建立共同计划和联合行动。

（4）墨西哥：文化治理战略

墨西哥世界文化遗产管理思想经历了从传统民族主义和寻求国家文化同化向新自由主义思想的转变，最初由国家人类学和历史研究所（INAH，1939）以及国家美术研究所（INBA，1946）共同管理，1988—1994年，受到新自由主义思想（neoliberalism）的影响，国家人类学和历史研究所从联邦政府中分权出来，独立行使管理国家文化遗产的权利，并且是墨西哥唯一有权管理和对文物保护立法、监督的权威机构。直到2015年，墨西哥政府正式设立了文化部，致力于促进、支持和赞助墨西哥艺术文化事业和机构的发展①。

3. 亚洲国家公园管理体系

（1）日本："举国体制"管理

日本实施"举国体制"管理，即日本政府（文化厅）、地方政府、公共团体、文化遗产所有者、持有者、管理者和普通国民，均有各自对于文化遗产管理和保护所应该承担的责任和义务②。其中，文化厅负责文化遗产的保护、利用、调查研究等工作；地方政府负责保护好本辖区内的文化遗产，可以就文化遗产的管理、维修、公开等发出指示、劝告以及限制现状的变更等；文化遗产所有者有责任对文化财作合理的管理和修缮，并且有义务向公众公开展示其所持有的文化财；普通公民则尽可能向国家以及各级地方政府主导的文化遗产保护工作提供协助。

（2）韩国：以文化财委员会为中心

在管理方面，设立以"文化财委员会"为中心的一整套管理体系，"文化财委员会"是韩国文化保护的最高权力机构，其决定着文化遗产的定级、申报、审定、资助和监督等各项工作，委员会成员一般意义上包括文化财委员和文化财专门委员两种。除文化财委员会，针对某一特定类型文化财，政府还在

---

① Jorge L.Rios Allier . Culture Heritage Management in Mexico：Public Archaeology，Commons，Cultural Governance，and Ethic Issues.［EB/OL］. https://ostromworkshop.indiana.edu/pdf/seriespapers/2020spr-res/riosallier.pdf

② 孙洁 . 日本文化遗产体系（上）［J］. 西北民族研究，2013（2）：99-112.

全国聘请多名相关专家，组成文化财专门委员，参与该文化财的保护指导和评审工作。如韩国成立的"非物质文化遗产委员会"[①]。此外，韩国对文化遗产实行奖惩制度、对文化遗产管理部门推行政务信息公开制度，接受全民监督。

（3）印度：政府—民间机构多层级体系

印度形成了政府和民间机构共同组成的多层级文化遗产管理体系。政府方面，与建成遗产相关的职能机构可分为两个层级，即联邦层级和地方层级。设有考古调查局，其是旅游和文化部文化司下属的一个附属机构，是印度专门从事考古研究和文化遗产保护的主要机构。印度中央政府还在筹建具有一定法律权限的"遗产古迹委员会"，将主要关注印度全境1000多处仍没有纳入保护范围的文化遗产。民间机构方面，印度针对信托或社区团体拥有的文化遗产保护工作，特别成立了一个委员会——文化遗产保护委员会，该委员会进一步确保决策的正确性。

（4）土耳其：中央政府管理与协作共治共管相结合

土耳其采取中央政府管理与协作共治共管相结合的方式保护、利用、管理文化遗产。中央政府的管理模式是借助国家中央政府为主导力量，从上到下由中央政府垂直管理，非政府组织以及民间团体不得参与管理。协作共治模式是指，国家公园的管理以多个利益相关方为主导力量，对决策权利和责任义务共同分担，包含政府、社区和非政府组织的相互合作。该模式的实施坚持民主平等原则，主体政府、社区、非政府组织均可参与方案制定。公园管理局为其决策的产生提供了一个交流平台[②]。

（5）乌兹别克斯坦：完善的管理人员编制

乌兹别克斯坦文化遗产的保护和利用工作主要由乌兹别克斯坦内阁、文化体育部、"乌兹别克斯坦档案"机构、地方国家政府机关、科学院、大众传媒负责。乌兹别克斯坦内阁主要负责文化遗产保护和利用规章制度的制定；文化

---

① 本刊编辑部，廖远琦，郑钰潇，朴光海.韩国传统文化保护与发展的制度实践［J］.中华手工，2018（10）：50-51.

② 李闽.国外自然资源管理体制对比分析——以国家公园管理体制为例［J］.国土资源情报，2017（2）.

体育部负责文化遗产的利用、宣传工作；"乌兹别克斯坦档案"机构负责登记、保护和利用存放在国家档案机构的与文化遗产有关的文件；地方国家政府机关负责保护、管理其辖区内的文化遗产；科学院负责相关文化遗产等研究工作；大众传媒负责宣传非物质文化遗产的保护和利用情况[①]。

4. 非洲国家公园管理体系

（1）埃及：中央和地方两级管理

埃及文化遗产保护主要由中央和地方两级部门负责，但有关保护文化遗产的行政机构负担沉重，他们除了要保护文化遗产之外，还有大量的行政职责，如维护城市环境等。在此种情况下，中央和地方两级部门能在文物保护方面投入的精力大大减少。虽然埃及有保护遗产的立法和法律，但由于各种经济、政治、技术和社会问题，到目前为止这些法律并不有效，这使执行工作更加困难[②]。

（2）南非：检查员监督和社区参与

南非遗产资源局（SAHRA）是保护本国遗产资源的官方机构，负责管理、保护、监测南非遗产资源，同时还向居住在这些地区的社区提供指导。在管理体系上，南非实施检查员监督制度，遗产资源局派遣遗产检查员来检查和监测构成国家遗产的遗产地，并提供倡导保护它们。如有违法行为，检查员将进行调查，并发出禁令通知，必要时发出处罚，并将案件提交法院起诉[③]。此外，还采取了社区参与保护国家遗产地机制，充分调动社区参与的积极性，同时管理者也能及时地通过社区了解遗产地的保护情况。

（二）世界重要文化遗产管理体制一般模式

1. 垂直管理

垂直管理模式以中央集权为主，由中央政府在地方建立文化遗产的管理体

---

①　曹德明. 国外非物质文化遗产保护的经验与启示［M］. 北京：社会科学文献出版社，2018.

②　Ylmaz Y, El-Gamil R.Cultural heritage management in turkey and egypt: A comparative study［J］. 2018，6（1）：68-91.

③　South african heritage resources agency，part of core business heritage protection［EB/OL］. ［2021-8-24］. https://www.sahra.org.za/heritage-protection/.

系并任命代表，实行自上而下的垂直领导，同时让其他相关部门合作和社会力量协助中央管理。垂直管理模式有利于中央政府直接掌控国家文化遗产的动态，保证中央遗产资源的绝对支配。其中最具代表性的当数美国和英国。

美国文化遗产管理主要采用的是"国家公园管理局—地方办公室—基层管理机构"式的垂直管理体制，即以国家公园管理局为中心，自上而下地实行垂直式领导，其他机构和相关民间机构作以辅助，较好地实现了教育、科研、保护等管理目标。

英国同样使用垂直管理模式，其文化遗产的保护组织架构分为中央、地方、非政府三种①，"数字文化传媒体育部"是英国政府的文化遗产的最高权威机构，负责国家层面的文化遗产的保护，英国各地政府根据各自的实际情况，也会成立文化行政管理机构，负责有关的文物保护。它们在中央政府和英格兰遗产委员会的监督下进行操作。

我国国情与政策虽与美国等国家不同，但垂直管理模式对我国仍有可借鉴之处：各级政府可以通过行政控制和财政扶持相结合的方式与基层公园管理者进行协作；美国联邦与各州之间的权力比较独立，而我国的中央和地方与美国的关系则有所不同。这为各国政府间的合作创造了更好的环境，而公园系统的经营可以更容易地以制定法律或战略指导的形式进行合作。

2. 综合管理

综合管理模式兼具中央集权和地方自治两种管理，同时鼓励营利性和非营利性社会力量普遍参与。中央下设专门的部门进行规划、决策、监督，地方政府设置相应部门对当地的文化遗产进行管理，这一模式在缓解中央压力的同时，保留中央政府对地方的主导性。其中最具代表性的当数法国和日本。

法国文化部下属的文化遗产管理局、当地相关部门负责对文物的状况和保护状况进行调查和监测。在法国，只有不到 5% 的主要文化遗产由中央政府直接管理，几近一半由地方政府管理，地方文化遗产保护的行政机构分别包括市

---

① Vakhitova，Vadimovna T. Enhancing cultural heritage in an impact assessment process：Analysis of experiences from the UK world heritage sites［J］. Brain Research Bulletin，2013，88（5）：393.

政一级、省一级及大区一级的相关文化遗产保护行政管理机构等[①]；另有一半由私人管理。

日本的文化遗产保护是一个相对独立的、平行的行政系统，它包括文化部和城市规划部[②]。对不同层次、不同内容的城市历史文化遗产的保护和管理，仅设置一个行政机关，其他有关部门在各自的职责范围内，协助或监督有关部门的工作，从行政设置上避免了在管理实践过程中由于两个以上的主管机关的存在而导致的职责不清、互相推诿、扯皮的状况[③]。

鉴于我国文化遗产保护起步较晚，且相关法律法规尚不完善，财政负担过重，综合管理模式并不完全适用于中国传统文化遗产的治理，但这一模式可为我国的遗产管理提供一些有益的启示：对从事遗产管理的非营利性组织要慎重选择；尽早健全国家遗产资源保护的相关法律；适当分散中央的权力；建立激励和制约机制，以提高地方政府对遗产管理的水平与积极性[④]。

3. 属地管理

属地管理模式即地方政府拥有较高的自主权，中央政府只负责行使立法权和出台相关政策，并对属地进行监督，其主要负责对外交流与在内部承担沟通协调的责任。属地化管理的主要特点是：中央政府保留立法和监管的权力、管理目标有着明显的地域性、地方政府和社会力量是文化遗产管理资金的主要来源。属地管理模式有利于缓解中央的财政压力，并帮助地方依据自身发展水平制定适宜的发展政策。其中最具代表性的当数德国和瑞士。

德国是一个联邦制的国家，没有设立专门的文化遗产管理部门，各个联邦州享有文化主权（Kulturhoheit）[⑤]，与文化遗产相关的问题，归各联邦州管辖，属于各州权限[⑥]。尽管在国家层面也有与文化遗产保护相关的法律，但德国并

---

① Monnier S，Forey E.（2009）Droit de la culture.
② 王林. 中外历史文化遗产保护制度比较［J］. 城市规划，2000（8）：49-51.
③ 王乾. 历史文化遗产应分清保护层次［N］. 中国建设报，2005-03-07.
④ 刘世锦. 中国文化遗产事业发展报告［M］. 北京：社会科学文献出版社，2008.
⑤ Vatter A，Freitag M. Vergleichende Subnationale Analysen für Deutschland. Institutionen，Staatsttigkeiten und Politische Kulturen［M］. Berlin，Münster：LIT，2010.
⑥ 任超. 德国文化遗产法律保护的规范体系、发展趋势和借鉴价值［J］. 河北大学学报（哲学社会科学版），2021，46（1）：142-151.

没有一部专门的法律统一规范管理全国范围内的文化遗产事务，各州设有其辖区内专门的遗产保护法。

瑞士的联邦制度是以联邦与州"双重主权"为基础的，它的管理方式受到了政治制度的影响，采取了属地化的文化遗产管理方式。瑞士的中央政府负责对文化遗产进行立法与监管，并给予适当的财政补贴。各州在联邦政府的总体政策框架内，可以根据当地的具体情况，制定相关的地方性法律法规，并由地方政府具体执行。

属地化管理模式的先决条件是中央政府能够对遗产进行有效监督，由此解决所有权主体缺位的问题。然而，当前我国遗产保护的环境与属地化管理的适用条件仍有较大差距，地方政府在遗产管理上的权力和责任不均衡，遗产管理部门的专业化管理水平不强、公众的文化遗产保护意识还不够健全，如果完全交给当地政府来处理，没有健全的监督机制，遗产事业很难实现可持续发展。

（三）国家文化公园管理体制的国际比较

1. 组织体系

我国文化遗产管理组织体系通常为国家主导与属地管理相结合的模式。这种模式在针对特定文化遗产管理上没有形成统一、稳定的管理机构，导致在管理上会出现多部门管理、业务交叉和权责不清的现象，形成文化遗产职能部门从中央到地方垂直管理的"条"形格局，地方政府在各项事权上水平管理的"块"状序列[①]。同时，我国现行文化资源分类标准是依照资源属性，在开发利用上未能很好突显出文化遗产的文化核心价值。

国外文化遗产管理的组织体系采用统一管理的模式。不同国家实行的三种文化遗产管理模式具有共性之处，即具有统一且处于主位的单一行政主管部门，该部门统领并安排文化遗产的管理任务，把任务细化分类分配到其他的部门及其所辖单位，其他相关部门只具有辅助或监督该主导部门的作用，很好地

---

① 王晓梅，朱海霞. 中外文化遗产资源管理体制的比较与启示［J］. 西安交通大学学报（社会科学版），2006（3）：39-43.

避免了多头管理、权责不清等问题。

2. 利用理念

国内在文化遗产利用理念方面，历经了早期重科研的僵化管理到后期重商业的开发管理过程，但整个历程中都没有体现出遗产管理的公益价值，仅注重其科研和商业价值，并且商业所获利益多数用于资源的进一步开发，并未对遗产保护进行反哺，不利于文化遗产长期、可持续的保护管理。

国外遗产管理理念强调公益性，注重资源的保护性开发和可持续发展。在国外，遗产管理人员会将自己当作文物的服务者，尽心保护和管理遗产资源。同时，基于非营利性理念，国外建立了与之配套的经营管理机制，如国外的文化遗产地基本实行免费或者低票价经营模式，管理费用主要来源于国家财政拨款，门票收入占比较少。这种"公益性"的管理理念在法律法规的保障下得以持续发展。

3. 管理机制

我国遗产管理的主要形式是委托代理制度，以公有制和分级属地化管理为特征。一直存在两种常见的经营模式：一种是以美国国家公园为代表的"国家公园"，由政府同时掌握遗产的所有权、经营权与管理权；一种是"经营权委托"，将文化资源视为经济资源，采用市场化导向，政府保留所有权和管理权，把经营权转移给私营企业。这两种模式均存在一定的局限性，前一种可能会导致对文化遗产价值的挖掘不足，后一种多出现重开发轻保护的现象。同时，资金来源渠道也相对单一，完全依赖财政支持，缺乏创收的积极性。

国外遗产管理划分了清晰的权重关系，在政府财政的保障下，遗产管理机构实现了"非营利性"。同时，多数国家和地区居民通过采取介于政府与市场间的制度安排，实现了对当地公共资源的成功管理①。资金来源渠道也相对丰富，具体有税收减免、文化遗产彩票和遗产认养制度等多样化渠道。

---

① 张朝枝，保继刚，徐红罡 . 旅游发展与遗产管理研究：公共选择与制度分析的视角——兼遗产资源管理研究评述［J］. 旅游学刊，2004（5）：35-40.

三、国家文化公园管理体制建设的问题与挑战

（一）多头管理的组织结构

1. 普遍缺乏稳定机构，管理权责较为模糊

长期稳定的组织管理与执行保障是国家文化公园实现"打造中华文化重要标志"的战略定位和完成"国家重大文化工程"的任务的基础。目前，除河南、贵州等省已经设立专门组织外，其他省（区、市）国家文化公园仍然缺乏专门管理机构，处于各省领导小组、办公室、专班仍是临时机构属性的状态。

除此之外，国家文化公园由多个片区组成，囊括多个省级行政区，中央与地方、各地方之间的权责关系存在诸多交叉。且国家文化公园边界难以界定，这直接关系到国家文化公园的建设与管理[①]。例如，长城遗产沿线资源环境多变，长城文化带空间难以界定边界，存在大量与长城历史与文化相关的遗产被"边缘化"和"孤岛化"，造成管理真空问题。

2. 历史形成的多头管理，导致管理难度大、效率低

当前已经设立五个国家文化公园，由国家发展改革委、文化和旅游部、中央宣传部牵头实施建设管理工作，由其他部门配合推进建设进程。虽然设立国家文化公园建设工作领导小组和领导小组办公室是当前各省（区、市）推进国家文化公园建设与管理的主要举措，但是具备临时性特征的协调办公室所在单位与办公室主任所在单位并不一致。这会增加管理难度，最终导致管理效率低下、管理问题频出。具体来说，在中央层面，文化和旅游部是国家文化公园建设工作领导小组办公室设立之处，由中央宣传部领导担任办公室主任，由文化和旅游部相关领导担任办公室副主任职位，但具体工作主要由文化和旅游部负责实施。在已经设立的省级办公室中，有 14 个省份办公室主任与办公室所在单位有差异，具体表现为主要责任单位与办公室未从属同一组织。这种管理制

[①] 安倬霖，周尚意. 基于地理学尺度转换的国家文化公园文化遗产保护机制 [J/OL]. 开发研究，2022（3）.

度，一方面限制了具备临时性协调机构特征的办公室高效发挥协调功能，另一方面也导致责权体系划分混乱。将导致两种极端现象：第一，办公室主任从实施效率角度出发，为了更准确地传达工作内容、更快速地开展工作，于是直接安排同一部门的同志完成相应工作，使得办公室无法发挥功能，形同虚设；第二，办公室主任不插手具体建设管理事务，在副主任的领导下由办公室所在部门的同志直接完成相应工作，这将导致主任职责无法落实，主任职务形同虚设[①]。

由于国家文化公园规模大、区域范围跨度大，涉及资源类别多样，可能同时具备多个资源品牌，这些资源将分别由国土、林业、水利、园林、文物、文旅等多个部门按照各自的职责分工管理，多头管理特征明显[②]。因此，对于同一国家文化公园，对于不同的管理资源，其管理政策可能出自不同的行政部门。然而，在国家文化公园建设进程中，需要开展大量跨区域、跨部门的调查研究，并完成规划、宣传、立法等整体性工作，涉及大量管理部门，推进比较困难[③]。目前河南、青海等21个省（区、市）有两个及以上国家文化公园（表2-2），国家文化公园之间，各部门之间，各省（区、市）之间，客观存在多头管理的现实问题。

表2-2　各省（区、市）有两个及以上国家文化公园分布情况

省（区、市）	国家文化公园
河南	黄河、长城、长征、大运河
北京	长城、大运河
天津	长城、大运河
河北	长城、大运河

---

① 吴丽云，邹统钎，王欣，等.国家文化公园管理体制机制建设成效分析［J］.开发研究，2022（1）.
② 邹统钎，韩全，李颖.国家文化公园：理论溯源、现实问题与制度探索［J］.东南文化，2022（1）：8-15.
③ 白翠玲，武笑玺，牟丽君，等.长城国家文化公园（河北段）管理体制研究［J］.河北地质大学学报，2021，44（2）：127-134.

省（区、市）	国家文化公园
甘肃	黄河、长城、长征
陕西	黄河、长城、长征
山西	黄河、长城
青海	黄河、长城、长征、长江
山东	黄河、长城、大运河
宁夏	黄河、长城、长征
四川	黄河、长征、长江
江苏	大运河、长江
浙江	大运河、长江
安徽	大运河、长江
江西	长征、长江
湖北	长征、长江
湖南	长征、长江
重庆	长征、长江
贵州	长征、长江
内蒙古	长城、黄河
云南	长征、长江

（二）缺乏部门与区域统筹协调机制

1. 省际协调机制相对较弱

当前，由于涉及地域广阔、行政区域众多、跨度大、差异显著、权属复杂是五大国家文化公园具备的共同特点。五大国家文化公园共覆盖 8~15 个省（区、市），除文化遗址数量大、分布广以外，还具备土地产权复杂、利益相关者多、区域发展不均衡等特征。保护管理工作涉及多个行政区域和部门。然而，这种发展模式在各国尚无类似发展形态，因此并无成功案例可以参考。同时，各地的文化资源保护基础并不一致，各地政府对国家文化公园建设与管理工作内容重点存在不同认识，又未设立有效对接和协调沟通平台[①]。在长城保护和开发中，已经出现省际（河北与北京）矛盾，但目前缺乏合适的解决机制。

2. 规划整合落实程度参差不齐

由于缺乏专门协调与管理机构，如调查研究、规划、宣传、立法等大量跨区域、跨部门的整体性工作，难以在此背景下推进。全国性规划缺乏对各省国家文化公园特色的定位，省级规划多局限于本省，国家文化公园各省之间缺乏有效的整合，处于各自为战阶段。

3. 社区参与程度仍待提高

国家文化公园建设管理工作主要由相关职能部门、专业科研单位推进，但在社区管理、公众参与方面有所欠缺[②]。国际上，公众参与是普遍认可与执行的文化遗产保护方法，在《保护非物质文化遗产公约》中也有所体现[③]。虽然我国已经出台政策以鼓励公众参与文化保护工作，公众参与文化保护工作的情况有所好转，但参与层次、深度仍然有待提升。受专门管理机构缺失、资金不足等影响，国家文化公园的宣传不够，多数公众对国家文化公园仍不知晓，甚至出现国家文化公园范围内的景区工作人员及周边居民对国家文化公园也不了解的情况，国家文化公园在推动社区和全社会参与方面尚任重道远。

（三）缺乏稳定的资金保障

1. 普遍存在资金投入不足情况

一方面，资金缺口普遍较大；另一方面，缺乏资金投入的政策指导。目前中央投入和支持的资金数量无法与需要投入资金匹配。河北、贵州、江苏等省主要依赖地方财政投入，但并未明确长期资金保障机制。在我国文化遗产领域，遗产地超70%的资金来源于经营性收入，对遗产可持续保护和利用产生

---

① 王浩，李树信，张海芹.长征国家文化公园文旅协同发展路径研究［J］.河北旅游职业学院学报，2022，27（1）：57-62.

② 白翠玲，武笑玺，牟丽君，等.长城国家文化公园（河北段）管理体制研究［J］.河北地质大学学报，2021，44（2）：127-134.

③ 汪愉栋.国家文化公园协同保护路径构建——以非物质文化遗产保护为视角［J］.河北科技大学学报（社会科学版），2022，22（1）：98-103，109.

极大影响。对比国际经验，美国国家公园管理局 2021 年共计划拨款 35.41 亿美元投入美国国家公园的管理和建设中。其中，可自由支配拨款约 27.93 亿美元，占比约 78.86%；强制性拨款 7.49 亿美元，占比约 21.14%。可自由支配拨款主要覆盖五个方面，分别是国家公园体制运行（89.68%）、建造（6.86%）、历史保护基金（1.45%）、国家康乐和保护（1.21%）、百年挑战（0.8%）。而强制性支配拨款主要覆盖五个方面，按照占比大小排序，分别是康乐费用久拨款（46.53%）、其他固定拨款（29.55%）、土地征用和国家援助（15.65%）、信托基金（6.95%）、游客体验改善基金（1.32%）。

2. 过度依赖属地财政

长城、长征、黄河国家文化公园项目大量涉及边远地区和欠发达地区（赣南、粤北、桂北、湘西、闽西、川西、甘肃、青海、宁夏、晋陕交界、贵州、冀北），普遍面临财政困难问题，难以应对集中建设，长期持续建设运营无法得到保障。在缺乏政策指导的情况下，各地方政府对"钱从哪里来"及"怎么使用"，仍然存在困惑和迟疑。

除此之外，我国文化遗产保护实践仍存在盲目性、机械性和近利性等明显问题。中央政府对于文化遗产的纲领性引导及有限的资金供给与地方政府具体管理保护及经济发展的双重责任难以衔接，中央政府保护资金投入不足将直接影响地方政府开展文化遗产保护工作。同时，我国土地产权的特殊性、政府行为的外部性及制度缺位、权责界定模糊等因素易导致保护主体责、权、利不清晰和文化遗产"公地悲剧"的发生。此外，部分文化遗产存在的私有产权与公共价值的内在冲突、保护与开发利用不协调等问题也使"非合作博弈"现象时常见诸报端，陷入"零和博弈"的困境。

3. 特许经营等可持续的资金来源机制尚未健全

我国对于国家文化公园特许经营项目的运行仍处于探索阶段，如何规范政企开展合作，加强政府的审核、监管力度，提高经营项目运行质量是当前面临的挑战。

第一，我国对于国家文化公园特许经营的范围、种类、期限缺乏明确统一的规定，特许经营权的授予主体尚界定不明。很多地方政府不了解国家文化公园特许经营的目标和意义，以满足游客需求为导向、盲目扩大经营规模、增加项目种类是普遍现象，甚至将特许经营收入作为国家文化公园增收的主要途径，这与国家文化公园公益性的发展理念相违背。一些管理者为引领特许经营制度创新，忽视了对经营项目的审核过程与实施过程的监管，往往会导致周边社区利益受损。

第二，特许经营合同签订程序有待完善。政府授予特许经营权以及与受许人签订项目合同应遵循公开、公平、公正原则，这样既可以预防政府官员权力寻租，又能促进企业之间形成良好的竞争机制。目前，政府审批合同不符合公开、透明的要求。一些国家文化公园管理人员不审核合同条款的具体细节、不评估相应法律风险，这使得后续难以实施有效监督。同时，经营管理中"裙带关系"复杂，商品经营和服务性收费主要由当地村镇居民掌控，缺少专业化的团队运作。

第三，缺乏淘汰和奖惩机制。淘汰和奖惩机制是激励和规范经营行为的有效手段，但很多国家文化公园尚未建立健全考核、奖惩制度。由于缺乏相应激励机制，经营者的积极性难以调动，很多富有地方特色的经营项目难以为继；同时，违法成本低、惩罚机制不健全等因素，也会造成一些经营者违反经营合同、制定垄断高价，破坏特许经营的市场秩序。除此之外，现阶段我国国家文化公园的监督机制尚不完善，监管制度落实不到位，无法有效控制生产经营行为。

（四）缺乏稳定的专业化管理队伍

1. 普遍缺乏专业化人才

国家文化公园建设管理体系中存在文旅人才数量短缺、结构失衡、素质不足等问题[①]。国家文化公园各地经济发展水平不均衡，区域发展不协调，部分地区无法吸引并留住人才。如长征国家文化公园沿线多为经济发展水平落后区

---

① 李国庆，鲁超，郭艳. 河北省长城国家文化公园建设与区域旅游融合创新发展研究［J］. 唐山师范学院学报，2021，43（3）：125-131.

县，工作条件较艰苦。在这种经济环境与工作环境背景下，引进人才留不住、本地人才外流的现象时有发生；加之普遍缺乏较高水平的规划和人才管理办法，造成规划不当、资源配置不合理、人才管理不善等现象①。

2. 缺乏稳定和专业的管理团队

目前中央和各地方负责国家文化公园管理工作的组织机构，人员少、流动性大特征日益凸显。如临时抽调组织队伍，人员组成不稳定，无法长期熟悉跟进同一业务，导致工作无法持续开展。调研发现，在文化和旅游部国家文化公园专班人员结构中，有三分之一是从地方借调的同志。然而，专班需承担项目和各省及地区协调、规划、政策研究、地方调研指导，以及部内部分其他工作，需要长时间跟进业务并持续推进。不稳定的人员结构让专班力量捉襟见肘。如山西省长城国家文化公园领导小组办公室设立在省文旅厅资源处，该办公室实际仅有 4 人能够到岗，同时他们还需要履行主要职务。与美国对比，2019 年美国国家公园管理局有固定、临时与季节雇员近 2 万人，志愿者279000 人，稳定的专业化队伍保证了美国国家公园高质量的运营。

（五）空间边界模糊和区域管理不力

1. 边界模糊，责权划分不清晰

国家文化公园建设中的四类主体功能区没有清晰边界，制约后续管理和利用。五大国家文化公园涉及多个省份，包含多个遗产群，国家文化公园建设中边界与功能区划尚无技术标准，这样大型线性遗产的边界如何确定是尚需探讨的问题②。在一些区域内文化资源类型多样、空间分散，资源保护和利用水平不一是常见现象。如文物部门重点负责管理列入世界文化遗产、全国文物保护单位的文物，但级别较低或尚未列入文物保护单位名录的文物常常无法得到有效管理，有些在破坏性开发工程中遭受损坏。

---

① 潘娜，马升红.云南长征文化公园创建：背景·问题·对策［J］.创造，2021，29（9）：66-73，82.

② 何思源，苏杨，闵庆文.中国国家公园的边界、分区和土地利用管理——来自自然保护区和风景名胜区的启示［J］.生态学报，2019，39（4）：1318-1329.

2. 分区管理落实程度不高

国家文化公园现有管理机构多为临时性机构，在分区管理中缺乏专业管理人才，不能对不同分区在管理目标、战略定位、发展思路、管理方式、责任分配等方面实现差别化[①]。在具体实践中，由于缺乏固定的管理机构和明晰的分区界限，多数省份的国家文化公园的建设多流于口号，缺乏实质性的推动。明确具体的分区管理部门能够使区域内国家文化公园建设涉及部门和机构相互融通、相互补充，同时减少冲突、提升效率。

四、创建中国特色的国家文化公园体制机制

（一）构建全国统一的稳定的管理组织机构

目前我国的国家文化公园普遍缺乏稳定机构、管理权责较为模糊，同时历史形成的多头管理使得国家文化公园存在管理混乱的问题。因此在组织机构方面，需要构建全国统一且稳定的管理机构，力求达到"统分结合"的效果，让中央和地方有效连接，构造中央、省、市三级分工有序、职权明晰的组织机构和管理队伍。"国家"在西方更多被作为一个多主体互动的社会场域，但在中国，"国家"是一个以社会团结为特征，以追求秩序为第一要务的实体，是一个既具有本体论又具有方法论的存在[②]，因此只有在中国才能在国家"整体要求"层面确定地方"行动指南"，国家文化公园中的"国家"二字才能真正得到实现。

1. 中央层面

国家文化公园建设工作领导小组对外扮演沟通者角色，对内扮演协调者角色，起着协调监督运营和管理机构的作用，并由其统一制定国家文化公园的管理制度和履行审批监督等综合管理工作[③]，应在建设工作正式完成前保留国家

---

① 廖华，宁泽群.国家公园分区管控的实践总结与制度进阶［J］.中国环境管理，2021，13（4）：64-70.

② 何增科.理解国家治理及其现代化［J］.马克思主义与现实，2014（1）：11-15.

③ 邹统钎，郭晓霞.中国国家公园体制建设的探究［J］.遗产与保护研究，2016，1（3）：30-36.

文化公园建设工作领导小组。同时，可在原有相关部委成员的基础上，将国家文化公园所涉及的相关省份纳入成员行列，由领导小组统筹负责国家文化公园的整体性开发，发挥战略导向作用，协调处理好国家文化公园建设管理过程中跨部门、跨省域的重要事务。

为了构建更加稳定的管理机构，建议设置国家文化公园管理局，成立有专门编制和对应职权的专业组织机构，其主要职能为规划引领、立法起草、专项资金投入、项目建设、新国家文化公园审定、日常管理等统筹综合性工作，更专业和系统地指导国家文化公园的保护建设。并且该管理机构将在国家文化公园正式建设完成后，接替国家文化公园建设工作领导小组的职责，承担起统一管理国家文化公园的重大工作。

2. 省级层面

在省级层面上，各省应在国家文化公园建设工作领导小组的带领下，积极参照并根据中央机构所采取的模式，同步设立构建与中央组织机构相辅相成的省级管理组织机构。该省级国家文化公园管理机构将成为统筹管理和协调全省（区、市）范围内全部国家文化公园的唯一管理机构，领导和协调各国家文化公园的管理保护等综合性工作。

同时，基于整体性理论和可持续发展理论，建议各省级地区国家文化公园建设工作领导小组办公室均设于文化和旅游部门。并且将拟新设的国家文化公园管理局也挂靠于本地的文化和旅游部门，方便统筹管理和协调工作的开展。省级国家文化公园管理机构可参照中央管理机构的模式，设立有专门编制和固定公务员队伍的组织部门，其主要承担地方立法、省内规划、省以下地方协调、土地统筹、资金投入、项目建设指导、资源保护和利用等职能。

3. 地市与县级层面

在地市级层面上，可以构建更为灵活的管理机构，该机构的存在形态可以是政府部门也可以是事业单位，以巩固和稳定国家文化公园的管理队伍。各市的管理机构设置可以参考省级国家文化公园管理机构的设置标准，成立相对应的市级实体办公室或国家文化公园管理局。同时，为了最大限度地适应各市的实际情况，地市级国家文化公园管理机构的设立有三种模式可供参考：一是由政府组成管理部门，二是设立事业单位，三是成立"小机关大事业"的行政单位和事业单位相结合的多个部门。其主要承担执行和完成日常保护、建设、管理和运营等多项工作。

在县级层面上，不要求设立专门的国家文化公园管理机构，尽可能让下方能够灵活应变和管理，做到具体问题具体分析。是否设立县级管理机构，各县可根据上级市或县境内国家文化公园的资源情况而定，设置的具体形式可以参照上级市国家文化公园管理机构的设置标准和设置要求，达到相辅相成、稳固统一的效果。

（二）构建多元化资金保障机制

由于目前国家文化公园普遍存在资金投入不足情况，因此需要采取多元化资金保障机制对国家文化公园的保护管理起到"开源增效"的作用。同时国家文化公园对属地财政的依赖性使得在"开源"方面，需要在依靠政府资金投入的同时，积极吸纳国外先进经验，发挥市场力量，创新多资金来源渠道；在"增效"方面，以优化国家文化公园管理结构为基础，完善资金使用和管理制度，实现国家文化公园的效益最大化。

1. 积极发挥中央财政的引导作用

国家文化公园建设涉及多个省、市、县等地区，而各省、市、县等地区的发展建设情况均有差异。其中，不乏资本市场相对薄弱的地区，如长征、长城和黄河国家文化公园沿线的贵州、江西、广西、云南、甘肃、青海、宁夏和新疆等省（自治区），在资金体量和融资能力上存在明显弱势，故在国家文化公园发展建设中对中央财政的依赖性更高，中央以及各部门应通过中央预算内投资渠道和中央财政专项资金给予这些地区更多的财政支持。同时，资金相对匮乏的地区也应积极主动向中央政府申请预算资金。例如，江苏省发展改革委将中国大运河博物馆项目上报申请列入2020年文化旅游提升工程第二批中央预算内投资计划；甘肃省也已将所申报的两个项目进行了公示：战国秦长城临洮段文物保护利用设施建设项目以及毛泽东界石铺旧址保护建设综合利用项目。而经过国家发展改革委组织专家评估，遵义会议核心展示园一期——老鸦山长征文化园项目作为长征国家文化公园建设项目的重要部分已经成功入选2020年文化旅游提升工程第二批中央预算内投资计划，争取到了8000万元的中央预算内投资。

2. 落实地方财政责任

有了中央财政的全力支持，地方财政也应承担起相应的财政责任，要做到中央和地方两者齐头并进、共同分担、相互配合。一方面，省政府身为各省域内国家文化公园建设的责任主体，应发挥带头作用，积极落实和践行财政支持政策。如江西省文化和旅游厅编制的《江西省红色文化资源保护与开发利用三年行动计划（2020—2022）》中，明确表现了对兴国县红色旅游以及长征国家文化公园（江西段）建设发展方面的政策和资金支持。另一方面，各省可选择将文旅类专项资金进行统筹规划，先集中起来向国家文化公园建设方面倾斜，在国家文化公园具有"造血"功能后，再反哺其他文旅类项目，提高地方财政资金的使用效率。如江苏省财政厅同省文化和旅游厅于2020年7月共同印发了《江苏省文化和旅游发展专项资金管理办法》，将其原有的省级现代服务业（文化产业）发展专项资金、江苏省非物质文化遗产保护专项资金、江苏省基层公共文化服务能力建设专项补助资金和江苏省省级旅游业发展专项资金四大类资金进行了整合，统一合并为江苏省文化和旅游发展专项资金，进一步加强和规范了文化和旅游发展专项资金的管理与统筹资金的使用。

3. 引导社会资本广泛参与

仅依靠政府的力量，并不能为国家文化公园的建设提供长久的资金保障，还需充分发挥市场力量，让社会资本广泛加入其中，共同参与文化遗产的保护与管理。具体有六种参考方式：一是完善特许经营制度，国家文化公园可借鉴国家公园经验，制定特许经营管理条例，采取公开招标方式确定特许经营者，并鼓励社区居民积极参与。二是发行专项债券，采用政府负债方式获取资金，可保障国家文化公园在短期内获取大量资金，且具备资金的长期使用权。三是城市建设投资公司企业债券融资投资建设，债券融资具备一次性融资规模大、成本低、投资方向自由等特点，且企业债券能在资本市场全面筹集资金，能有效缓解资金不足的困境。四是设立发展基金，可根据《中华人民共和国慈善法》和《基金会管理条例》等相关法律法规成立国家文化公园基金会，并与个人、企业、科研机构和非政府组织开展合作，提供资金、人才和技术支撑。五是发行彩票，带动全社会参与，激发民众对文化遗产的保护意识，刺激消费，拉动资金向国家回笼进行再次分配。六是 PPP 融资和 BOT 融资，PPP 融资即政府、非营利性企业及营利性企业在某项目基础上，创建良好合作关系，可合作共赢和风险平摊；BOT 融资是地方政府针对基础设施建设项目，通过公开招标，由中标者与政府签署协议，承担起融资和经营等任务。

4. 建立文化生态补偿机制

长城、长征、大运河等文化资源是我国重要的文化瑰宝，对宣扬中华民族文化、增强民族自信和弘扬民族精神具有重大作用。在建设过程中，可借鉴国家公园生态补偿机制构建国家文化公园文化生态补偿机制。根据"有偿使用"原则，资源受益者有义务并且应当向提供生态保护的机构及群众给予适当补偿。同时，对于珍稀且重大的物质文化资源的使用，应该构建完备的文化生态补偿机制，可在国家层面上构建文化生态补偿机制，在法律层面上明晰各方主体义务和责任。在建设国家文化公园的过程中，还需同步探索科学合理的文化补偿量化评价方法，根据文化生态补偿的实际需要拨付相应资金，用于补偿当地文化发展和居民需要。这有利于减少公园建设与原住民之间的矛盾，增加社区居民的参与度与满意度，为国家文化公园持续健康的保护管理提供保障。

（三）构建多方协调与参与机制

作为涵盖军事建筑、人工河道、自然流域和流动线路等跨区域、跨文化和跨国界的大型线性文化遗产，国家文化公园不仅在空间和文化尺度上无法以现行行政区划为单位进行划分，而且在功能上需要承担保护传承功能、宣传教育功能、科研功能、游憩功能和社区发展功能，需要进行旅游利用、教育利用、体育利用和数字化利用等一系列的综合利用。因此，在国家文化公园的建设利用中需要实现常态化、多主体的多方协调机制。

1. 多区域多部门协调机制

目前我国五个国家文化公园均具有跨度大、差异显著、权属复杂的特点，分别涉及 8~15 个省级地区，其保护管理工作涉及了多个地区与部门。目前国家文化公园范围内的各类资源与原有归属地以及国家文化公园之间的关系尚不明晰，且省域之间的遗产归属与管理关系也存在争议。同时，为实现国家文化公园的各项功能，需要多个部门共同规划，不同功能区根据所承担的责任可由一个部门主要负责。通过联席会议制度、跨区域协调机构和多方参与的区域合作机制等方式实现多个区域多个部门共同完成国家文化公园的目标与建设工作。

2. 社会参与机制

社会参与是全球范围内文化遗产保护工作的潮流趋势和必经之路[①]。在复杂的国家文化公园建设工作中，社会参与制度能够帮助形成有效的社会参与和监督体系，防止决策失灵，协调各利益主体之间的关系与利益分配。同时国家文化公园具有公益性，可为公众提供了解国家文化、增强文化认同的场所与机会。因此，完善国家文化公园的社会参与机制非常重要，可从以下三点实现。

第一，优化国有企业委托经营管理机制。针对国家文化公园核心景区，各国家文化公园应明确规定相应国有企业的运营目标、运营方式以及管理绩效等，使其符合国家文化公园整体规划要求。同时需要加强对国有企业管理的约束，提升管理效率。

第二，构建全社会参与和监督机制。在专家咨询委员会基础上，加强全社会参与和监督机制，通过自有网站、社会媒体等渠道保证信息的透明公开，开通公众咨询、建议与投诉的线下线上渠道，保证公众沟通的便利。同时可以组建国家文化公园的志愿者团队与建立社会捐赠机制，丰富公众参与国家文化公园建设与运营的方式。最后，可通过奖惩机制完善全民监督机制。

第三，保障当地居民发展权与利益均衡分配。对于生活在国家文化公园范围内的原住居民，需要在兼顾国家文化公园未来发展规划的同时保障其发展权利。在涉及社区居民利益时，应向其做全面完整的解释保证信息透明公开，同时可吸纳居民参与国家文化公园的工作，提供更多工作机会。而在面对利益分

---

① 沈旭炜.文化遗产保护社会参与模式研究［J］.浙江外国语学院学报，2017（6）：103-109.

配时，需要实现政府、企业和当地居民三大主体共赢，可通过设立居民服务协会保障居民利益并提供咨询服务。

3. 差别化利用机制

国家文化公园按照管控保护、主题展示、文旅融合和传统利用四类主体功能区分级保护开发，同时国家文化公园的公共文化空间属性又依赖于对文化遗产的开发利用，因此需要根据4类主体功能区对国家文化公园进行差别化保护与利用。

第一，管控保护区以保护性利用为主导。管控保护区需以保护为优先，特别是濒危文化遗产要以绝对保护为主，其他区域遵循保护性利用原则进行差别化利用，在保护的前提下，依据情况开放观光旅游、研学科普等多种功能。

第二，主体展示区以公益性利用为主导。主体展示区的核心功能是满足公众对国家文化公园文化遗产等资源的了解与体验需求，主要业态可包括博物馆、文化体验园、数字文旅体验园等，为公众提供近距离接触、体验国家文化遗产的场所。

第三，文旅融合区和传统利用区以市场化利用为主导。文旅融合区和传统利用区则是发挥国家文化公园经济效益的主要区域，通过业态、产品、活动等内容带动国家文化公园所在地区的经济发展。

（四）优化国家文化公园空间管理与跨区域协调机制

1. 优化分区管理

世界自然保护联盟和许多国家在建设保护地体系中遵循设定体系化的管理目标、资源管理整体性与联系性保护的分类原则[①]。除此以外，根据"完整性与原真性"原则以及整体性保护和相容性利用的目标，国家文化公园划分为管控保护、主题展示、文旅融合和传统利用四类主体功能区，而具体的划分工作可参考联合国教科文组织《世界遗产保护规划编制指南》《世界遗产公约操作

---

① 赵金崎，桑卫国，闵庆文.以国家公园为主体的保护地体系管理机制的构建［J］.生态学报，2020，40（20）：7216-7221.

指南》关于世界遗产保护区、缓冲区的标准。其中提出世界遗产保护区划定的边界范围需包含能够突出遗产普遍性价值的所有元素，保证遗产的原真性和完整性不受破坏。而缓冲区则又为遗产加了一道保护层，主要包括申报遗产直接所在的区域、重要景观，以及其他在功能上对遗产及其保护至关重要的区域或特征。同时 Farrelly 等（2019）相信文化遗产具有三大基本特征：物理形式、文化与历史意义的联系、活跃的传递意义[①]。因此国家文化公园不仅需要承担保护与传承功能，还应当合理利用，为公众提供文化认识与学习的空间场所。

在国家文化公园的功能分区划分时应在世界文化遗产核心保护区、缓冲区边界的基础上探究四大区域的边界设立。在划分管控保护区和主题展示区时可根据核心遗产点的分布情况，划定清晰的空间边界，以更好地推动国家文化公园的建设，以及公园内遗产资源的保护和合理利用。而在划定文旅融合区和传统利用区时，宜以开放思维和开放边界的形式促进其发展，无须界定明确的空间范围，以最大限度地带动地方文化和旅游产业以及关联产业的发展为目标，充分发挥国家文化公园对地方经济发展的带动作用。

2. 强化跨地域跨部门协调机制

在我国国家文化公园建设过程中最大的障碍是文化遗产多以线性分布，具有跨度大、差异显著、权属复杂的特点，分别涉及 8~15 个省级地区，其保护管理工作涉及多个相关地区和部门。国外提出了"遗产廊道"等理念构建大型跨地域合作协调机制，但国内外均尚无类似模式的成功案例。现有的国家文化公园建设工作仍以任务为导向，缺乏跨地域的整体协调规划。同时，国家文化公园范围内的文化遗产、风景名胜区等资源与整体规划管理之间的关系、跨区域文化遗产的归属问题等矛盾也是国家文化公园建设工作中需要解决的问题。为了有效解决上述问题，优化国家文化公园管理机制，可通过优化多省域协调机制，从以下几个方面入手。

第一，稳定区域协调机构。为强化国家文化公园各地区协调工作机制，应设

---

① Farrelly F，Kock F，Josiassen A. Cultural heritage authenticity：A producer view［J］. Annals of Tourism Research，2019，79：102770.

立单独的多区域协调机构，在完备法律体系的基础上构建一个高规格、跨部门的国家文化公园管理协调机构，负责协调不同行政单位与部门之间的协调工作，统筹跨区域的调研、规划、协调等工作，将各个国家文化公园的工作领导小组和办公室做实，由临时性协调机构转变为有专门编制和相应权责的固定机构。

第二，强化联席会议制度。设立专门的联席会议秘书处，定期召开省际、部际联席会议，强化各部门之间的交流与合作，串联起各地区的协调工作，充分发挥国家文化公园建设工作领导小组的跨部门协调作用，建立科学规范的联席会议制度，推动国家文化公园跨地域跨部门工作，实现国家文化公园沿线各地区的共建共享。将遗产保护、政策法规、资金支持、国土空间规划等内容纳入联席会议的讨论中，集思广益，集中力量对重难点问题进行攻破。

第三，建立多维度的区域合作管道。一方面强化公众主动保护国家文化公园文化遗产的意识，另一方面动员社会力量普及文化遗产保护常识，激发公众对国家文化公园的认同感，实现非官方跨区域保护机制的自主运行，发挥非政府组织、私人或企业等社会力量为国家文化公园建设注入新活力。建立多方参与的多区域合作机制，形成上下联动、整体推进的合力，坚持国家文化公园与地方融合发展，兼顾多方利益主体，设立多方联合的国家文化公园决策机构，同时形成跨区域联动发展的集群产业。

第三章
国家文化公园旅游利用的国际比较

2017 年中共中央办公厅、国务院办公厅发布的《关于实施中华优秀传统文化传承发展工程的意见》首次提出"国家文化公园"，要使之成为中华文化重要标识。随着国家文化公园建设实践工作的探索和对国家文化公园概念的深化认识，初步确立以长城、大运河、长征、黄河、长江为主的五大国家文化公园。在新概念、新文化遗产保护形态框架下，需要梳理国外国家公园的旅游利用模式、经营机制、可持续利用机制等，总结相关经验，为我国国家文化公园建设提供参考。

一、国家文化公园遗产保护与旅游利用协调发展的理论

国家文化公园的遗产保护与旅游利用协调发展实践需要一定的理论思想指导，本章首先对国家文化公园及文化遗产保护与旅游利用相关研究进行总结：国家文化公园建设需要综合考虑公园的经济效益和社会效益，同时由于其鲜明的文化属性，在建设过程中需要因地制宜，多部门多主体共同管理。在此基础上，探究以协同治理理论、利益相关者理论、博弈论为理论基础的国家文化公园多主体利益协同模式；用文化空间理论和活态保护理论探索在大型线性遗产框架下，对物质文化遗产及非物质文化遗产的旅游利用，以期在国家文化公园建设过程中保护当地文化元素的同时进行文旅融合，将发展惠及当地人民群众。

（一）文化遗产保护与利用的理论综述

1. 国家文化公园相关研究

（1）国家文化公园的相关概念

中共中央办公厅、国务院办公厅发布的《关于实施中华优秀传统文化传承发展工程的意见》中首次明确提出要"规划建设一批国家文化公园，成为中华文化重要标识"。传统的国家公园是指一个完整的，具有一定特定主体的土地区域系统。主要目的就是保护该土地上相关的生物地理或文化资源，使其受到的影响最小（陈耀华等，2014）[①]。而国家文化公园概念的提出是在民族复兴、文化强国、旅游发展的复杂背景下，中国遗产话语在国际化交往和本土化实践过程中的创新性成果，也是中国在遗产保护领域对国际社会做出的重要贡献。杨保军等（2019）认为，国家文化公园是以保护、传承和弘扬具有国家或国际意义的文化资源、精神或价值观为目的，兼具爱国教育、科研实践、娱乐游憩和国际交流等文化服务功能，经国家有关部门认定、建立、扶持和监督管理的特定区域[②]。孙华（2021）将国家文化公园定义为国家一级政府基于保护国家重要文化资源、展示国家文化精华的目的，为历史研究、文化传承、公众教育和向人们提供休憩服务，依托重要的文化遗产，由国家划定、国家管理并全部或部分向公众开放的文化区域[③]。

（2）国家文化公园的相关研究

由于国家文化公园概念具有强烈的中国特色，因此当前的研究主要集中于国内。国内学者对于国家文化公园的密集研究始于 2019 年，研究主题主要分布在理论源流、遴选标准、管理体制、建设建议（邹统钎等，2022；刘晓峰

[①]　陈耀华，黄丹，颜思琦 . 论国家公园的公益性、国家主导性和科学性［J］. 地理科学，2014，34（3）：257-264.

[②]　杨保军，黄晶涛，彭礼孝 . 国家文化公园 黄帝陵：传承·共识·未来［M］. 北京：中国建筑工业出版社，2019.

[③]　孙华 . 国家文化公园初论——概念、类型、特征与建设［J］. 中国文化遗产，2021（5）：4-14.

等，2021；吴丽云等，2022；吴殿廷等，2021）①②③④ 等方面。

李飞和邹统钎（2021）认为国家文化公园概念的理论源流主要有三条，分别为欧洲文化线路、美国遗产廊道和我国线性文化遗产⑤。龚道德（2021）从国家公园制度建设、发展的角度，剖析历史、文化类国家公园产生的原因，继而从中西对比的角度，进一步探讨我国选择"文化视角"而非"史迹视角"的原因⑥。由于国家文化公园具有国家代表性、全民性、公益性等特点，吴丽云和常梦倩（2020）认为国家文化公园的遴选标准应从国家重要性、人民性、不可替代性、可行性四个方面考虑⑦。

对于国家文化公园的管理建设建议，程遂营和张野（2022）认为国家文化公园建设和运营应协调政府、社区、社会组织和市场之间的关系，平衡文化遗产保护与发展利用之间的关系，处理本地居民与外地游客之间的关系，应对内部凝聚精神力量与外部扩大文化影响之间的关系⑧，发挥好国家主体的主导作用和社会主体的独特价值；重视文化资源价值及功能等内容的分类研究与规划；聚焦对本地居民、国内游客、国际游客等客体的主导需求研究；统筹大众传媒的主渠道作用和新兴媒体及公共外交的独特功能，开展常态化宣传和推介活动（王克岭，2021）⑨。柏贵喜（2022）将共生机制、共享机制引入国家文化公园建设的研究中，提出在处理系统内部要素关系时应坚持共生互利的原则，

① 邹统钎，韩全，李颖.国家文化公园：理论溯源、现实问题与制度探索［J］.东南文化，2022（1）：8-15.

② 刘晓峰，邓宇琦，孙静.大运河国家文化公园省域管理体制探略［J］.南京艺术学院学报（美术与设计），2021（3）：45-49.

③ 吴丽云，邹统钎，王欣，等.国家文化公园管理体制机制建设成效分析［J］.开发研究，2022（1）：10-19.

④ 吴殿廷，刘宏红，王彬.国家文化公园建设中的现实误区及改进途径［J］.开发研究，2021（3）：1-7.

⑤ 李飞，邹统钎.论国家文化公园：逻辑、源流、意蕴［J］.旅游学刊，2021，36（1）：14-26.

⑥ 龚道德.国家文化公园概念的缘起与特质解读［J］.中国园林，2021，37（6）：38-42.

⑦ 吴丽云，常梦倩.国家文化公园遴选标准的国际经验借鉴［J］.环境经济，2020（Z2）：72-75.

⑧ 程遂营，张野.国家文化公园高质量发展的关键［J］.旅游学刊，2022，37（2）：8-10.

⑨ 王克岭.国家文化公园的理论探索与实践思考［J］.企业经济，2021，40（4）：5-12，2.

实现生态系统保护、文化遗产保护、文化遗产资源的资本化和旅游开发、园区居民生活水平的共同发展，并充分发挥多元主体的积极性和主动性，将整体园区共治与区段社区自治相结合，提升人民群众幸福感①。总体而言，相关研究表明，国家文化公园的建设和运营需要充分考虑多方面的因素，以保证公园的经济效益和社会效益的协调发展。

2. 文化遗产保护理论与思想

（1）文化遗产保护的基本概念

文化遗产是指为国家、民族、群体或个人所拥有、掌握、控制或保护的，具有重大历史、艺术、科学价值的，含有特殊文化信息及其无形传媒或有形介质或载体以及特殊文化环境的，能带来潜在、间接或直接社会经济利益的，符合联合国或国家法规规定的各种无形或有形的文化资源（喻学才、王健民，2008）②。文化遗产是对物质文化遗产与非物质文化遗产两大类别的总称（马震，2015）③。其中，物质文化遗产是具有历史、艺术和科学价值的文物，包括古遗址、古墓葬、古建筑、石窟寺、石刻、壁画、近代现代重要史迹及代表性建筑等不可移动文物，历史上各时代的重要实物、艺术品、文献、手稿、图书资料等可移动文物；以及在建筑式样、分布均匀或与环境景色结合方面具有突出普遍价值的历史文化名城（街区、村镇）。非物质文化遗产指被各群体、团体、有时为个人视为其文化遗产的各种实践、表演、表现形式、知识和技能及其有关的工具、实物、工艺品和文化场所④。而文化遗产保护指的是对具有历史价值、文化价值、科学价值的历史遗留物采取的一系列防止其受到损害的措施。《威尼斯宪章》指出，历史古迹的保护包含着对一定规模环境的保护，凡传统环境存在的地方必须予以保存决不允许任何导致改变主体和颜色关系的新建、拆除或改动，即在强调单体建筑物或遗址保护的同时必须注意其环境的保

---

① 柏贵喜. 系统论视域下国家文化公园建设：结构、功能、机制［J］.中国非物质文化遗产，2022（1）：100-108.

② 喻学才，王健民. 世界文化遗产定义的新界定［J］.华中建筑，2008，128（1）：20-21.

③ 马震. 商业文化遗产的保护与开发研究综述［J］.商场现代化，2015，792（17）：266-268.

④ 上海交通大学世界遗产学研究交流中心. 世界文化与自然遗产手册［M］.上海：上海科学技术文献出版社，2004.

护（赵中枢，2001）①。

（2）文化遗产保护的理念与方法

文化遗产保护是一个多学科领域，它涵盖了历史、文化、社会、经济、法律等多方面的研究。近年来，国内外学者从不同的角度和维度对遗产保护进行了深入研究。从法律角度，学者探讨了遗产保护的法律框架和法律政策，以及如何加强法律保护（任超，2021）②；从历史文化角度，学者则关注遗产的历史价值和文化价值，以及如何保护和传承这些价值（唐丽娜、唐建，2022）③；从社会经济角度，学者探讨了遗产保护对社会和经济的影响，以及如何平衡经济效益和历史文化价值（Rudokas et al.，2019；李然，2022）④⑤。

1961年国务院颁布的《文物保护管理暂行条例》，首次确立了包括革命遗址及革命纪念建筑物、石窟寺、古建筑及历史纪念建筑物、石刻及其他、古遗址、古墓葬的一系列全国重点文物保护单位，标志着我国文化遗产保护思想的正式形成。1982年，国务院公布了第一批国家历史文化名城，标志着中国的文化遗产保护向面状、整体保护的方向迈进（石鼎，2022）⑥。近年来，我国文物保护制度正经历从文物保护单位制度向以国家文化公园为主体的文化遗产制度的转型（邹统钎、仇瑞，2023）⑦。当前我国国家文化公园均依托线性文化遗产建设，对于线性文化遗产的保护应以对线性文化遗产的整体认知为前提，首先从资源类型、数量规模、遗产价值等方面对线性文化遗产进行元素

---

① 赵中枢.从文物保护到历史文化名城保护——概念的扩大与保护方法的多样化［J］.城市规划，2001（10）：33-36.

② 任超.德国文化遗产的法律保护——制度内容、发展趋势以及参考借鉴［J］.河北法学，2021，39（2）：117-141.

③ 唐丽娜，唐建.建筑遗产环境中历史文化价值的传承与发展——以沈阳张氏帅府为例［J］.建筑与文化，2022，214（1）：85-87.

④ Rudokas K，Landauskas M，et al. Valuing the socio-economic benefits of built heritage：Local context and mathematical modeling［J］. Journal of Cultural Heritage，2019，39（38）：229-237.

⑤ 李然.土司文化遗产的复合性、多元价值及其实现路径［J］.贵州民族研究，2022，43（5）：183-190.

⑥ 石鼎.从遗产保护的整体框架看农业文化遗产的特征、价值与未来发展［J］.中国农业大学学报（社会科学版），2022，39（3）：44-59.

⑦ 邹统钎，仇瑞.国家文化公园整体性保护思想诠释与路径探索［J］.民俗研究，2023，167（1）：59-68，157-158.

辨别和空间关系解析（Meerbeek et al.，2017）[①]，提倡采取包含政策法令、合作模式、日常维护、宣传推广、资源保护、多方参与等综合性保护策略（龚道德等，2016）[②]，不仅要加强对沿线有形的文物、建筑和遗址的保护研究，也要重视更易消亡的独特的口头及非物质文化遗产的保护传承（李永乐、杜文娟，2011）[③]。

在文化遗产保护的理念与方法上，许海军（2022）认为，物质文化遗产的保护，不仅要进行遗产本体的维护保养、加固修缮，还要开展基于遗产真实性、完整性的环境风貌保护[④]。当前非遗的保护方式，主要分为"抢救性保护""整体性保护""生产性保护"三种。"抢救性保护"是指将散落在民间的非遗进行整理、保存、研究的一种保护形式；"整体性保护"是指将非遗的生存环境加以完整保护；"生产性保护"是指借用生产、流通、销售等手段，通过开发非遗文创产品的方式进行保护，其中生产性保护是现阶段我国对非遗采取的较为重要的保护方式（葛武豪等，2022）[⑤]。应从完善非遗法律体系建设、加强非遗传承人的培养和保护、加大非遗保护资金投入、创新非遗保护方式等方面为非遗保护提供保障（张莹、齐丹丹，2023）[⑥]。

3. 文化遗产旅游利用

（1）文化遗产旅游利用的概念

文化遗产领域"利用"一词最早在 1964 年的《威尼斯宪章》中出现与运

---

① Meerbeek L V，Barazzetti L，Valente R. From cultural path to cultural route：A value-led risk management method for via Iulia Augusta in Albenga［J］. The International Archives of the Photogrammetry，Remote Sensing and Spatial Information Sciences，2017，XLII-2/W5：71-75.

② 龚道德，袁晓园，张青萍. 美国运河国家遗产廊道模式运作机理剖析及其对我国大型线性文化遗产保护与发展的启示［J］. 城市发展研究，2016，23（1）：147-152.

③ 李永乐，杜文娟. 申遗视野下运河非物质文化遗产价值及其旅游开发——以大运河江苏段为例［J］. 中国名城，2011（10）：42-45.

④ 许海军. 基于世界文化遗产视野的嘉峪关长城保护研究和展示利用［J］. 河北地质大学学报，2022，45（5）：121-127.

⑤ 葛武豪，肖洪磊，付育媛. 非物质文化遗产的生产性保护研究综述［J］. 文化创新比较研究，2022，6（32）：68-72.

⑥ 张莹，齐丹丹. 非物质文化遗产保护与传承中的现实困境与路径优化［J］. 边疆经济与文化，2023，230（2）：84-86.

用，文化遗产的"利用"也因此确立其"合法"的地位。《佛罗伦萨宪章》首次把"利用"作为宪章重要的一部分进行具体的阐述，明确表明了其在处理历史园林的民众利用需要与保护之间的关系的态度，一方面，它肯定民众在园林的观光、散步、日常游戏等活动的需要，另一方面，把维护和恢复园林真实性的主要工作置于民众利用的需要之上（张朝枝、郑艳芬，2011）[①]。欧美学术界早在 20 世纪 70 年代城市产业转型过程中就注意到文化遗产再利用的问题（宋立中、谭申，2012）[②]。孙华（2020）将文化遗产的利用分为展示利用、旅游利用和创意利用三大类[③]。文化遗产的旅游利用是基于游客体验，将静态文化遗产资源生动化，在体验经济下丰富旅游者体验的一种旅游开发手段。让物质形态和非物质形态遗产再次走进人们生活，通过商业化开发来保护遗产，保持遗产活力，实现其可持续发展（麻国庆，2017）[④]。遗产旅游利用是一种遗产活化，在实现把遗产转化为旅游产品的同时也能保护传承遗产（喻学才，2010）[⑤]。

（2）文化遗产旅游利用的理论与方法

近年来，遗产旅游的利用已成为旅游和文化遗产领域的一个重要课题，研究人员探索了遗产旅游利用的各个方面，主要包括文化遗产旅游利用的方式手段、社区影响、问题挑战等。

文化遗产旅游活化利用的呈现模式有很多，吴必虎和王梦婷（2018）将其划分为 3 种基本范式：第一种是方式客观主义的活化利用模式（静态博物馆模式），注重文化遗产的客观主义原真性，不需要进行更多的"加工"，保护工作相对重要；第二种方式是建构主义（实景再现）模式，更为适合历史场景的活化，通过建构主义原真性实现某种视觉形式的呈现，提高文化遗产传播的效率和广度；第三种方式是述行主义（舞台化表现）模式，在地方性基础上人为

---

① 张朝枝，郑艳芬.文化遗产保护与利用关系的国际规则演变［J］.旅游学刊，2011，26（1）：81-88.

② 宋立中，谭申.复合型文化遗产旅游产品开发路径分析——以福建马尾船政文化为例［J］.旅游学刊，2012，27（10）：93-101.

③ 孙华.文化遗产利用刍议［J］.中国文化遗产，2020，95（1）：4-14.

④ 麻国庆.民族村寨的保护与活化［J］.旅游学刊，2017（2）：5-7.

⑤ 喻学才.遗产活化论［J］.旅游学刊，2010，25（4）：6-7.

建设的历史场景以及旅游演艺等都是舞台化的述行呈现方式①。

　　旅游开发作为文化遗产地的主要利用与发展方式，对遗产地所产生的影响是多方面的，大体可以分为经济影响、社会文化影响以及环境影响（Cooper et al.，1993）②。其中经济影响多聚焦于就业机会、收入、物价等内容，社会文化影响多关注犯罪率、文化发展与交流、传统文化传承等内容，环境影响则聚焦于环境污染、卫生状况等（Nisha，2012；张爱平等，2017）③④。李瑞杰和何勋（2021）以世界文化遗产地洛阳为案例地，研究发现当地居民认为旅游发展能够促使基础设施显著改善、带来更多投资和消费、促进当地传统文化保护与发展、促进当地历史建筑的保护⑤，但也可能造成本地古朴的民风民俗、生态环境的破坏，影响居民正常生活（卢松等，2009）⑥。

　　此外，关于遗产旅游利用的研究还侧重于遗产旅游发展过程中出现的挑战和问题。例如，一些研究探讨了文化遗产旅游利用的适用性，以及经济发展与遗产保护之间的平衡。文化遗产自身价值是基于考古、科学、历史价值角度来考量，而它们的旅游价值则是更多从观赏性、艺术性、审美性等游客体验视角来判定，从遗产珍稀性、生境脆弱性、保护等级角度来看，有些遗产遗存并不适宜进行大众旅游开发利用，而应该采取严格保护，或者开展"有限性旅游"（王辉等，2017）⑦。因此，文化遗产的旅游利用要充分考虑遗产遗址规模大小、旅游利用难易程度、旅游利用综合效益评估，并在此基础上集中相关机构、行

①　吴必虎，王梦婷.遗产活化、原址价值与呈现方式［J］.旅游学刊，2018，33（9）：3-5.

②　Cooper C，Fletcher J，Gilbert D，et al. Tourism Principle & Practice［M］. London：Longman Group，1993：101-102.

③　Nisha R. A study on community perception about the impact of cultural and heritage tourism in rajasthan［J］. Advances in Management，2012，5（4）：20-23.

④　张爱平，侯兵，马楠.农业文化遗产地社区居民旅游影响感知与态度——哈尼梯田的生计影响探讨［J］.人文地理，2017，32（1）：138-144.

⑤　李瑞杰，何勋.居民旅游影响感知、态度与参与意愿研究——以世界文化遗产地为例［J］.对外经贸，2021，322（4）：103-107，138.

⑥　卢松，张捷，苏勤.旅游地居民对旅游影响感知与态度的历时性分析——以世界文化遗产西递景区为例［J］.地理研究，2009，28（2）：536-548.

⑦　王辉，陈光，魏斌.廊道遗产传承与旅游利用基本问题探讨［J］.渤海大学学报（哲学社会科学版），2017，39（3）：63-66，82.

业、社区居民、专家智库等多方力量支持，因地制宜进行旅游开发。

（二）遗产保护与利用的理论探讨

1. 协同治理理论

（1）协同治理理论定义

协同治理理论产生于 20 世纪 90 年代，是在自然学科中的协同学以及社会科学中的治理理论基础上产生的交叉理论。"协同学"源于希腊语，意为"协调合作之学"，是由西德的理论物理学家赫尔曼·哈肯于 1971 年创立的，它的基本假设是：甚至在无生命物质中，新的、井然有序的结构也会从混沌中产生出来，并随着恒定的能量供应而得以维持[①]。协同学表明在一定条件下，系统由各个分支系统构成，各分支系统的属性虽然看似不同，但是在整个系统环境中，各个分支系统之间存在着既相互影响又相互协作的关系。"治理"一词原本指的是与国家公共事务相关的管理活动或者政治活动，原意是控制、操纵和引导，1989 年世界银行首次使用"治理危机"一词以后，治理就开始被广泛地应用于政治发展之中。随着时代的发展，20 世纪 90 年代以来，学者又赋予了治理新的内涵，使得治理概念不仅在政治学领域，而且在经济社会领域也得到了广泛应用。治理理论的创始人之一——罗西瑙（2001）认为，治理既包括政府机制，同时也包含非正式、非政府的机制，随着治理范围的扩大，各色人等和各类组织得以借助这些机制满足各自的需要，并实现各自的愿望[②]，可见治理不同于统治，而是呈现出各个治理主体为达到整体利益最大化的竞争与相互协作的趋势（李汉卿，2014）[③]。

协同治理理论是协同学和治理理论的有机结合。朱纪华（2010）认为协同治理理论是指在公共生活过程中，政府、非政府组织、企业、公民个人共同参与到公共管理的实践中，在发挥各自的独特作用的同时，取长补短组建成和谐

---

① 赫尔曼·哈肯.高等协同学［M］.郭治安，译.北京：科学出版社，1989.

② 詹姆斯·N.罗西瑙.没有政府的治理［M］.张胜军，刘小林，等，译.南昌：江西人民出版社，2001.

③ 李汉卿.协同治理理论探析［J］.理论月刊，2014，385（1）：138-142.

系统高效的公共治理网络[①]。赖先进（2020）认为，协同治理理论指的是政府部门、社会组织、公众、营利性组织等多元主体为解决同一公共事务，通过相互合作，并且制定合乎各主体利益的行动方案，从而达成共同目标、实现整体效益最大化的过程[②]。在协同治理方法中，利益相关者参与谈判、建立共识和解决问题的过程，以制定互利的政策和方案，这种方法基于信任、透明度和问责制原则，旨在促进合作，创造共同利益，并克服集体行动问题。李汉卿（2014）认为协同治理理论至少从三个层次启发我们：一是从方法论角度，要从系统的角度去看待社会的发展；二是从理论内容看，要对社会系统的复杂性、动态性和多样性有清楚的认知；三是协同治理理论对于开放系统下的社会多元化的协同发展具有较强的指导意义[③]。

（2）协同治理理论在文化遗产保护与利用中的应用

文化遗产属于文化治理的范畴，结合协同治理基础理论中集体协商的基础属性，文化协同治理是治理理论在保障公民文化人权的实践转化，更强调治理主体的多元性。国家、社会、市场与公民均为文化治理的主体，合作共治参与文化治理。同时，文化共治需要弘扬社会主义核心价值观，起到巩固党的执政之基的作用，要求治理者采取更隐蔽的治理手段，关注社会交往中社会关系的营造，塑造社会秩序（汪倩倩，2020）[④]。

在遗产保护方面，主体保护是目前文化遗产保护的主要方式，这与协同治理理论不谋而合，实践证明这种方式取得了较好的成效。王文章（2013）指出，文化遗产的保护主体主要包括政府、相关保护组织、团体、公众等，政府在其中起主导作用，保护组织、机构起实施作用，团体与个人主要起到支持作用[⑤]。国家文化公园以物质文化遗产与非物质文化遗产为载体，以文化为公园

---

①　朱纪华.协同治理：新时期我国公共管理范式的创新与路径［J］.上海市经济管理干部学院学报，2010（1）：5-9.

②　赖先进.国家治理现代化场景下协同治理理论框架的构建［J］.党政研究，2020（3）：103-110.

③　李汉卿.协同治理理论探析［J］.理论月刊，2014，385（1）：138-142.

④　汪倩倩.新时代乡村文化治理的理论范式、生成逻辑与实践［J］.江海学刊，2020（5）：232.

⑤　王文章.非物质文化遗产概论［M］.北京：教育科学出版社，2013.

虚拟边界，形成多地区协同保护的文化经济纽带。汪愉栋（2022）认为，国家文化公园的协同协商保护的路径应从综合协调机制的立法完善、明确利益补偿机制、提高公众参与三个方面实现[①]。

在遗产利用方面，政府机构、非营利组织、地方社区和私营部门行为者之间的合作有助于确保遗产资源的使用方式有利于当地社区，保护遗产地，并促进文化交流和理解。随着数字文化遗产日益普遍化，协同治理理论也被用于数字文化遗产的治理中，郭若涵和徐拥军（2022）提出数字文化遗产协同治理的逻辑框架包括主体协同、资源协同、服务协同、技术协同四个方面[②]。此外，协同治理方法还可用于制订平衡经济发展和遗产保护的可持续旅游计划，或促进支持遗产保护和促进文化遗产教育的公私伙伴关系。华双艳（2017）认为，协同治理视角下的文化遗产的传承与创新应从积极构建文化遗产协同传承与保护机制、协同实施文化遗产人才培养、协同参与文化遗产资金投入、协同开展文化遗产宣传传播、协同组织文化遗产创新发展五个方面实现[③]。通过促进协作与合作，协同治理理论会以有益于遗产地和当地社区的方式支持文化遗产的保护和利用。

2. 利益相关者理论

（1）利益相关者理论定义

利益相关者理论是 20 世纪 60 年代左右在美国、英国等长期奉行外部控制型公司治理模式的国家中逐步发展起来的。1963 年美国上演了一出名叫"股东"的戏，斯坦福研究院的一些学者受此启发，利用另外一个与之对应的词"利益相关者"来表示与企业有密切关系的所有人，这些人可以是内部的，如员工和股东，也可以是外部的，如客户、供应商和社区，企业在决策过程中应考虑所有利益相关者的利益，而不仅仅是股东的利益，企业的长期成功与其利

---

① 汪愉栋.国家文化公园协同保护路径构建——以非物质文化遗产保护为视角［J］.河北科技大学学报（社会科学版），2022，22（1）：98-103，109.

② 郭若涵，徐拥军.数字文化遗产协同治理：逻辑框架、案例审视与实现路径［J］.图书情报工作，2022，66（18）：11-22.

③ 华双艳.协同治理视角下的河南非物质文化遗产传承与创新［J］.现代企业，2017，379（4）：24-25.

益相关者的福祉及其运营环境密切相关，这是对以往"股东至上"公司治理实践的修正和纠偏（唐健、何涛，2022）[1]。安索夫将"利益相关者"一词应用于经济学中，并认为要制定理想的企业目标必须综合平衡考虑企业的诸多利益相关者之间相互冲突的索取权（贾生华、陈宏辉，2002）[2]。美国战略管理专家弗里曼（2006）将利益相关者定义为"任何可以影响组织目标的实现或受该目标影响的群体或个人"[3]。

利益相关者理论发展经历了施加影响、积极参与和共同治理3个阶段，通过对早期的"股东至上"的批判，将组织中利益相关者的相互冲突转化为互相合作，在此基础之上，最终实现了利益相关者之间的共同治理（王身余，2008）[4]。总的来说，利益相关者的定义可以归结为狭义和广义两种：狭义的概念是将利益相关者界定为在企业的活动中占有重要位置的个人或群体；广义的概念则是从利益相关者与企业的双边视角进行了界定，既包括有益于企业价值实现的利益相关者，也包含不利于企业价值实现的利益相关者（李维安、王世权，2007）[5]。利益相关者理论的提出是为了促进公司的有效管理，提高决策的科学性与可行性，寻求促进可持续的商业实践，有利于更广泛的社会和环境。

（2）利益相关者理论在文化遗产保护与利用中的应用

文化遗产的保护利用是一项涉及面广、综合性强的系统工程，涉及不同的利益群体与区域发展，且有时这些利益是相互冲突、难以协调和动态变化的，因此，利益相关者理论以其强调利益协调和发展可持续性的核心理念而具有为文化遗产保护与开发提供分析指导的价值。

遗产保护和利用方面的利益相关者包括政府机构、非营利组织、当地社区

① 唐健，何涛. 从"碎片化供给"到"协同性治理"：利益相关者理论视域下社区"医养结合"供给主体善治的逻辑重塑［J］. 云南民族大学学报（哲学社会科学版），2022，39（5）：52-59.

② 贾生华，陈宏辉. 利益相关者的界定方法述评［J］. 外国经济与管理，2002（5）：13-18.

③ 弗里曼. 倡议管理：利益相关者方法［M］. 王彦华，梁豪，译. 上海：上海译文出版社，2006.

④ 王身余. 从"影响""参与"到"共同治理"——利益相关者理论发展的历史跨越及其启示［J］. 湘潭大学学报（哲学社会科学版），2008，32（6）：28-35.

⑤ 李维安，王世权. 利益相关者治理理论研究脉络及其进展探析［J］. 外国经济与管理，2007，338（4）：10-17.

和私营部门行为者等，伯恩斯等（2003）在前人基础上，结合旅游风景区视角，将保护组织、公园管理者、游客等纳入利益相关者领域①。赵蕾等（2015）将文化遗产保护与开发涉及的利益相关者分为核心利益相关者（当地政府、当地社区居民、遗产传承人）、战略利益相关者（旅游经营者、旅游者、学术机构和专家、新闻媒体）和外围利益相关者（社会公众、非政府组织、政治或经济或文化等大环境、其他利益相关者）三个基本层次：核心利益者是指那些对文化遗产保护利用存在较高的期望、投入的资本和承担的风险较大、具有较大的影响力的利益相关者；战略利益者是指那些在特定的时间和空间里与文化保护与利用发生较为密切的关系，或带来发展机会或形成一定威胁的利益相关者；外围利益者是指除核心利益者和战略利益者外对文化保护与利用有一定影响的利益相关者②。

主要利益相关群体在文化遗产保护与利用中的作用如下：①政府。包括中央政府、地方政府以及职能管理部门，既是文化遗产保护与利用的主体，也是管理者和监督者。政府在整个文化遗产管理中被赋予的行政使命更多地体现在政策制定、规划设计、制度建设、基础保障以及监督管理等方面，职能管理部门主要是与文化遗产保护与利用有关的政府主管部门，需要承担文化遗产资源的保护和宣传职责。②当地社区。当地社区居民对文化遗产有着较为充分深刻的了解，为文化旅游开发提供了劳动力、服务及其他资源和产品，其中一些还扮演着参与者、管理者或经营者等角色，甚至成了文化遗产传承人。此外，文化遗产的保护与开发对当地社区的自然环境、社会就业以及收入等方面都有很大的影响。③遗产传承人。遗产传承人以实际行动直接参与传统技艺、说唱文学等非物质文化遗产的继承、发扬、保护以及创新，是非物质文化遗产得以延续的决定性因素。④旅游经营者。旅游经营者是进行文化遗产利用活动的主要参与者，为文化遗产保护与利用投入了资金、技术、劳动以及管理等成本。

---

① BURNS G L, Howard P. When wildlife tourism goes wrong: A case study of stakeholder and Management issues ragarding dingoes on Fraser lslmd, Australia [J]. Tourism Management, 2003, 24 (6): 699-712.

② 赵蕾，白洋，李争. 利益相关者视角下的赫哲族渔文化遗产保护与开发研究 [J]. 中国农史，2015，34 (4)：111-119.

⑤旅游者。旅游者是文化遗产旅游产品和服务的消费者，也是文化遗产利用开发经济效益的主要来源和决定文化遗产旅游开发能否持续发展的重要因素。在文化遗产的保护与利用中，应结合利益相关者理论，让不同的相关群体参与进来，平衡相互竞争的利益，并做出基于对遗产保护和利用是什么以及其目标和优先事项的共同理解的决定，通过促进利益相关者之间的协作与合作，将各方利益最大化，实现遗产保护与利用的可持续发展。

3. 博弈论

（1）博弈论定义

博弈是一些个人、对组或其他组织面对一定的环境条件在一定的规则下同时或先后、一次或多次从各自允许选择的行动或策略中进行选择并加以实施各自取得相应结果的过程（谢识予，2002）[①]。1937年，美国经济学家冯·诺依曼最先提出博弈论，他与经济学家奥斯卡·摩根斯特恩于1944年合著的《博弈论与经济行为》被公认为是博弈论诞生的标志。博弈论是数学的一个分支，研究两个或多个个人或组织相互作用的情况下的决策和战略行为。它提供了一个框架，用于分析个人和组织在竞争或合作情况下的行为，以及这些互动的结果如何受到他们所采取的策略的影响。博弈论可定义为：一些个人、一些团队或其他组织面对一定的环境条件在一定的规则约束下依靠所掌握的信息同时或先后、一次或多次从各自允许选择的行为或策略进行选择并加以实施并从中各自取得相应结果或收益的过程（张建英，2005）[②]。博弈论通常将一种情况建模为一种"游戏"，在这种游戏中，个人或组织有特定的目标，并能够从一系列行动或策略中进行选择，以实现这些目标，游戏的结果取决于每个玩家选择的策略和游戏规则。博弈论提供了一种分析玩家行为和理解不同策略可能结果的方法，有助于我们理解个人和组织如何互动，并为复杂系统的行为提供了见解。

博弈论已广泛应用于经济学、政治学、心理学和生物学等多个学科，用来研究各种各样的情况，包括经济交易、政治谈判和军事冲突。它还可用于分析

---

① 谢识予. 经济博弈论（第二版）[M]. 上海：复旦大学出版社，2002.
② 张建英. 博弈论的发展及其在现实中的应用 [J]. 理论探索，2005（2）：36-37.

组织如何做出决策，如定价策略、产品设计和投资决策。一个完整的博弈应当包括以下几方面的内容：①参与人。参与人是博弈中的决策主体，他的目的是通过选择行动（或战略）以最大化自己的支付（效用）水平。即博弈过程中独立决策、独立承担后果的个人和组织。②行动。行动是参与人在博弈的某个时点的决策变量，行动顺序往往决定博弈的结果。③信息。信息是参与人有关博弈的知识，即博弈者所掌握的对选择策略有帮助的情报资料。④战略。战略是参与人在给定信息集下的行动规则。⑤支付。支付是特定的战略组合下参与人确定的效用水平或期望效用水平。⑥结果。结果是博弈分析者所感兴趣的所有东西，如均衡战略组合、均衡行动组合、均衡支付组合等。⑦均衡。均衡是所有参与人的最优战略组合。

（2）博弈论在文化遗产保护与利用中的应用

文化遗产保护与利用涉及国家、地方、企业、个人等多方利益，因此存在着各方参加的博弈问题。目前研究得比较多的是在文化遗产保护中政府与遗产保有者之间的博弈，非遗保护中政府与非遗传承人的博弈，以及遗产利用中政府与旅游经营者间的博弈和旅游经营者与旅游者间的博弈。在文化遗产的保护中，作为文化遗产保护的主要责任主体，政府可以采取制定相关政策和法律、动用财政给予经济补偿、授予荣誉等手段来达到保护的目的。由于文化遗产保有者在保护过程中必然要付出一定的精力、时间和资金等，从理性人的角度考虑，如果由于付出而影响自身生产和生活，就希望能够得到政府的补偿，否则就会因为生计问题而放弃遗产的传承和保护，这就形成了政府与遗产保有者的博弈（龙佩林等，2014）①。在非物质文化遗产的保护中，政府与传承人相互博弈，政府设计的非遗保护策略不可能直接作用到非物质文化遗产而是首先作用到传承人，所以传承人对政策的接受与认同程度直接影响到保护策略的成效，这为政府的政策制定带来了一定压力和难度，但同时政府的政策也无时无刻不在提醒传承人对于非物质文化遗产的关注，成为保护传承人传承意识的外在动

---

① 龙佩林，舒颜开，鲁林波.我国传统体育文化遗产保护的模式及主体博弈模型［J］.南京体育学院学报（社会科学版），2014，28（4）：22-26.

力（牟维、李琦，2007）[①]。在文化遗产的利用中，若旅游经营者为了最大限度地获利而选择违规经营，理性的行政部门则会对其进行治理整顿，收回转让权，对于开发商来说损失巨大，也会失去经营信用，在此情况下，旅游经营者选择合法经营是最优选择（余美琴等，2007）[②]。由于旅游经营者对遗产资源注入了大量的开发资本，其最为关注的是如何最大限度地利用遗产资源的经济价值，而旅游者作为旅游的消费者，他们希望获得物有所值的旅游经历，经营者欲使旅游者认可自己的涨价，就应使涨价后旅游者的旅游所获效用得到提升，让旅游者能切实感受到景区好的变化，否则很难使旅游者买单（毛小兰，2008）[③]。

综上，博弈论可用于分析在遗产保护和利用方面具有竞争利益的不同利益相关者间的互动，有助于确定不同群体的动机，并预测他们在不同情况下的行为。这对于我国文化遗产保护与利用的相关法律法规制定、盈利模式选择、管理方案完善等具有重要意义。

4. 文化空间理论

（1）文化空间理论定义

文化空间，又称文化场所，原指传统的或民间的文化表达方式有规律性进行的地方或场所，随着社会的发展，文化空间的概念范围不断扩大，不但包含行为主体及其所创造的有形物质文化，更包含无形的物质文化，前者如人的实践，以及人创造的建筑、遗址等；后者如传统手工艺技能、民俗活动以及周期性举办的集会、庙会和节庆（关中美等，2019）[④]。空间文化理论产生于 20 世纪 70 年代。早先西方的研究中盛行历史决定论，认为空间是物质存在的容器或某种精神的存在形式，是固化的、静止的、空洞的理论研究媒介，而非一个独立的研究个体。1974 年列斐伏尔《空间的生产》的出版，标志着"空间"

---

① 牟维，李琦.非物质文化遗产保护过程中的博弈探索［J］.西南民族大学学报（人文社会科学版），2007（7）：141-143.

② 余美琴，李悦峥，费明明.世界遗产经营管理的博弈分析［J］.资源与产业，2007（5）：76-79.

③ 毛小兰.遗产资源旅游利用中经营者与旅游者的利益平衡分析［J］.特区经济，2008，230（3）：168-169.

④ 关中美，单卓然，李春辉，等.基于文化空间理论的历史文化特色小镇发展研究——以云南昭通盐津县豆沙关镇为例［J］.现代城市研究，2019（5）：37-42.

真正作为独立的个体成为一个重要的理论研究核心，揭示了对空间的认识需要在物质、精神与社会三个领域的统一中讨论（包亚明，2003）[①]。

国际上正式使用"文化空间"一词是 1998 年，联合国教科文组织为保护人类口头和非物质遗产而设立了"文化空间和文化表达形式"。2001 年 11 月，第 31 届联合国成员国大会通过的关于非物质文化遗产决定中对"文化空间"的定义是"一个可集中举行流行和传统文化活动的场所，也可以定义为一段通常定期举行特定活动的时间，这一事件和自然空间是因空间中传统文化表现形式的存在而存在的"，联合国教科文组织北京办事处文化项目官员埃德蒙·木卡拉有详细的解释，他认为文化空间是一个人类学概念，是指"传统的或民间的文化表达形式规律性地进行的地方或一系列地方，或某种特定的、定期的文化事件所选定的时间"（李世涛，2008）[②]。张晓萍和李鑫（2010）认为，文化空间是特定群体周期性地在特定时间于特定场所或地点按照一个特定制度举行的集中体现该群体的传统习俗、价值观、信仰、艺术等文化特性的活动，其基本要素是场所（空间）、时间、行为主体（参与者）、组织管理、行为叙事等，这些基本要素与传统民俗通过彼此融合和体现达到"你中有我，我中有你"[③]。陈桂波（2016）认为文化空间指的是具有悠久历史的、周期性出现的、多种相互关联的非物质文化遗产传承的空间，其特征是综合性、周期性与整体性[④]。

（2）文化空间理论在文化遗产保护与利用中的应用

文化空间的存在首先依存于文化遗产，遗产保护和旅游利用意义上的文化空间，应以遗产保护为核心，以文化氛围营造为重点，同时需要现代产业意识的指导，是一个融合传统与现代，具有体验性和互动性的空间。具体来看，应以文化核心理念为焦点，以区域文化资源为依托，以社区参与为基础，通过市场产业化的保护提升，构建起的动静相宜、可持续地体现文化精髓的立体化存

---

① 包亚明.现代性与空间的生产［M］.上海：上海教育出版社，2003.

② 李世涛.关于"非物质文化遗产"概念的理解与规范问题［EB/OL］.（2008-04-22）.https://www.ihchina.cn/luntan_details/8478.html.

③ 张晓萍，李鑫.基于文化空间理论的非物质文化遗产保护与旅游化生存实践［J］.学术探索，2010，132（6）：105-109.

④ 陈桂波.非遗视野下的文化空间理论研究刍议［J］.文化遗产，2016，43（4）：81-86.

在（朴松爱、樊友猛，2012）①。

在文化遗产的保护中，文化空间为遗产的生存、发展与延续提供文化土壤、环境和载体。保护"文化空间"关键是要知道各变量要素（核心层要素：民族精神、行为准则、伦理规约、人文内涵等文化理念；中间层要素：传承人、族群、人们对文化事象的叙事方式、叙事场域、人们的生产方式、生活习惯，以及风俗、信仰、礼仪、节庆等；外显层要素：自然环境、古村落、古建筑、遗址、器物饰品、动作表象）的过去、现在是什么样，哪些变量发生了变化，是一个什么样的变化，而本来应该遵循一个什么样的变化机理（张世威，2015）②。文化空间保护在理念上强调"对自然环境、人文环境、有形遗产、无形遗产进行整体保护、原地保护、发展中保护和居民自己保护"，通过保护固有的文化生态关系，使得文化遗产得以在特定社群中保持持续认同感，有助于传统民间艺术的活态传承，因为在这样的文化空间中，固有的生活环境、生活方式、社群与文化理念都还按照内在的结构与逻辑发展着，不会因为外来文化的强势影响而突然发生断裂性的转型（季中扬，2013）③。

在文化遗产的利用中，文化空间是文化遗产利用的重要维度，空间的结构、空间秩序、空间的社会文化意义等都会影响利用的效果。与此同时，文化遗产利用不可避免地牵涉到空间的规划、管理和组织配置，这在客观上造成了文化空间结构、内容、空间功能、空间社会文化意义、空间构成与互动主体等方面的变迁。张晓萍等（2010）认为，文化空间是天然的旅游吸引物，体现特定群体的传统习俗、价值观、信仰、艺术等文化特性，其整体性、活态性和文化性的表征都意味着对文化空间的旅游产品设计要避免对其文化整体性的割裂，并提出两种文化空间的旅游化生存路径：舞台化的"实景展演"式构建文化空间和生活化的非物质文化遗产景观旅游。此外，文化公园建设也是文化空

---

① 朴松爱，樊友猛.文化空间理论与大遗址旅游资源保护开发——以曲阜片区大遗址为例 [J].旅游学刊，2012，27（4）：39-47.

② 张世威.基于文化空间理论的民族传统体育保护研究——来自土家摆手舞的田野释义与演证 [J].北京体育大学学报，2015，38（8）：20-28.

③ 季中扬.当代文化空间中民间艺术的生存方式 [J].南京社会科学，2013，308（6）：129-134，141.

间重要生产方式之一，能够将一些文物价值提高，但破坏严重、参观游览性弱的遗产纳入开放式公园的建设中来，使其转化为公园的文化底色，建构富有生命力的文化空间，使遗产焕发出新的生机，遗产所在的区域实现可持续发展。

5. 活态保护理论

（1）活态保护理论定义

"活态保护"的产生得益于世界范围内的遗产保护运动，早在 19 世纪下半叶，英国、法国学者就从研究理论与方法上开启了对"活态"文化的研究。"活态"指的是存活的状态，强调物体内在生命力的延续的过程。所谓的活态保护，就是要让相关文化成为特定民族、特定地区大众生活的一部分，扎根于现实社会生活并不断发展、创新、传承下去（魏孝静，2016）[①]。一些学者认为"活态保护是由民俗学界、文化学界针对非物质文化遗产保护衍生出的一个新概念，其核心主旨在于保护文化的多样性和不同文化群体的传统、个性及认同感"（刘华荣、杨涛，2021）[②]。"活态保护"强调文化遗产内在文化价值的生命力与延续性，并突出"传承、延续、发展"的核心理念，它以活跃、可持续的方式延续某种文化形态的传承。遗产活态保护论可以从三个层次进行分析：一是活态保护实质在于保护遗产持有者活态的记忆，体现了对遗产持有者的主体地位以及遗产现存生命属性的尊重；二是活态保护包含了对世界的开放性与包容性，体现了对遗产变迁、衍化、创新的尊重；三是活态保护的目标在于维持遗产与社会的共存状态，尊重了遗产价值以及存续规律（程瑶，2020）[③]。

（2）活态保护理论在文化遗产保护与利用中的应用

20 世纪 80 年代，西方学者就已经将遗产活态保护论运用于非物质文化遗产的保护传承研究，遗产活态保护论充分利用了非物质文化遗产的动态特征，将以人为本作为要求，对文化空间保护、传承人保护、基础设施建设、观念创新、公众积极参与、适度产业开发、立法制度建设、资金投入等多个角度进行

---

① 魏孝静. 束河古镇皮匠传统手工艺的传承与活态保护研究［D］. 昆明：昆明理工大学，2016.

② 刘华荣，杨涛. "一源两廊"视域下甘肃省红色文化资源活态保护与开发研究［J］. 兰州文理学院学报（社会科学版），2021，37（2）：21-27.

③ 程瑶. 活态遗产的过程性保护——以代表作名录中饮食类非遗项目的保护措施为例［J］. 民族艺术，2020（6）：88-98.

研究（许思悦，2019）①。然而，"活态保护"的保护方式不仅可以运用于非物质文化遗产的保护，同时也可用于物质文化遗产，非遗的活态保护是注重传承人、文化空间、文化创新的保护，以及社区居民的参与；而物质文化遗产的保护是注重遗产原生环境的优化，注重原生环境与周围自然环境的关系，注重原生环境与当地文化的融合（李玲瑶，2019）②。

活态遗产保护方法是一个基于遗产社区的、自下而上的遗产管理途径，其首要目标是保持核心社区与遗产联系的延续性（赵晓梅，2016）③。在文化遗产的活态保护的过程中，应围绕空间、时间和活动与时空中的人三个要素，主要通过活态因素的激活与利用，最终实现文化的保护与延续。对于非遗应以"传承队伍"为核心展开，因为非遗型文物古迹应重视对传承人的保护，如果无形遗产不经传承人之手，其传承将受到限制。对于物质文化遗产应以"生存空间"为核心展开，"生存空间"具体包含"生存环境"和"现代价值"两个方面，主要强调环境的维护和价值的传递，因此，物质文化遗产的活态保护应维护原有完整的生存环境，并挖掘其现代社会的存在价值，使得活态保护成为遗产延续和发展的最佳方式。

二、国家文化公园旅游利用模式与路径的国际比较

国家文化公园有丰富的文化和自然资源，具有极高的旅游利用价值。国外国家公园及文化遗产地建设时间长、建设经验足，对我国国家文化公园的建设具有学习参考价值。本章梳理了国外国家公园及文化遗产地利用模式，发现在旅游利用时要充分开发特色资源、尝试金融创新利用、重视科教功能、注重体验感和参与性。除此之外，本章还总结了国外国家公园分区管理经验，得出要确定各项详细的范围与标准，注意分区管理的灵活性、复合性、针对性，综合考虑保护分区和景区分区进行管理，重视政策和规划的连贯性的启示。根据上

---

① 许思悦.非物质文化遗产"活态"保护途径的探索——以中国动画电影中的非物质文化遗产为例［J］.东岳论丛，2019，40（2）：115-124.

② 李玲瑶.活态保护视角下长沙铜官窑遗址的旅游利用研究［D］.湘潭：湘潭大学，2019.

③ 赵晓梅.活态遗产理论与保护方法评析［J］.中国文化遗产，2016，73（3）：68-74.

述经验与启示，总结出中国国家文化公园旅游利用的三大原则：协调遗产保护与旅游利用、兼顾区域特色与总体统筹、突出国家文化公园的文化性。最后，依据我国国情和国家文化公园实际旅游资源情况，创新性地提出我国国家文化公园旅游利用模式——多层次旅游分区利用模式，建议我国国家文化公园旅游利用活动主要基于管控保护区和主题展示区以及文旅融合区和传统利用区两大区域进行开展。在管控保护区和主题展示区内开展科学考察、自然环境教育、农业旅游、数字利用等活动，在文旅融合区和传统利用区内开展文化教育、休闲游憩、体育旅游等活动。

（一）国外国家公园及文化遗产地利用

1. 国外国家公园及文化遗产地利用模式

（1）美国

①自然类国家公园：荒野旅游开发模式

荒野对于美国而言有着特殊含义和独特价值，美国人对荒野的认识历程就是一部国家公园的发展史。最开始荒野被认为是未被开拓的蛮荒之地，19 世纪后，逐渐被赋予了文化和身份认同的内涵。20 世纪后，荒野开始指向环境保护和民族精神文化。如今，荒野被划定到国家公园体系内进行统一保护管理，其内涵更丰富多元，荒野成了自然风景和资源为一体的系统概念，美国国家公园利用荒野本身的旅游价值和精神文化内涵充分进行荒野旅游开发[①]。

1）开展洞穴探险活动

美国国家公园内有 4700 多个洞穴，有喀斯特洞穴、熔岩道、海蚀洞、风化层洞穴、冰川洞穴等。洞穴的长度从几米到几百米不等，它们在复杂性、深度、体积、入口数量等方面都有很大差异，游客可以根据自己的喜好选择要探索的洞穴。公园还开展了"少年洞穴科学家"项目，这是"少年护林员"项目中的一部分，旨在让青少年在游玩的同时，能够了解科学家所做的工作，学习

---

① 赵晓丽. 落基山国家公园旅游地质资源保护开发模式与借鉴研究［D］. 昆明：昆明理工大学，2021.

洞穴相关知识，树立保护洞穴和其他地质地貌的意识。公园会给每个参与者发一个小册子，参与者根据小册子上的指引探索洞穴世界，完成活动后可以得到公园颁发的徽章和证书[①]。同时，洞穴是重要的、不可再生的资源。洞穴内有丰富的矿藏地质资源和生物资源，一些洞穴还是考古、研究历史和宗教文化的重要场所。因此除了开展探险活动外，洞穴还会被用来进行科学研究[②]。

2）提供探索火山公园机会

有 33 个美国国家公园内有火山资源，比较常见的有煤渣锥火山、盾状火山。给游客提供探索火山公园的机会，不仅可以让游客欣赏到壮丽的景观，也有助于促进游客对火山活动的理解，感受大自然强大的力量。目前公园内已经开发了多个火山景点供游客探索。比如巴耶斯火山口国家保护区的硫黄峡谷、月球陨石坑国家纪念碑和保护区的地狱锥和飞溅锥、拉森火山国家公园的布罗克奥夫火山景观等[③]。

3）开设户外运动项目

美国国家公园提供的户外运动项目多种多样，几乎囊括了当前美国最流行、最受欢迎的户外运动项目，能满足不同游客的户外运动需求。其户外运动项目主要有如下三个特征：一是依赖公园荒野自然资源打造特色运动项目。如借助海岸、湖泊等水资源打造皮划艇、帆船、冲浪等项目；借助山地资源开发徒步、攀岩、露营、山地自行车等活动。二是设置季节性户外运动项目。许多美国国家公园会根据不同季节的气候特点，开展合适的户外运动项目。如黄石国家公园春秋二季开设骑行，夏季开设游泳，冬季则开设雪地摩托、滑雪等项目。三是重视多领域融合发展。美国国家公园积极将户外与教育、科考、生态融合，打造融合项目。如"少年护林员"项目充分体现了户外与教育的融合，

---

① National Park Service. Junior Cave Scientist Program［EB/OL］.（2021-10-05）［2023-03-30］. https://www.nps.gov/subjects/caves/junior-cave-scientist-program.htm.

② National Park Service. Enchanting Landscapes Beneath the Parks［EB/OL］.（2023-01-26）［2023-03-30］. https://www.nps.gov/subjects/caves/index.htm.

③ National Park Service. Visit Volcanic Parks［EB/OL］.（2022-10-06）［2023-03-30］. https://www.nps.gov/subjects/volcanoes/visit.htm.

是全国性的自然教育项目[①]。

4）设置多种自驾游线路和服务设施

美国国家公园地广人稀，游览国家公园要穿越许多高山、荒原、沙漠、森林，因此不少游客会选择自驾游览，公园为游客设置了多种自驾游线路。比如，自驾营地旅游线路、战场旅游线路、老矿路旅游线路、岩石旅游线路等，沿途还修建了停车场、厕所、餐厅等设施供游客使用。同时为了有效控制人类活动对自然环境的影响，确保公园旅游可持续利用，许多公园采取了道路交通管制的办法对公园进行管理。道路交通管制的手段主要包括强制实施公共交通系统、限制公园道路车辆数量、制订车辆管理计划[②]。

②文化类国家公园：深度参与旅游开发模式

现有的 20 类美国国家公园中，有 9 类是文化类国家公园，它们分别是全国战场、国家战场公园、全国战场遗址、国家军事公园、国家历史公园、国家历史遗址、国际历史遗址、国家纪念馆、国家古迹等 276 处国家公园。现有的 7 类相关区域中，有 6 类涉及文化类遗产，分别是附属区域、授权区域、共同管理区域、纪念遗址、国家遗产区、国家步道系统等 119 处相关区域。文化类国家公园十分重视游客的参与互动体验，在公园中保留了一些具有重要价值的文化资源供人们享受、教育、启发。

1）制定税收激励政策

为了鼓励私营部门投资修复和再利用历史建筑，国家公园管理局技术保护服务部门和国税局与州历史保护办公室合作制定了《历史建筑保护税收激励计划》。该计划主要是通过抵扣、减税、免税的方式鼓励私人和开发商投资闲置的历史建筑，加速老城区的更新。自 1976 年以来，该计划已经筹集了 11634 亿美元的私人投资，保护了超过 47000 处历史财产。此计划不仅保护和再利用了历史建筑，还提供了众多就业岗位，是美国最成功和最具成本效益的社区振

---

① 龚小芹，崔倩如，李元.美国国家公园系统户外运动发展现状、经验省思与本土启示［J］.世界林业研究，2022，35（4）：125-131.

② National Park Service. Record of Decision for the Vehicle Management Plan［EB/OL］.（2012-09-27）［2023-03-23］.https://parkplanning.nps.gov/document.cfm?documentID=51427.

兴计划之一[①]。

2）开发考古旅游

美国国家公园开发了考古主题旅行，允许游客进行考古游。在进行考古游之前，游客需要仔细阅读《参观考古景点守则》[②]，上面详细讲述了在参观考古景点时游客不能做的事情和必须做的事情。目前比较热门的考古旅游活动有参观土著景观、参加城市考古、拉丁裔遗产考古、非裔美国人历史考古等[③]。

3）开发遗产旅游线路

美国国家公园内包含了大量的关于美国历史、文化、建筑、考古的地点，极具开发遗产旅游的条件。目前公园内有多种旅游行程供游客选择，比如探索女性创造历史的故事、游览城市历史遗迹、了解殖民地历史故事、探寻民主运动故事等[④]。游客可以跟随这些线路，了解和学习相应的历史文化故事。

4）设立田野学校

美国国家公园开设了田野学校，田野学校为参与者提供野外和实验室工作的实践机会，比如参与者可以学习如何挖掘和处理文物。这是一个了解更多关于考古学是什么以及考古学家如何开展工作的好机会。许多田野学校还会通过大学或学院提供学分，尤其是考古学专业的学生必须获得此项学分[⑤]。

5）开展步道和铁路计划

美国国家公园管理局与得克萨斯农工大学、美国铁路公司（Amtrak）之间达成合作，开展了步道和铁路计划。其主要内容是火车上的志愿者向乘坐火车的游客分享有关名胜古迹以及重要文化、自然和历史区域的信息以及景点

①　National Park Service. Tax Incentives for Preserving Historic Properties［EB/OL］.（2023-03-01）［2023-04-09］. https://www.nps.gov/subjects/taxincentives/index.htm.

②　National Park Service. Guidelines for Visiting Archeological Places［EB/OL］.（2021-05-11）［2023-03-31］. https://www.nps.gov/subjects/archeology/guidelines-for-visiting.htm.

③　National Park Service. Visit Archeology［EB/OL］.（2022-04-25）［2023-03-31］. https://www.nps.gov/subjects/archeology/visit-archeology.htm.

④　National Park Service. Discover our Shared Heritage［EB/OL］.（2022-03-23）［2023-03-31］. https://www.nps.gov/subjects/heritagetravel/discover-our-shared-heritage.htm.

⑤　National Park Service. Field Schools［EB/OL］.（2023-02-17）［2023-04-04］. https://www.nps.gov/subjects/archeology/field-schools.htm.

故事，让游客一边欣赏沿途风景，一边学习历史文化知识。目前公园内总共有12 条不同的线路，游客可以根据自己喜好进行选择[①]。

6）开展研学旅游

美国国家公园针对不同人群设计了内容丰富的教育项目，让人们在欣赏国家公园自然和人文景观的同时，可以找到人与自然和谐共处的方式，使国家公园成为人们心中名副其实的"没有围墙的学校"。美国国家公园的文化历史和环境教育采用了线上与线下结合的方式。在线上提供了多种公园历史资料和教育科普视频，线下开展了多种参与式研学教育活动。这些教育项目涉及美国国家历史、世界历史、宗教等多方面[②]。

（2）英国：乡村游憩旅游开发模式

英国国土面积小，人口密度大，几乎没有荒野区域，大部分地方都有着人类生存的痕迹。到 19 世纪英国田园诗歌的发展进一步激发了大众对乡村风光的向往，使社会公众获得进入乡村的权利且不破坏乡村居民的生活环境，1949年英国正式通过了《国家公园与乡村进入法》，并于 1951 年确定了第一批国家公园[③]。

1）打造骑行之旅

英国国家公园的村庄内有许多安静的乡间小道，随着国家公园的发展，还建设了无人行车小道和具有挑战性的山地自行车道等道路，在这些道路上，公园打造了众多骑行之旅。针对不同人群公园设计了不同的游览线路，游客可以根据自己的喜好自行选择线路。公园向游客提供自行车租赁服务，自行车租赁中心有适合不同年龄和骑行技术的自行车，公园还提供水和食物等必需品。随着骑行之旅的兴起，骑行线路沿途建立起越来越多的小型服务站，为游客提供了许多便利服务。

---

① National Park Service. Ride the Rails with the National Park Service［EB/OL］.（2022-04-18）［2023-03-31］. https://www.nps.gov/subjects/amtraktrailsandrails/index.htm.

② National Park Service. New Lesson Plans［EB/OL］.（2022-01-05）［2023-03-31］. https://www.nps.gov/subjects/teachingwithhistoricplaces/new-lesson-plans.htm.

③ 王应临，杨锐，埃卡特·兰格.英国国家公园管理体系评述［J］.中国园林，2013，29（9）：11-19.

2）提供步行之旅

英国国家公园不仅为游客提供短途漫步的线路，还提供了长途徒步旅行的机会。国家公园中建立了公共道路网络以及大量的土地使用权网络，公园设置了不同主题的步道，比如诺里奇河滨步道、山野兔探索步道、新森林探索步道、徒步菲兹步道等，游客可以沿着这些步道边步行，边欣赏美丽的乡村田园风光，在步行之旅结束后，游客还可以在村庄中的咖啡馆享用一杯美味的咖啡缓解疲劳。

3）提供垂钓机会

英国国家公园内一些水库、河流、湖泊允许游客进行垂钓，感受乡村居民的原生态生活。同时，国家公园管理局注重提高垂钓爱好者的游憩环境和可持续性问题的认识，以便垂钓者选择更为可持续的垂钓方法。有一些公园还考虑了残障人士的需求，建设了无障碍游憩设施，使残障人士也可以在公园中进行垂钓活动。

4）开发水上活动

国家公园内的水域区域还开发了多种水上活动，比如帆船运动、划独木舟、皮划艇冒险、湖泊巡游、站立桨运动等。除了上述水上活动外，公园也在积极寻求更多的机会，开发新的水上活动。不过为了保护公园的环境不受破坏，任何新的基础设施开发，在规划过程中，都必须接受环境影响评估[①]。

（3）意大利：多元化资金来源下进行保护开发

意大利拥有众多文化遗产，文化遗产的保护和利用都需要大量资金，光靠政府的力量是不够的，因此意大利结合自身国情，想了诸多方式来筹措资金，其中比较具有代表性的有发行文物彩票、制定特殊税收政策、建立"领养人"制度。

1）发行文物彩票

意大利是彩票的故乡，也是文化艺术殿堂，意大利拥有的世界遗产数量排名世界第一。意大利人钟爱彩票，也重视他们的遗产，因此意大利将发行彩

---

① 陈晓超.英国国家公园可持续游憩规划研究［D］.哈尔滨：哈尔滨工业大学，2020.

票收入中的一部分收入用来进行文化遗产保护开发。1996年，意大利将社会上发行的各类彩票收入的8‰作为国家文物保护专项资金。1997年，意大利政府批准每周两次抽彩，彩票收入迅速增长。同年起，意大利政府专设文物彩票，政府从所发行的彩票收入中按一定比例每年增拨约1.5亿欧元的资金用于帮助各地修复和保护文化遗产、历史考古遗址和图书馆以及其他文化活动等[①]，每3年执行一项修复与保护文化遗产的计划，包括资助修复并重新开放了罗马的维托里安诺博物馆、扩建了乌菲斯美术馆、策划意大利"文化遗产周"活动、延长重要博物馆开放时间等[②]。此举动不仅使意大利博彩收入更公开透明，而且让老百姓切实从中受益，受到了各界人士的普遍欢迎。英国的国家遗产彩券、法国的文化遗产彩票都与之有相通之处。

2）制定特殊税收政策

意大利充分发挥私人企业在文化遗产保护和利用中的作用，在税收等政策上给予投资保护和利用文化遗产的企业和个人适当的优惠。2000年，意大利颁布的《资助文化产业优惠法》规定企业以及财团在各类文化保护项目中的资金投入可以抵换为税金，这样不仅可以优化企业和文化遗产保护的关系，还能帮文化遗产地筹集资金，也有利于企业进行形象宣传，一举多得。为了吸引民间资本，意大利实行"艺术津贴"制度，规定所有捐助文物修复的企业可以获得税费津贴，政府还会在捐助后3年内以退税形式返还捐助金额的65%。此举为意大利文化遗产保护和利用吸引了更多投资，疏解了遗产的财政难题，提高了民间资本介入的积极性，改善了遗产地的接待条件，有助于意大利遗产品牌的打造与优化。

3）建立"领养人"制度

1994年意大利建立"领养人"制度，将古建筑看作"孩子"，召集"领养人"。具体而言就是政府通过招标把古建筑的一部分服务或者使用权租给私人企业、社会组织或公众，所有权、开发权和监督保护权仍属于政府，其主要行

① 龙运荣.从意大利和英国管理模式看我国文化遗产保护的新思路［J］.湖北社会科学，2010，283（7）：108-110.

② 汪广丰.意大利历史文化遗产保护与可持续利用［J］.城乡建设，2019，558（3）：66-69.

政事务也由国家所决定，其中包括人事任免、门票价格、开放时间等。"领养人"可以通过使用古建筑而获利，但政府要抽取一定提成，同时"领养人"也要承担相应的古建筑日常维护管理工作。"领养人"可以在保护的前提下对古建筑进行利用，比如在古建筑内举办展览或是将古建筑作为旅游咨询中心、书店、纪念品售卖点、咖啡厅等场所。为了防止过度利用，政府对"领养人"的选择也十分严格，"领养人"在投标时所提交的计划必须有长远目光，不能存在明显缺陷①。"领养人"制度丰富了意大利遗产保护和利用资金的渠道，调动了全民参与意识，有利于意大利文化遗产的可持续利用。

2. 国外国家公园及文化遗产地利用经验的启示

（1）充分开发特色资源

美国国家公园旅游开发充分利用了其荒野资源，澳大利亚国家公园旅游开发充分利用了其海洋资源，意大利文化遗产充分利用其彩票大国的特点……综观国际上对国家公园或历史遗产地开发比较成功的案例地都有一个共同点，那就是找到了自身的特色资源，并在此基础上进行旅游利用。我国在进行国家文化公园旅游利用的时候，要找到其最具代表性、差异化的资源和特色，围绕此特点，结合当地实际情况进行旅游利用、开发旅游产品、进行产品宣传，打造出独特的旅游品牌。

（2）金融创新利用方式

我国是遗产大国，拥有的世界遗产数量位居世界第二，遗产的保护和利用需要大量资金，单靠政府财政负担会较重，各地在国家文化公园投融资方面，也已经做了积极尝试，比如建立产业发展基金、发行地方政府专项债券、建立股债联动投融资模式、特许经营模式等②，这些都是很好的尝试。我们要在对国家文化公园建设充分了解的基础上，结合经济发展趋势和国家文化发展战略，进行多渠道融资，为国家文化公园开发提供强有力的资金支持。未来在以政府为主的基础上，积极鼓励多种社会主体参与，拓宽参与渠道，建立国家文

---

① 田原．浅议意大利文化遗产保护政策［J］．赤峰学院学报（汉文哲学社会科学版），2019，40（10）：35-37.

② 周泓洋、王粟．国家文化公园投融资机制研究［J］．文化月刊，2022（4）：130-133.

化公园投融资服务平台，保障稳定的资金来源和资金的高效运转。

（3）重视科教功能

美国国家公园被美国人认为是"没有围墙的学校"，尤其是"少年护林员计划"已经广为人知。美国国家公园环境教育经历了悠久的发展历程，如今已经有了十分成熟的教育体系，充分利用了公园旅游资源，实现了寓教于乐。同时公园内的一些区域也是科学家进行科考的重要场所。我国的国家文化公园内也有着丰富的科教资源，具有实现"旅游＋教育""旅游＋科考"的条件，未来要重视科教利用，打造研学和思政教育基地，设计具有针对性兼具内容深度和趣味性的环境教育项目。

（4）注重体验感和参与性

国外国家公园的各项项目都注重游客的体验感和参与性，要求游客以身体参与和精神参与并行的方式实现自我与环境共同的再塑造，让游客亲自"动手动脑"享受公园内的自然和文化资源，促使游客去体验自己的创造物，留下深刻的体验。我国国家公园在进行项目设计时，也应重视游客的体验感和参与性，在保护遗产的基础上，通过创意与想象，开发兼具教育、娱乐、审美等功能的互动性参与型产品，促进游客与文化接触，提升游客旅游体验。

（二）国外国家公园分区管理

1. 国外国家公园分区管理经验

（1）美国

为了使国家公园内大部分生物资源和土地保持其原生状态，将人类活动对环境的影响降到最低，从 20 世纪 70 年代开始，美国就对国家公园进行了分区管理，其分区经过了一个不断完善的过程，如今美国国家公园主要被分为：荒野保护区、特殊保护区、公园发展区和特别使用区。荒野保护区大部分属于原始自然保护区，保护等级最高，为严格保护区，几乎不允许任何形式的利用，通常为濒危或珍稀的动植物栖息地，或含有脆弱且重要的生态系统类型。为了让访客体验国家公园不同层次的美，将荒野区又进一步划分为荒野步道区、原始荒野区和原生荒野区，其中荒野步道区只提供少量的、基本的服务设施，为热爱探险与自然的访客提供较为原始的游憩体验。特殊保护区的保护等级仅次于荒野保护区，为限制性利用区和重要保护区，是严格保护区的缓冲区域，允许少量访客进入，有步行道、自行车道、马道、观景台和野餐露营等对环境影响较小的设施。公园发展区的保护等级为利用区，是为了满足公园经济发展和当地居民生活生产要求而出现的区域，有餐饮设施、休闲设施、公共交通和访客中心和各种游客接待设施，是进行休憩活动的区域。特别使用区是单独开辟出来做采矿或伐木等用途的特别区域[①]。

（2）加拿大

加拿大国家公园的分区管理经历了从两分区模式到五分区模式这样一个不断发展完善的过程。如今，加拿大国家公园十分重视保护公园的生态完整性，力求在保护的同时对公园进行利用。基于此，公园被分为五个区。Zone Ⅰ特别保护区：包含独特的、受到威胁的或濒临灭绝的自然或文化资源，或属于自然区域的最佳范例的区域。保护特殊价值是这一区域的主要目的，机动车等不允许进入。Zone Ⅱ荒野区：能代表自然区域，让区域的生态系统保持在旷野状态是这一区域的主要目的，机动车等不允许进入，娱乐活动不许开展，在此区域内只设有看守巡逻设施、棚屋/庇护所、步道等设施。Zone Ⅲ自然环境区：这一区域为游客提供体验公园自然和文化遗产价值的机会，允许开展户外娱乐活动，允许机动车进入，但会对其进行限制。Zone Ⅳ户外游憩区：是指那些能够提供广泛的访客机会及相关基本服务和设施的区域。此区域提供露营服务设施、住宿设施等。Zone Ⅴ公园服务区：集中了游客服务和旅游设施的区域，是经营的主要场所[②]。

（3）日本

日本的国立公园相当于美国的国家公园，在管理制度上进行了大量的模仿，甚至自然保护官员直接就被称为"公园巡察员（park ranger）"[③]。为了保护

---

① 顾一岳，熊和平.美国国家公园分区制度演变及启示［J］.华中建筑，2023，41（1）：104-108.

② 李亚萍.基于保护和利用双重视角的加拿大国家公园分区研究［D］.南京：东南大学，2021.

③ （财）自然公园财团编集·发行.レンジャーの先駆者たち-わが国の黎明期国立公園レンジャーの軌跡［M］.东京：（财）国立公园协会，2003：432.

自然景观，对公园进行可持续利用，日本也对国立公园进行了分区规划，将土地分为陆域和海域。海域分为海域公园和普通地域，海域公园是指拥有出色的水下景观以及动植物资源的区域，必须维持优良的景观特点，保证海洋野生动植物的栖息环境。陆域分为特别地域和普通地域，特别地域又进一步划分为：特别保护区、Ⅰ类特别地区、Ⅱ类特别地区、Ⅲ类特别地区四类。特别保护区是国立公园最核心的区域，基本处于荒野、原始状态。Ⅰ类特别地区是保护最严格的区域，并且需要尽可能保护当前景观。Ⅱ类特别地区可以适当进行农业、林业和渔业活动，但需要进行协调控制。Ⅲ类特别地区可以进行农业、林业和渔业活动，并且不做过多限制。普通地域是指保护特别地域、海域公园以外的景观地区，可以视为特别地域或海域公园与国家公园外部的缓冲区，主要实现对整体风景的保护[①]。

（4）德国

德国国家公园按照保护等级从高到低依次可以分为自然演进区、管控区和发展区三大区域。自然演进区的首要目的是保护自然生态系统，在此区域仅允许进行生态环境观察，严格限制人类活动。管控区的主要目的是适量活动影响下的生态系统、文化景观、自然物种及其栖息地，在此区域允许进行生态环境观察、研究站建设、环境教育与休闲旅游等活动。发展区的主要目的是可持续发展，在此区域可以进行环境教育、休闲旅游、信息服务等活动[②]。实际管理中，有些公园会在此基础上对公园进一步细分管理，比如巴伐利亚森林国家公园。

（5）意大利

意大利《保护区框架法案》中明确规定，国家公园依据保护等级由高至低划分为 A、B、C、D 四类区域。A 区是严格自然保护区，除科学研究外，不允许进行任何人类活动。B 区是生态保育区，只允许从事传统职业，旅游业受

---

① 张谊佳，彭蓉，赵依丹，等. 日本国立公园分区规划与管控的经验及启示［J］. 北京林业大学学报（社会科学版），2021，20（2）：108-114.

② BfN. Zonierung der UNESCO–Biosphärenreservate［EB/OL］.（2019-01-07）［2023-03-20］. https://www.bfn.de/themen/gebietsschutz-grossschutzgebiete/biosphaerenreservate/zonierung.html.

公园的监管，允许国家公园管理局实施自然资源管理干预措施，比如病虫害防治、入侵物种管理等。C区是公园授权的旅游和农业规划区，在生态保育的前提下允许进行低影响性活动，比如有机农业、传统牧业以及自然物产捕捞与采集，鼓励使用优质工艺生产。D区是发展区，包括建筑用地，在这里可以进行可持续发展活动、市政规划活动①。根据收集的资料数据发现，并非所有的意大利国家公园都划分为以上四类区域，根据不同的资源现状，有些国家公园将C区与D区合并为一个区域，比如潘泰莱里亚岛国家公园与拉戈内格罗国家公园。还有的公园在这四类分区的基础上进行进一步灵活细分，比如多洛米蒂国家公园②。

2. 国外国家公园分区管理的启示

（1）确定各项详细的范围与标准

分区标准、分区界线、科学分区的技术、每个区域的范围与面积、区域内可进行的活动等问题都需要有详细的标准与说明。目前我国已经有了国家文化公园的宏观分区标准，但是具体到每一个区域，还没有确切的分区界线，需要尽快找到科学合适的分区方法。除此之外，也要重视分区信息的发布和地图的绘制，在官方网站上及时发布、更新分区信息和详尽的地图。比如澳大利亚的大堡礁海洋公园就在官网上提供公园分区地图，每个区域都在图中有非常详细的标志和相关说明，从官方渠道可以详细了解各分区内的禁制和允许进行的活动。这样不仅方便人们进行休闲游憩活动，还有利于公园自然环境的保护。

（2）注意分区管理的灵活性、复合性、针对性

国际上这些对于分区管理比较成熟的国家，基本有明确的分区标准与规则，但是这些规则不是一成不变的，在进行实际操作时，要根据自身不同的资源保护和旅游利用需求情况进行灵活调整。比如德国和意大利都有将两类区域划为一类或是对一类区域进一步细分的公园。

公园的活动复杂多样，一个区域不会只开展一类活动，比如美国的荒野保

---

①　Parks.it. Frequently Asked Questions about ItalianProtected Areas［EB/OL］.（2009-03-24）［2023-03-20］. https://www.parks.it/indice/Efaq.aree.protette.html.

②　李亚萍. 基于保护和利用双重视角的加拿大国家公园分区研究［D］. 南京：东南大学，2021.

护区既用来作为濒危或珍稀的动植物栖息地，也用来给游客提供探险体验。意大利 C 类保护区既用来从事旅游活动，也用来从事农业活动。我国在进行分区管理时，也要注重分区的复合性，综合考虑环境保护、旅游利用、农业发展等用途。

国际上国家公园的分区管理，会根据各个公园内的实际情况做出有针对性的规定，我国也要学习这一点，根据区域实际的资源拥有情况、人类活动情况、历史发展情况，在整体分区的基础上进行细化，针对各区域做出具体管理的规定，使管理更科学高效，充分发挥不同区域的优势，实现每个区域的目标。

（3）综合考虑保护分区和游览分区进行管理

公园分区的制度政策在宏观层面上对区域的用途、可行活动等进行了规定。但未说明如何体现景区特色和区域特点、季节性活动的开展等问题。一方面，景区分区细化了保护分区，可以在保护分区的基础上进一步打造旅游节点，比如在考虑行政区划、游览区划的情况下，进一步对文旅融合区进行分区，使分区更细致具体，各区域的特色更能充分展现。另一方面，对景区本身进行适当的开发利用，可以增加公园的财政收入，为公园的管理和保护提供资金支持。因此，综合考虑保护分区和游览分区进行管理有利于公园实现资源保护和旅游利用的双重目标。

（4）重视政策和规划的连贯性

美国国家公园的政策经历了由摸索到规章确立、由简略到细致漫长的过程，其间管理者在不断探索，制度和政策在不断变更，资源保护处在不稳定状态中。我国应该吸取美国的教训，避免这种情况的出现。无论是在制定公园发展的各项政策还是对公园进行规划时，都要确定主线，注意前后连贯性、系统性，要有长远目光。随着公园的发展，逐步完善政策，避免完全推翻某一政策或法律的情况。

（三）中国国家文化公园旅游利用原则

1. 协调遗产保护与旅游利用

国家文化公园是国家推进实施的重大文化工程，旨在通过整合具有突出意义、重要影响、重大主题的文物和文化资源，实施公园化管理运营，实现保护传承利用、文化教育、公共服务、旅游观光、休闲娱乐、科学研究等功能[①]，为实现这一目标，协调遗产保护与旅游利用尤为重要。2021 年以来，政府先后印发了《长征国家文化公园建设保护规划》《大运河国家文化公园建设保护规划》《长城国家文化公园建设保护规划》《黄河文化保护传承弘扬规划》等文件，各省份也出台了相应的保护建设规划。未来可以考虑设立针对资源合理开发与利用相关的法律法规，为旅游利用提供总体思路。各地在落实时，还要注意当地居民生产与生活的需求，只有通过合理的资源利用以满足游客的游览需求和接受偏好，同时维护当地居民的生产生活方式，保障开发利用不破坏当地生态环境和文化遗产，使得游客和当地居民都成为精神文明建设的受益者和传播者，国家文化公园的各项工作才能顺利推动，才能保证公园的可持续利用[②]。

2. 兼顾区域特色与总体统筹

现有的五个国家文化公园均是线性遗产，横跨多个省份，涉及面积广、分布线程长、辐射地点多。因此，国家文化公园的建设和利用要突出地域特色并加强总体统筹。为了实现这一目标，吴殿廷等提出了将"和而不同"的思想引入国家文化公园的旅游开发，"和而不同"中的"和"是目标，"不同"是基础。具体而言，"和"是国家文化公园在主题设计、策划推广等方面的一致，要突出整体一致的"国家性"，"不同"是各个景点之间应该也需要具有的差异性与丰富性，为游客提供丰富多彩的游览体验。旅游开发应用"和而不同"思想，可以归纳为单中心据点模式、多中心集群模式、点轴串联模式三种模式，国家文化公园属于"点轴串联模式"，指线状或者带状区域内旅游地、旅游区之间的关系，这一模式的构建往往是基于一个共同的主题，既强调整体品牌统一，也强调同一主题下的旅游产品多样性。为了实现这一目标，可以将其

---

① 冷志明.国家文化公园：线性文化遗产保护传承利用的创新性探索［N］.中国旅游报，2021-06-02（003）.

② 樊潇飞，Kim Kyung Yee.新时代文化旅游发展中建设国家文化公园的价值、问题与优化［J］.社会科学家，2022（12）：51-57.

解构为不同层次的目标，比如将总体目标定为打造统一的旅游品牌，在此旅游品牌思想理念的指导下，挖掘各地不同的特色资源，形成不同特色的旅游景区、景点，再往下延伸到旅游场景、单体景观设计等更细节的层面[①]。让游客不仅能体会到不同地方的特色，也能领会到国家文化公园的文化精神内核。

3. 突出国家文化公园的文化性

《方案》强调以长城、大运河、长征沿线一系列主题明确、内涵清晰、影响突出的文物和文化资源为主干，生动呈现中华文化的独特创造、价值理念和鲜明特色，在建设中应遵循文化引领、彰显特色的原则，坚持社会主义先进文化发展方向，深入挖掘文物和文化资源精神内涵，充分体现中华民族伟大创造精神、伟大奋斗精神、伟大团结精神、伟大梦想精神，焕发新时代风采[②]。为了实现这一目标，要通过多样灵活的方式和内容将国家文化公园内的文化资源充分展现给游客，还可以在文化资源的基础上添加教育素材，开展研学活动，打造爱国主义教育基地和研学基地，使游客能在体验我国优秀传统文化的同时，接受文化教育、生态教育和爱国主义教育。

（四）中国国家文化公园旅游利用模式：多层次旅游分区利用模式

2019年，中共中央办公厅、国务院办公厅正式印发《方案》，提出建设长城、大运河、长征三大国家文化公园，并根据文物和文化资源的整体布局、禀赋差异及周边人居环境、自然条件、配套设施等情况，重点建设管控保护、主题展示、文旅融合、传统利用四类主体功能区。功能分区是国家文化公园规划和建设的核心内容，对于遗产保护和旅游利用有重要指导意义。我国国家公园旅游利用活动主要可以基于管控保护区和主题展示区以及文旅融合区和传统利用区两大区域进行开展。

---

① 王瑜，吴殿廷，朱桃杏. 论旅游开发中的"和而不同"——以丝绸之路为例 [J]. 人文地理，2011，26（2）：128-132.

② 中华人民共和国中央人民政府. 中央有关部门负责人就《长城、大运河、长征国家文化公园建设方案》答记者问 [EB/OL].（2019-12-05）[2023-04-02]. http://www.gov.cn/zhengce/2019-12/05/content_5458886.htm.

1. 管控保护区和主题展示区

管控保护区和主题展示区内有独特的自然或文化资源，需要尽可能保护其景观与资源，只提供比较基础的设施，允许少量访客进入，在保护的前提下，允许适当的利用，比如开展科学考察、自然环境教育、数字旅游等。

（1）科学考察

国家文化公园的管控保护区和主题展示区聚集着公园最核心、最需要集中保护的遗产资源，具有很高的科考价值。此区域应该允许专家进行科学考察、考古、历史挖掘、文物保护与修复等工作。同时，在不破坏遗产的前提下，可以提供最基本的服务设施，允许少量游客进行科考旅游。

（2）自然环境教育

自然环境教育不仅能够让游客在自然环境中获取自然、生态知识，还能获取自然技能，让公众热爱大自然，增强环境保护意识，从而增强国民的科学素养。具体而言，可以开展自然环境教育课堂，由公园解说员带领学生到户外的自然环境中进行实地教学，同时教师或公园解说员充当解说者和协助者的角色。可以进行自然环境观察，指管理人员带领游客通过五感，即视觉、听觉、嗅觉、味觉、触觉，多种器官的相互结合去观察感知自然环境，从而获得与自然亲近的乐趣[①]。还可以建立自然环境教育学校，将自然教育学校作为活动举办和运营的主体，与学校合作，安排学生来到公园进行一系列自然环境教育活动，甚至可以提供学分兑换。

（3）农业旅游

农业文化遗产是农村与其所处环境长期协同进化和动态适应下所形成的独特的土地利用系统和农业景观，对保持生物多样性、维持可恢复生态系统和传承高价值传统知识和文化活动具有重要作用。国家文化公园内具有丰富的农业文化遗产，具备发展农业旅游的资源条件。且农业文化遗产保护是一个系统工程，其重要意义在于传统技术智慧的发掘、区域生态功能的恢复和民族文化的保护，这一点与国家文化公园设定的目标不谋而合。因此，可以在国家文化公

---

① 龚思诗.拟建南岭国家公园自然教育体系研究［D］.广州：广州大学，2020.

园内建立线性农业文化遗产保护示范区建设试点，适度开发特色农业文化遗产旅游线路，促进农业旅游的可持续发展[①]。

（4）数字利用

数字化是文化遗产活化的重要手段，国家文化公园数字化利用既是对遗产的保护，也是对文化的可视化展示，最终目的是让游客体验鲜活的文化场景，感受文化魅力。具体而言，首先，可以利用数字化技术丰富产品供给。通过创新数字化展陈手段，立体呈现文化，推动"云观展""云旅游""云直播"等线上旅游新业态发展，培育数字文旅融合新产品，拓展数字文旅融合新场景。其次，通过数字化刺激文旅消费活力。让数字科技引领创意消费新趋势，迎合个性需求，拓展体验消费新形式。最后，创建数字化信息管理平台、营销平台和服务平台，进一步创新服务与管理模式，让智能化管理成为常态[②]。

2. 文旅融合区和传统利用区

文旅融合区和传统利用区是国家文化公园推进文旅融合，发挥国家文化公园旅游带动作用的重要区域，提供完善的旅游设施，开发多种旅游形式，鼓励各地通过借力国家文化公园品牌促进文旅和关联产业的发展。

（1）文化教育

教育功能是国家文化公园最重要的功能之一，文化教育利用也是国家文化公园必不可少的利用方式。具体而言，可以从研学教育、馆藏教学、历史教学三个方面开展文化教育。

研学教育是通过旅行游览的认知、体验和感悟过程，获得有益收获的一项校外素质教育活动[③]。推动研学教育是国家文化公园的基本功能、内在要求以及价值实现方式，也是推动国家文化公园及多项事业协同发展的有效途径。大运河博物馆已经启动了"大运河国家文化公园万名研学馆长计划"，以大运河

---

① 刘进，冷志明，刘建平，等.我国重要农业文化遗产分布特征及旅游响应［J］.经济地理，2021，41（12）：205-212.

② 湖南日报.数字科技驱动长征国家文化公园建设与旅游融合深度发展［EB/OL］.（2021-12-01）［2023-04-03］. https://baijiahao.baidu.com/s?id=1717937599919978231&wfr=spider&for=pc.

③ 沈和江，高海生，李志勇.研学旅行：本质属性、构成要素与效果考评［J］.旅游学刊，2020，35（9）：10-11.

国家文化公园为主线,面向全国博物馆开展研学馆长培训计划①。长城开启了"赓续长城精神启迪少年梦想",让青少年学习了长城文化,感悟了长城精神,凝聚了奋进的力量②。长江、长征、黄河国家公园也都开展了研学教育工作。未来要继续开展研学和国民教育的队伍建设,探索建立教育型旅游景区和教育体系,开拓对外传播文化的新路径,促进优秀文化资源教育功能外延③。

馆藏教学是由国家文化公园下设的展示性场馆基于馆藏所开设的,帮助人们了解、认识国家文化公园的遗产和文化的教育工具和课程计划。馆藏教学是国家文化公园"公益性"的突出体现,更是弘扬地域文化特色,强化国家认同的教学手段。在国家文化公园日后的建设中,一方面要继续探索馆藏教学与普通解说系统之间的对接模式;另一方面要深化与各级各类教育机构间的合作,带动文化遗产展示利用下沉校园,真正实现国家文化公园传播的"国家品味"和"国家意味"④。

国家文化公园所涵盖的文化遗产与中华民族的历史兴衰紧密相连,各类遗产不仅见证了时代更替和历史变迁,其本体也在这一过程中不断演变,获得了日益丰富的文化价值。国家文化公园的历史教学为这些历史缩影提供了一个放映平台,让公众从更加真实、客观和完整的视角看待中华文明的演进和发展。一方面从线上入手,建设智慧旅游平台,可以借助现代化技术,打造出线上体验场景,让游客足不出户就能"云旅游""云学习",此外,该平台还可提供历史遗址联系信息、交互式地图以及相关保护区和旅游网站的链接,以发散式的蛛网结构传达国家文化公园的整体价值。另一方面从线下入手,完善兼具严谨性和科普性的国家文化公园解说体系,为游客讲述景点的历史文化,加强游客对景点历史故事的理解。

① 搜狐焦点. 大运河国家文化公园万名研学馆长计划启动［EB/OL］.（2022-07-31）［2023-04-03］. https://baijiahao.baidu.com/s?id=1733129406215265741&wfr=spider&for=pc.

② 光明网. 长城研学为国育人——"赓续长城精神 启迪少年梦想"研学活动启动［EB/OL］.（2021-10-02）［2023-04-03］. https://kepu.gmw.cn/2021/10/02/content_35209374.htm.

③ 徐晓文,王欣,王亚超,等. 围绕国家文化公园建设 开展全国性研学和国民教育［N］. 中国旅游报,2021-05-19（003）.

④ 中国非物质文化遗产网. 国家文化公园:线性文化遗产保护传承利用的创新性探索［EB/OL］.（2021-06-02）［2023-04-03］. https://www.ihchina.cn/Article/Index/detail?id=22943.

（2）休闲游憩

国家文化公园具有供公众游览、观赏、休憩、进行体育锻炼等活动的资源与场所，是国民公共休闲的文化空间，应在国民公共休闲体系中发挥示范作用。强调国家文化公园建设的休闲游憩功能，不仅可以为游客提供一系列休闲产品，还可以为当地居民提供休闲游憩机会，可以促进人民美好生活的实现[①]。具体而言可以依托公园沿线的水资源打造水上夜游、沿河骑行等亲水休闲产品；依托沿线附近生态良好的山地、丘陵地带，开发一批山地观光、康复养生、运动健身等山地养生度假、文化休闲产品；以公园为主轴，串联沿线周边地质公园、湿地公园、文化公园、国家风景名胜区等地打造文化休闲度假之旅[②]。

（3）体育旅游

体育旅游是体育与旅游相融合的一种发展状态，是以体育活动为内容，满足大众健康娱乐、旅游休闲需求的经济活动[③]。国家文化公园风景优美，地域宽阔，是发展体育旅游的良好场地。目前已经有一些地区借助公园的资源和自身区位优势，举办体育赛事，发展体育旅游。比如北京、河北抓住北京冬奥会契机，推出"冬奥长城冰雪游"主题线路，巩固"带动三亿人参与冰雪运动"成果[④]。黄河国家文化公园兰州段举办了兰州国际马拉松赛，成功将马拉松挑战自我、超越极限、坚韧不拔、永不放弃的精神与奔腾不息的黄河文化相融合。在黄河国家文化公园陕西段、河南段，植入了黄河流域汉民族的传统体育项目——舞龙。黄河国家文化公园河南段，延续举办了中国焦作国际太极拳大赛、三门峡"黄河船奇"帆船公开赛等赛事。这些活动不仅吸引了更多的游客，还打响了国家文化公园的体育品牌，扩大了传统体育项目在国内外的影响力[⑤]。

---

① 董二为. 四部曲引领国家文化公园建设［J］. 小康，2021，446（9）：52-53.

② 程金龙，刘凯霞，程少阳. 河南省大运河国家文化公园建设研究［J］. 南阳师范学院学报，2021，20（6）：1-6.

③ 李佳美. 智慧旅游背景下大熊猫国家公园发展体育旅游路径研究［D］. 成都：成都体育学院，2021.

④ 澎湃新闻. 长城携手冬奥展现中国风采 | 长城国家文化公园建设助力北京冬奥会［EB/OL］.（2022-04-14）［2023-04-03］. https://www.thepaper.cn/newsDetail_forward_17611395.

⑤ 中国旅游报. 发挥黄河国家文化公园的教育功能［EB/OL］.（2022-01-14）［2023-04-03］. https://baijiahao.baidu.com/s?id=1721919155861631729&wfr=spider&for=pc.

三、国家文化公园经营机制的国际比较

各国国家公园基于不同的设立目的建立差异化的经营机制，在公益性和营利性上，国家公园经营分为官方项目经营和商业项目经营①。官方项目经营指由公园管理机构经营的公益性游客服务，商业项目经营是由国家公园管理机构经特许将经营权转让给社会资本，为游客提供服务设施和增加国家公园收入资金来源。随着经营理念的发展和特许经营经营性项目泛化、经营企业专业资质等问题的出现②，国家公园开始出现其他经营模式的尝试，如澳大利亚自然旅游伙伴关系、英国国家公园伙伴关系、世界自然基金会综合保护发展项目、卢旺达国家公园旅游收入分享计划等，通过重新建构和平衡国家公园各利益相关者之间的权责结构更好地保护和利用国家公园。

（一）各国国家公园官方项目经营

1. 以公益性为主的美国国家公园经营

美国国家公园管理局（National Park Service，NPS）在国家公园系统内运营着 424 个独立国家公园，在所有 50 个州、哥伦比亚特区内雇用了大约 2 万名员工③。美国国家公园管理局的 2021 年预算申请为 28 亿美元。在游客服务方面，2018 年 NPS 为来自美国和世界各地的 3.18 亿名游客提供了服务。

（1）美国国家公园管理机构设置中的解释和教育服务

美国国家公园管理局机构设置中分设两个副局长，分管运营和行政④。从机构设置（图 3-1）中可以看出，美国国家公园管理局提供教育、解释服务，

---

①　Duane Chapman. Management of national parks in developing countries：A proposal for an international park service［J］. Ecological Economics，2003，46（1）：1-7.

②　Séverine Wozniak，Arnaud Buchs. U.S. National parks and "the tragedy of the commons"［J］. Journal of Alpine Research 2013，101（1）.

③　Kristine E Hyslop，Paul F J Eagles. Visitor management policy of national parks，national wildlife areas and refuges in Canada and the united states：A policy analysis of public documents［J］. Leisure/Loisir，2007，31（2）：475-499.

④　李想，郭晔，林进，等 . 美国国家公园管理机构设置详解及其对我国的启示［J］. 林业经济，2019，41（1）：117-121.

局长

副局长 分管行政和管理
- 信息办
- 劳动力局
- 商业服务局
  - 商业服务项目司；合同和金融助司；娱乐费用项目司
  - 审计局

副局长 分管运营

自然资源管理和科学局
- 清查监测司；空气资源司；生物资源司；应对气候变化项目办公室；环境质量司；地质资源司；自然声音和夜空司；水资源司；合作性的生态系统研究单位；国家自然地质科研中心

公园规划、基础设施和土地局
- 建设项目管理司；丹佛服务中心；土地资源司；公园设施管理司；公园规划和特别研究司

文化资源、伙伴关系和科学局
- 联邦保存保护所；国家遗产地项目；文化资源地理信息系统设施司；国家原住民墓葬与赠偿法案项目司；考古地产项目司；美国战地项目司；文化景观司；国家原州办公室；教育、外宣和培训司；遗产地和文化培训中心；国家建筑和文化景观司；历史司；博物馆管理计划司；国家保存技术和培训中心；历史建筑和历史地标司；保护司；倡与国家保存技术研究中心；州、部落和地方计划和赠款司；部落关系与美国文化项目司

解说、伙伴关系和志愿者局
- 合作司；Harpers Ferry中心；青少年活动司；户外运动司；教师司；志愿者司

沟通联络司（副局级）
- 数码战略司
媒体关系司

伙伴关系与民众参与局
- 伙伴关系和慈善
保育及户外娱乐司

谱系和资源保护局
- 危机管理司

州和地方援助项目司；国家旅游项目司
州和地方航空项目工作办公室

消防和航空管理司；执法、安全和应急服务司；公共健康司；美国公园警察局；原野管理司
法规条例和用途司；美国公园特殊条例和管理司公室

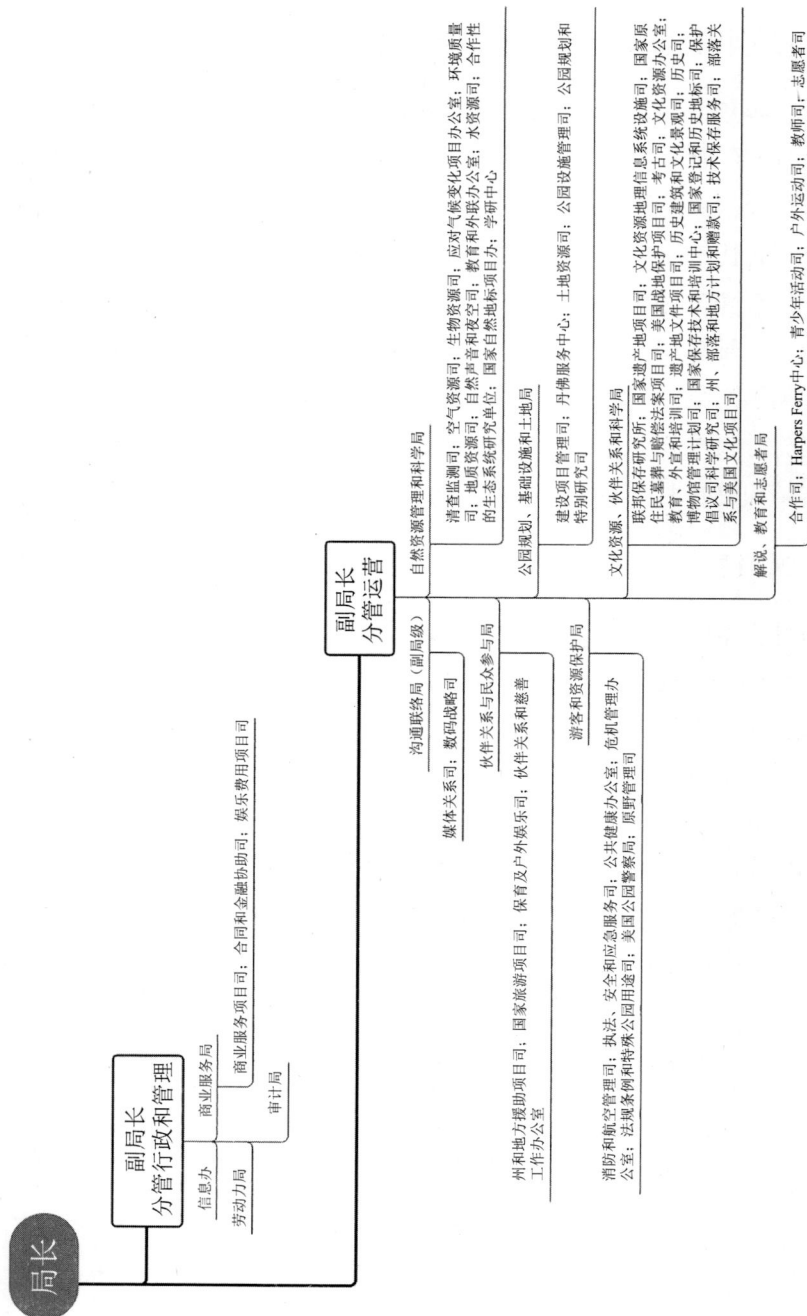

图3-1 美国国家公园管理局结构设置情况

数据来源：美国国家公园管理局

设有解说、教育和志愿者局。

国家公园管理局百年法案规定："部长应确保通过提供和使用最高质量的解释和教育广泛计划，加强系统单位和相关领域的管理。"长期以来，NPS 提供了一系列促进享受、游览、健康、终身学习和劳动力发展的机会、活动和服务，其目标是促进人们对这些自然美景、文化和具有历史意义的地方的理解和欣赏。解说和教育计划的目的是通过提供难忘的解说、教育和娱乐体验来推进 NPS 的使命，这些体验将帮助公众创造和理解公园的资源和文化历史故事的意义；激励管理，以保护这些自然资源和历史文化价值。

解说人员由训练有素的专业护林员组成，通过各种技术手段，使用各种解释工具和技术，亲自呈现各种正式和非正式的以观众为中心的节目。这些活动包括参与性对话、导游讲解、特别活动、初级护林员项目、主题项目、基于课程的实地考察、社区参与以及由护林员、导游和志愿者提供的非正式解释。

除此之外，美国国家公园管理局还设置了各种非个人服务和设施，如路边和室内的展览、数字信息、出版物、自助小屋以及基于网络的互动项目。这些服务通过展示公园资源和强调资源对现代以及后代的重要性，鼓励加强公园资源保护行为，促进资源管理。他们还教育公众了解和塑造每个公园遗产的文化多样性。

（2）门票机制

在国家公园管理局的 424 个独立单位中，有 109 个公园收取门票[①]。联邦土地娱乐增强法案（FLREA）允许 NPS 收取和保留门票收入，并要求将费用收入用于增强游客体验。收取的门票至少有 80% 留在收取费用的公园，另外的 20% 用于其他不收费的公园。美国国家公园的定价结构各不相同，有按人数收费、按车收费或者混合收费的模式（表 3-1）。

---

① https://www.nps.gov/aboutus/fees-at-work.htm.

表 3-1　美国国家公园收费表（部分）

	公园特定年票（美元）	每辆车（美元）	每人（美元）	每辆摩托车（美元）
阿卡迪亚国家公园	70	35	20	30
安提坦国家战场	35	20	10	15
温哥华堡国家历史遗址	35	/	10	/
乌帕特基国家纪念碑	45	25	15	20
亚当斯国家历史公园	45	/	15	/
查塔胡奇河国家休闲区	40	5	/	/
干龟岛国家公园	/	/	15	/

数据来源：美国国家公园管理局。

美国国家公园另设有国家公园通票，售价 80 美元，有效期为一年，允许一辆车和最多四名 16 岁以上的成人免费进入每个公园。在公园按人而不是按车辆收费的情况下，通行证通常最多可包含四人。但是，它不包括旅游、露营、房车营地等额外服务。该通行证在美国各地由国家公园管理局、土地管理局、垦务局、美国鱼类和野生动物管理局、美国林务局和美国陆军工程兵团维护的 2000 多个联邦拥有的娱乐场所有效。

2005 至 2014 财年的收费和捐赠收入均有不同程度的增长[①]。具体而言，包括露营地等设施的入场费和设施费在内的娱乐费收入从约 1.48 亿美元增加到 1.86 亿美元。与此同时，来自慈善机构的现金捐赠有所波动，从 2011 财年的 1950 万美元到 2014 财年的 9470 万美元不等。

2. 完整访客管理流程支撑下的加拿大国家公园经营

加拿大的每个国家公园都有一个全面的五年公园管理计划和配套的指导文件，由加拿大议会批准，为公园如何实现国家政策和加拿大公园管理局公司计划中概述的目标提供指导[②]。

---

①　https://www.gao.gov/products/gao-16-166.

②　Barbara McNicol, Kathy Rettie. Tourism operators' perspectives of environmental supply of guided tours in national parks［J］. Journal of Outdoor Recreation and Tourism，2018，21：19-29.

（1）经营利用成为管理目标的一部分

加拿大公园管理局经营管理目标在几十年里有所变化，在 2000 年宣布强调保护生态系统之后，2010 年班夫国家公园管理计划强调经营管理重点是增加游客。2015 年加拿大公园管理局 2014—2015 年计划和优先事项报告中一个关键的重点仍然是："通过更多的游客和更多的游客人均收入来增加收入。"

到 2016 年，户外娱乐活动逐渐多样化。加拿大政府规定，"在决定是否颁发许可证以及在什么条款和条件下，公园管理者应考虑业务对公园自然和文化资源的影响；参观或居住在公园的人的安全、健康和享受；使用企业提供的货物或服务的人员的安全和健康"。

（2）门票机制

加拿大大多数国家公园都收取门票，以支持国家公园内的服务、设施和保护工作，国家公园的门票因公园而异（表 3-2）。一些公园采用季节性收费结构，冬季的收费较低，一些公园会提供半日通行证。加拿大国家公园管理局也推出了年票，成人的价格为 72.25 美元，有效期为 12 个月，在有效期内可免费进入所有国家公园 / 保护区、海洋保护区和加拿大经营的国家历史遗址公园。

表 3-2　加拿大国家公园收费表（部分）

	成人 （美元）	老年人 （美元）	家庭 （美元）	商业团体 / 每人 （美元）
班夫国家公园	10.5	9.00	21	9
普卡斯克瓦国家公园	6.25	5.25	12.75	5.25
佛罗伦国家公园	8.50	7.25	16.75	7.25
路易斯堡堡垒国家历史遗址	18.75	16	/	16.00

数据来源：加拿大国家公园管理局。

（3）混合式收入保留机制

加拿大国家公园中有 7 个公园机构有适当的机制来保留和使用经营收入来抵消不断上升的成本，减轻纳税人的负担，从而改善公共服务，提高管理效率①。总体而言，各国家公园成本回收率不一，为9%~90%；所有国家公园都靠政府拨款运营，而有些机构也靠收入运营，但没有一个国家公园是能完全依赖收入的。

各省因地而异，如新不伦瑞克省保留了其公园系统中两个公园的收入；艾伯塔省不保留收入，但有设定收入目标，并在财政年度使用超过盈余的收入来维持运营；安大略省和萨斯喀彻温省有专门用途的账户或者基金来保存收入。

（4）完整的访客管理流程

1930年，《加拿大国家公园法》中提出国家公园应"致力于为加拿大人民提供福利、教育和享受，并应予以维护和利用，以使其不受损害，供子孙后代享受"。加拿大国家公园管理局基于对社会科学信息的分析并与自然和文化科学信息相结合，开发了一个全面的访客活动管理流程，用于将游客兴趣与管理计划相结合为每个国家公园确定特定教育和户外休闲机会。

为了保持生态完整性，每个国家公园都可以提供符合管理计划中确定的分区的各种户外休闲机会。这些将为不同兴趣、年龄、体能和技能的游客提供服务，使他们能够了解和体验公园的自然环境。该游客管理流程为每个国家公园开发并更新综合游客活动数据库，以提供公园管理决策所需的游客信息和公园管理决策所需的游客信息以及向议会报告的公园状况。获得的信息将用于增加或改善现有机会，并用于制订和审查公园管理计划、服务计划和游客风险管理计划。活动数据以及公园基础设施和环境数据都将纳入风险评估。风险控制措施将考虑游客的体验需求，并据此促进游客自力更生。

（二）各国国家公园商业项目经营机制：特许经营

1. 美国——规范的商务服务分类管理

美国国家公园的经营采取的是公私结合的机制，美国国家公园的管理权和经营权严格分开，主要采取特许经营的模式②。1965年美国颁布了《特许经营

---

① https://parks-parcs.ca/.
② 马勇，李丽霞. 国家公园旅游发展：国际经验与中国实践［J］. 旅游科学，2017，31（3）：33-50.

法》（*Concessions Policies Act*），对国家公园内的特许经营方式进行严格立法。对园内经营的企业会谨慎选择并严格考核，在园内设立商家并非为了商业，而是为前来享受国家公园系统内自然和文化资源及其价值的民众提供相应的服务，园区内的商家数量也有严格控制。所有特许经营费用和门票收入只能用于环境保护。1872 年，当黄石国家公园建立时，内政部长被允许批准"建造供游客住宿的房屋"，这说明特许经营管理机构的历史比国家公园管理局（NPS）要长[①]。

（1）商务服务分类管理

2006 年，《美国国家公园管理政策》发布，其中提及"国家公园管理局通过特许权合同或商业使用授权或租赁授权的方式，为游客享受公园的资源和价值而提供必要和合适的商业服务项目"[②]。其中，"必要"是指为游客提供高质量公园体验所必需的商业服务，如食宿、交通等；"合适"是指这种服务需符合公园成立的目的，并且不可对公园造成持续性或不可挽回的损害。《美国国家公园管理政策》对特许权合同、商业使用授权、租赁授权三种方式的管理流程和规则标准进行了详细阐述。

1）特许权合同

特许权合同是针对为游客提供服务的长期合同，由国家公园管理局下属的各区域办事处与私营部门签订。特许人通过签订的特许权合同来提供商业服务，一般有效期为 10 年或 10 年以下，有时也可延长至 20 年。国家公园管理局在官方网站发布开放招标项目的国家公园名单和相应的国家公园招标信息的网络链接，每个网络链接内都详细说明了招标的具体项目、可参与招标的企业条件、招标的截止时间和收取投标文件的部门，并且附上参与招标所必须填写的文件和招标说明书。其中，招标说明书是对每个公园的招标内容和要求详尽说明的文件，包含有关园区运营、资源保护、财务数据和投资要求等重要信息，对特许权合同的关键组成部分进行解释，便于投标者了解项目并相应地进

---

① Haixia Zhang，Yuexiu Liu. Institutional evolution in concessions management in national parks and the response of China［J］. International Journal of Geoheritage and Parks，2018，6（1）：17-31.

② 吴丽云，高珊，阎芷歆. 美国"公园＋"利用模式的启示［J］. 环境经济，2021，293（5）：62-65.

行准备。

特许权合同中允许提供的商业服务必须符合以下几个要求：第一，是对公园的使命和游客服务功能的补充；第二，是必要并且适合游客使用和享受的；第三，仅限于在公园内提供；第四，这类服务必须是可持续的，并且不会对公园造成不可挽回的损害。具体来说，食物、住宿、旅游、漂流、划船和许多其他娱乐活动都属于特许权合同可授权的服务范围。

2）商业使用授权

商业使用授权是允许商业经营者使用公园的短期协议，是在特定公园内为游客提供特定商业服务的许可证。个人、团体、公司或其他营利性实体都可以申请商业使用授权。商业使用授权由各国家公园进行管理，每个商业使用授权合同中的商业服务项目根据园区的具体需求确定。每个申请人需要向其意向提供商业服务的公园提交申请，或者直接通过国家公园管理局官网提供的各个办公室位置和联系方式等信息，联系该公园的商业使用授权办公室。提交申请时，申请人还需要支付一笔商业使用授权申请费，不同公园的申请流程和费用也会有所不同。

关于商业使用授权的内容，根据公园的不同，包括但不限于登山或背包旅行、皮划艇体验、摄影体验、潜水项目、钓鱼活动等。如曼尼尔山国家公园，划出一定的区域授权申请人为游客规划并提供攀岩活动。根据《美国国家公园管理政策》第十章第三节中的规定，商业使用授权合同应提供能够适当使用园区、对公园资源和价值的影响最小、符合公园成立的目的、符合公园的管理计划和法规政策的授权服务。

3）租赁授权

美国国家公园管理局通过授权的方式出租园区内以建筑物为主的历史和非历史财产，其出租项目不在特许权合同、商业使用授权范围内，租赁期可长达60年。国家公园管理局进行租赁的目的是重新利用或者改造升级园区内的一些闲置老旧设施。

企业申请租赁授权的主要方式是建议书，还有投标请求和资格申请等方式。建议书适用于除租金金额以外的其他标准来授予租约时的申请程序；而投标请求的方法则只应用于以租金金额作为授予租赁唯一标准的情况中。资格申请对于国家公园管理局来说，相当于形成一份租赁候选人名单，进行资格申请的私营部门必须满足建议书中规定的财务和规模等要求。这些文件都由国家公园管理局提供。

（2）注意特许权方案的分配，以控制垄断

1965年制定的《政策法》规定，各国家公园管理局应根据必要性和拨款原则，通过经营计划确定特许经营计划。该法案注重意识形态和合法性的规范，对潜在的特许经营者提供了续签合同、30年合同期限、房地产补偿等优惠政策，有效地刺激了企业参与国家公园的运营，但降低了观光质量，减少了设备维护，增加了费用。当时许多特许经营者拥有垄断权，只要他们愿意，就可以续签合同，这与国家公园特许经营的最初目标相违背。

20世纪90年代以后，美国一些国家公园的特许经营合同到期，迫切需要对特许经营方案进行改革，以确保在公共利益的前提下的竞争力和商业效率。因此，1998年《促进法》修改了续签合同的规定。更新优先级改为"收入低于50万美元的特许经营者、设备供应商和导游将优先更新"。合同期限缩短为20年。要求NPS确保游客权益，并在价格、商业服务质量和特许经营费用等方面监督公平性。通过《促进法》，NPS成功地将续期项目数量从2002年的50%减少到2015年的17%，有效地保持了特许项目的相对竞争力。

（3）考虑成本效益的特许权支出变化

根据《国家公园管理组织法》，国家公园的所有特许使用费都要上缴财政部。但为了解决资金不足、地方管理积极性不高的问题，协调中央与地方、经营与管理的关系，1998年《促进法》和1999年《特许使用费20%使用规定》明确规定，特许使用费20%以上上缴联邦预算，80%以上供园区使用。在新均衡条件下，国家公园管理的积极性明显提高。

2. 新西兰——提倡绿色管理的理念

新西兰国家公园管理是基于其国家层面、保护性绿色管理基础之上的。新西兰从绿色农牧业直接跳跃到现代旅游业，发展以农牧业和现代旅游业为支柱的绿色经济，将资源和环境的保护提高到其他国家难以达到的至高地位，赋予保护巨大的政治权力，真正实施在强势自然保护管理之下的经济和社会可持续发展模式，即国家层面的绿色管理模式[①]。

（1）明确特许权的立法结构，明确参与者的权利和义务

《国家公园法》（1980 年）和《自然保护法》（1987 年）明确规定特许权项目应遵守法律法规，遵循环境保护和公共利益原则。国家公园租界管理由于有强有力的法律支撑，具有制度均衡的基本条件和分层转型的特点。

除《国家公园法》外，新西兰还颁布了《1957 年特许经营者责任法》和《1992 年就业健康与安全法》，明确规定了国家公园特许经营游戏参与者的权力、责任和行为准则。立法完善增加了制度均衡转换的成本，从而增强了特许权管理制度的自我强化。

（2）具有外部性的特许经营的分类管理

根据《自然保护法》和《国家公园法》，土地的性质不同于商业活动的排他性。新西兰将特许权分为地契、执照、许可证和地役权四种类型，分类管理提高了网络外部性，特别是许可制度和地役权制度的发展被其他国家和地区所借鉴，并进一步强化了制度均衡。

（3）分散融资机制

新西兰国家公园近 4500 个特许经营项目面临着巨大的管理成本[②]。一方面，新西兰根据税收和相关法律制度，通过对年费、监管费和行为费的管理，加强了特许经营费用的结构性管理；另一方面，根据合同期限的不同，特许合同分为一次性特许和长期特许。对环境影响小、易于管理、与永久性建筑无关的项目，给予不超过 3 个月的一次性特许权，并由环境部将管理权下放给地方政府，通过分散管理降低运营成本。分散的管理体制虽然改变了最初的均衡，但在复杂的制度变迁中，通过对制度的分层改造，避免了制度变迁带来的过高成本。

---

① 杨桂华，牛红卫，蒙睿，等.新西兰国家公园绿色管理经验及对云南的启迪［J］.林业资源管理，2007（6）：96-104.

② https://www.doc.govt.nz/get-involved/apply-for-permits/managing-your-concession/concession-statistic.

3. 加拿大——注重游客体验

作为世界上第一个建立国家公园统一管理专业机构的国家，加拿大于1911 年根据《国家森林保护区和公园法》成立了自治领公园分局，管理国家公园的保护和利用。

（1）以《国家公园管理法》为基础的特许经营立法体系初步形成

《1998 年加拿大公园管理法》《2000 年国家公园法》和 2009 年出台的《国家公园》法令规定了国家公园的业务管理，规定了使用费、公园使用费和收入管理，以及租赁和占用国家公园的许可证。2009 年《国家公园垂钓条例》和2009 年《国家公园露营条例》是主要的经营活动。财政部发布《房地产管理政策》和《房地产评估标准》，为特许收费提供法律依据。加拿大公园管理局还制定了管理特许权收入和财务的政策。以《国家公园管理法》为基础的立法体系有效地保障了国家公园特许经营制度的稳定性。

（2）特许经营有注重游客体验的倾向

根据《加拿大公园机构法》中所描述的国家公园的商业用途，国家公园应"管理游客使用和旅游，以确保既维护生态和纪念的完整性，又为今世后代在这些遗产和自然区域提供优质体验"，保护生态环境在加拿大国家公园的立法中具有优先地位。

但加拿大公园管理局已经提出了更新计划，以应对人口、技术、娱乐和国际客流的外部变化。提出"深入了解加拿大的精髓，与你的心灵相连，让加拿大珍贵的自然和历史遗产更加生动"，改变了国家公园商业服务的功能。国家公园提供的所有商业设施都应遵循以下目标：为公众共享和享受，促进公众对自然环境的了解、享受和愉悦，增加公众娱乐的机会。对"生态环境保护"优先级没有相关描述。游客体验在加拿大国家公园特许经营中起着至关重要的作用，国家公园被视为加拿大的四大国家形象之一。因此，当特许权被授予时，特许权具有促进公园游客理解、欣赏和享受的积极作用和机制。租界目标的转变阻碍了国家公园租界原有制度的自我强化，增加了法律法规制度的转换成本，削弱了制度在新环境下的外部性和学习效应，以及对制度适应性的预期，从而出现制度退化趋势。

（3）根据许可证进行分类特许经营

根据所涉及的经营活动与土地的关系，加拿大分配了执照、占用租约、许可证、地役权等各种特许方案[①]。每个方案都应按照《加拿大国家公园法》《加拿大国家公园商业条例》《加拿大国家公园租赁与占用许可证条例》等法律法规进行，以进一步保证制度的原有平衡。

（4）保持收益的资本系统路径锁定

根据《加拿大公园管理法》，加拿大公园管理局有权保留特许经营的收益，以确保国家公园的日常运营和为游客提供的服务质量。国家公园保留了近1200万加元的营业收入用于运营。收益保留制度刺激了国家公园机构对特许经营的管理，但也可能导致旅游项目的快速扩张，将特许经营管理制度锁定在低效阶段，无法跟上国家公园建设的目标，从而导致制度消化。

（三）各国国家公园创新经营案例

1. 澳大利亚自然旅游伙伴关系

自然旅游伙伴关系是指私营部门和政府之间的伙伴关系，使旅游业为公园保护做出贡献，公园保护又为旅游业做出贡献。自然旅游伙伴关系倡议（NTPI）是澳大利亚自然旅游基金会管理的一个主要项目，目的是在私营部门旅游经营者和投资者、公园机构、旅游机构和保护部门之间建立更强的伙伴关系。该倡议是由小型企业和旅游部长、议员 Fran Bailey 于 2006 年 4 月发起的。它延续了澳大利亚旅游及运输论坛（TTF）在 2004 年的里程碑式报告《自然伙伴关系：使国家公园成为旅游业的优先事项》中发起的工作。

（1）自然旅游伙伴关系目标与效果

该计划的总体目标是在我们的公园目的地发展公私自然旅游合作伙伴关系，以改善我们自然区域的资金、管理和保护成果；开发新的可持续游客体验、服务和自然旅游产品；更有效地营销和推广我们的公园和保护区；为区域和当地社区提供经济贡献。

---

① 张颖.加拿大国家公园管理模式及对中国的启示［J］.世界农业，2018，468（4）：139-144.

自然旅游伙伴关系将为私营部门实现保护成果提供激励措施（并分担风险），同时为公园机构实现旅游和商业目标提供激励措施（并分担风险）。公共和私营部门之间的伙伴关系可以带来广泛的旅游和保护成果，包括：保护服务，如杂草和害虫控制、灌木丛再生和其他土地管理；游客体验，如导游步行、潜水探险、萤火虫夜径、野生动物狩猎、洞穴探险、观鸟、乘船旅行、保护志愿服务、游学和其他创新的好客和自然旅游游客体验；住宿体验，如帐篷狩猎营地、可拆卸小屋、小屋、树屋和生态小屋；对现有建筑的适应性再利用，如历史悠久的农场和采矿结构、政府车站和灯塔；访客管理和服务，如市场营销、访客信息、标牌、口译、推销、清洁、废物处理服务、维护、停车和入口大门；公园游客基础设施，如电力、水、污水、道路、小径、桥梁、浮桥、停车场、游客中心、游客游乐设施、树冠步道和滑索、滑雪缆车、缆车、风景铁路、步行轨道和瞭望台。

创新的国家资源管理计划可让私营机构参与公园的保育和旅游目标。自然旅游伙伴关系协议可能涉及私营部门，不仅提供住宿和游客体验，还包括为公园机构提供当地轨道维护、标识和病虫害控制等服务。这将为园区带来私营部门的直接贡献，并利用私营部门在目的地提供服务的激励、专业知识和效率。

传统上，公园旅游的公私参与是一种业主—承租人关系或许可人—被许可人关系。由于范围有限，这些传统的关系往往把管理旅游和保护作为相互竞争的目标，并假定私营部门和公园管理机构存在相互竞争的利益。

（2）自然旅游伙伴关系实践

自然旅游伙伴关系借鉴了公私伙伴关系的最佳实践，是一种替代模式，其中伙伴关系协议为公园机构和私营部门提供了风险和回报，以实现双方共同的多个目标。

澳大利亚在联邦政府、州／地区政府和私营部门之间建立自然旅游伙伴关系，以资助、开发和运营可持续的自然旅游游客体验和基础设施，为公园保护和气候变化适应提供直接资金。

澳大利亚修订公园管理条例，使自然旅游"伙伴关系协议"的范围比目前的租赁和许可证安排更广，并允许伙伴关系共享旅游和保护目标，共享风险、收入回报和使用权。澳大利亚政府重新调整政策,不再对公园内允许的活动进行"一刀切"的限制,并使用"伙伴关系标准"逐案评估自然旅游项目。

2. 英国国家公园伙伴关系

2021 年,英国的 15 个国家公园通过国家公园合作伙伴关系和慈善团体英国国家公园基金会与一系列商业、可持续发展和慈善合作伙伴在国家层面开展合作①。

(1)授权许可

国家公园许可计划是关于创造产品和合作伙伴关系,以宣传国家公园的价值,同时反哺对国家公园的保护。经过与精心挑选的各领域专家合作,开发符合最高质量和设计标准的产品。每个国家公园都有自己独特的景观和故事,通过国家公园的许可,将个人或团体产品与国家公园品牌相联系。

(2)零排放项目

零排放项目(Net Zero With Nature)是英国国家公园应对气候变化和生物多样性危机的集体战略。它致力于在人与地方、社会与环境之间创造良性循环,通过创建新的社会模型来最大化其影响和规模。这些模型允许数量最多、种类最多的合作伙伴组织加入、加强和发展这项工作。这些模型在最广泛的意义上是可持续的:通过为土地所有者、投资者、居民、游客、我们的景观及其栖息地带来回报。

零排放项目包含两个要素:投资于自然资本、协作恢复项目②。

Revere 是投资于自然资本项目开发设施中的第一个项目。它由英国国家公园与 Palladium 合作创建,Palladium 是一家具有积极影响力的公司,在全球范围内与企业、政府、投资者和社区就自然恢复开展合作。2021 年启动了五个自然恢复试点,已确定通过 Revere 为英国国家公园的 2.39 亿英镑自然修复项目提供资金。

协作恢复项目寻求通过协作,最大限度地扩大自然恢复的规模和加快恢复

①　https://www.nationalparks.uk/national-parks-partnerships/.

②　https://www.nationalparks.uk/net-zero-with-nature/.

的速度。①协作恢复项目可能包括多个国家公园或多个国家公园与其他指定景观和组织合作，以恢复大片跨越边界的土地。②协作修复项目可能是与资助者和土地所有者共同创建的，专门针对一个国家公园。③协作恢复项目可能有助于利用公共资金支持国家公园内特定土地所有者团体的恢复项目。例如，通过在受保护景观中耕种、环境土地管理计划或彩票资助。

（3）与品牌合作

英国国家公园正在与宝马（BMW）英国公司合作开展自然充电项目，该项目于 2022 年 10 月宣布，为期三年。BMW 将通过 Recharge In Nature Fund 直接支持一系列当地主导的国家公园项目。在三年内，每个国家公园都将获得一笔赠款，用于包括生物多样性在内的一系列领域开展以影响为导向的项目。

（4）与私人资本合作

雅诗兰黛公司宣布投入 50 万英镑修复英国国家公园，公司成为创新自然修复设施的创始合作伙伴，旨在帮助资助英国所有 15 个国家公园的修复项目，资金用于英国国家公园内开发可扩展的项目，同时促进知识共享和学习。

（5）与公益组织合作

英国的国家公园和森林假期正在合作开展"国家公园未来"，这是一项为期 5 年的计划，将 2 万多名年轻人与大自然联系起来。目的是激励下一代关心和保护他们宝贵的国家公园，并通过在大自然中度过的时光来提高他们的幸福感。年轻人比以往任何时候都更需要在绿色空间度过时光。自 2019 年推出以来，"国家公园未来"已通过旗舰项目和英国旅游基金将 8500 多名年轻人与大自然联系起来。

3. 世界自然基金会综合保护发展项目

综合保护发展项目（Integrated Conservation and Development Projects，ICDP）最常被引用的定义最早是由 Wells 和 Brandon 提出的。ICDP 定义为将保护区的生物多样性保护与当地社会经济发展联系起来的项目[①]。这种联系意

---

① Duane Chapman. Management of national parks in developing countries：A proposal for an international park service［J］.Ecological Economics，2003，46（1）：1-7.

味着居住在保护区内或附近的当地人可以获得替代生计来源，从而减轻保护区资源的压力。

世界自然基金会在 20 世纪 80 年代中期首次引入了 ICDP。他们通常从外部获得资金，并由保护组织和发展机构在外部激励和发起。ICDP 通常与保护区相连，通常是国家公园通过利益共享促进经济发展。ICDP 试图通过多种方式使土著居民受益：通过旅游业的资金转移、创造就业机会和刺激农业生产力。

ICDP 的发起者通常是局外人，他们关注的是一个非同寻常的生物多样性地区的临近破坏。这些创建者或组织者通常是世界自然基金会（WWF）等非政府组织。最重要的一点是当地社区的保护成本由当地的利益补偿。换句话说，如果当地社区的基本需求得不到满足，如医疗保健、教育或卫生等，他们就很难体会到保护生物多样性的价值。保护区周边的社区往往是最边缘化、最缺乏基本需求的。如果这些需求得到满足，保护就有可能成为人民的优先事项。

（1）项目涉及的所有利益相关者

外国捐助者向非政府组织提供资金，后者将这笔资金分配给 ICDP。非政府组织利用当地社区的建议和国家机构的授权来规划 ICDP。最后，ICDP 的人员配备由当地社区、非政府组织和负责的国家机构提供[①]（图 3-2）。

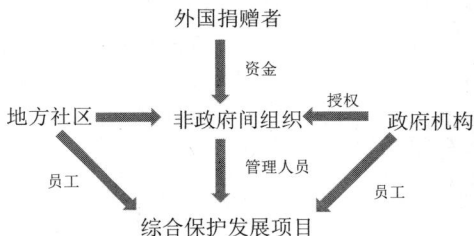

图 3-2　ICDP 行政组织架构

[①]　Smith，Emory. Integrated conservation and development projects（Icdps）：Characteristics of success and recommendations for implementation［J］. Honors Theses，2014：321.

（2）综合保护发展项目实践

通过提高公众意识和教育来促进自我保护的兴趣。例如，托莱多发展与环境研究所（TIDE）创建了一个外联方案，包括城镇会议和讨论、电台广播、儿童夏令营和家访，以便使当地社区参与保护工作。

利用公园入园费产生的收益造福居民或促进当地企业。在赞比亚的南卢安瓜河地区管理股（SLAMU），来自公园的野生动物收入的80%通过村行动小组（VAG）渠道，社区通过民主程序决定如何使用资金，并向整个社区（Simasikuetal，2008）分发季度报告。

4. 卢旺达国家公园旅游收入分享计划

卢旺达在2005年推出了一项旅游收入分享政策，以确保当地社区从国家公园旅游业中获得具体的实际利益，增强卢旺达发展局与当地社区之间的信任，并激励野生动物和国家公园的保护。旅游收入分享计划由卢旺达发展委员会推出，旨在与周围的社区分享旅游公园总收入的一定比例。

卢旺达最早的利益分享形式是一种非正式的模式，可以追溯到20世纪50年代，当时比利时人试图通过提供问题动物的肉来加强与国家野生动物保护区附近的当地社区的合作[①]。在接下来的50年里，福利分享计划在全国范围内不断发展。2004年，卢旺达旅游和国家公园办公室拨款4200万卢旺达法郎（约4万美元）。从2003年产生的收入中向三个国家公园周边地区捐赠75000美元，比例为：火山国家公园50%；阿卡格拉国家公园25%；牛溪国家公园25%。对于这笔拨款，各区办事处在其特定地区优先事项的指导下，牵头确定了哪些项目需要资助。

2005年10月，卢旺达政府正式制订了一项国家公园旅游收入分享计划，将三个国家公园产生的总收入的5%分配给公园周围地区的社区。

卢旺达政府于2015年创建其第四个国家公园——吉什瓦蒂—穆库拉国家公园时，扩大了分享计划政策，将这些新的国家公园纳入国家公园旅游收入分

---

① Snyman Susan（Sue）. Fitzgerald kathleen，bakteeva anastasiya，ngoga telesphore，mugabukomeye benjamin，benefit-sharing from protected area tourism：A 15-year review of the Rwanda tourism revenue sharing programme［J］. Frontiers in Sustainable Tourism，2023：1.

享计划。卢旺达发展委员会还在 2017 年改变了国家公园旅游收入分享计划政策，将火山国家公园山地大猩猩徒步旅行许可费从 750 美元提高到 1500 美元。总体而言，在影响范围内，国家公园旅游收入分享计划覆盖了四个国家公园周围的 51 个区，总人口为 140 万，其中牛溪国家公园（53.8 万）人口最多，其次是火山国家公园（33 万）、阿卡格拉国家公园（32.4 万）、吉什瓦蒂—穆库拉国家公园（2.1 万）。

卢旺达国家公园旅游收入分享计划有 70% 以上投资于社会基础设施项目，其余部分投资于以社区为基础的企业和项目[①]。所支持的一些社会基础设施项目包括社区商业综合体、对当地社区发展的贡献、156 间教室、110 个雨水储罐、医疗中心以及桥梁和道路维修。已获得资助的社区项目包括分发 150 头牛、1344 只羊以及养蜂和农业项目。

卢旺达国家公园旅游收入分享计划的分发要求受益人在当地社区协会中组织起来，以达到问责制和管理的目的。这些社区组织的会员和参与者都需要每年缴纳 5~20 美元的会员费。

（四）各国国家公园经营机制总结

1. 公益化为主的多元经营目标

公益性应是国家公园最基本的属性特征。主要体现在以下几个方面。

一是为公众利益而设。

二是对公众低廉收费。为了让全体人民享受国家公园，体现国家公园公共产品的特性，低廉的门票或者免费是必需的。如美国有 2/3 的国家公园是免费的，收费的门票价格也相对低廉，价格占人均月收入比例一般不超过 1%，并且公园管理局绝不允许下达创收指标。这充分体现了国家公园的社会公益性。

三是使公众受到教育。美国、英国的国家公园在公众教育方面有明确要求。美国更要求以讲解作为国民教育的主要手段，并将其写入国家公园规划

---

① Ian E Munanura, Kenneth F Backman, Jeffrey C Hallo, et al. Perceptions of tourism revenue sharing impacts on Volcanoes National Park, Rwanda: A Sustainable Livelihoods framework [J]. Journal of Sustainable Tourism, 2016.

中。规划制定讲解和教育方案，建立完善的教育展示系统，通过宣传资料、解释标牌、自助语音系统和导游等方式为游人提供各种机会去了解和欣赏公园及其内涵并使游人从中得到启发，理解公园和园内资源的重要意义，并通过推动个人监管理念的发展，加强公众对保护园内资源的支持。

四是让公众积极参与。国家公园的公益性还体现在公众的大力参与。2012年，美国国家公园系统大约有 22.1 万名公园志愿者（VIPS）贡献了约 640 万小时来协助国家公园工作。公众的积极参与加深了社会对国家公园的理解与支持，使国家公园的公益性具有更好的社会基础。

2. 以政府为主的多样化经营主体

对国家公园的经营首先是政府，政府部门在国家公园经营过程中承担着宏观规划、资金支持等作用，同时向游客和社会公众提供各项公共服务，主要是教育与讲解服务和设施服务等。

非政府机构对政府机构起到很好的补充作用。澳大利亚大自然保护协会、澳大利亚野生动物保护协会、澳大利亚布什遗产协会和自然信托基金等非营利性非政府组织在澳大利亚私人拥有的土地面积仅次于美国，约有 5 万平方公里。澳大利亚非官方机构通过捐献的资金、露营、生态旅游等收入，对其拥有的土地进行经营。

得到国家公园管理机构的特许经营者是国家公园商业经营的主体。他们为游客提供必要及适当的商业服务，是国家公园经营中不可或缺的一部分。

当地居民在国家公园的经营中扮演着重要的角色。英国的国家公园内农场占据相当大的面积，且大多为当地农户私人所有[①]，国家鼓励这些农户继续保留这种原生传统的农场文化，一方面保证自然生态环境的存续，巩固环境承载力；另一方面为乡村旅游提供经济动力，如向公众开放的农场步行道，为城市居民提供手工作坊体验以及特色农产品的供应皆可以为当地农户带来良好的经济收益，为社区发展注入活力。

---

① 周武忠，徐媛媛，周之澄. 国外国家公园管理模式［J］. 上海交通大学学报，2014，48（8）：1205-1212.

3. 特许经营体制

特许经营制度从美国国家公园建立之初就开始实施，既有利于保护自然资源，维持生物物种多样性稳定性，促进环境可持续发展，又有利于提升政府生态保护效率，促进资源配置利用、环境产业升级，提高公众体验质量，使经营管理服务更高效，推动国家公园的科学运营①。通过特许经营，充分体现资源保护、管理、监督由政府承担，经营由第三方提供的政企、事企分开的模式。

官方管理机构作为管理者是国家公园的管家或服务员，不能将管理的自然资源作为生产要素营利，不直接参与国家公园的营利活动，管理者自身的收益只能来自政府提供的岗位工资。

国家公园的门票等收入直接上缴国库，采取收支两条线，其他经营性资产采取特许经营或委托经营方式，允许私营机构采用竞标的方式，缴纳一定数目的特许经营费，以获得在公园内开展餐饮、住宿、河流运营、纪念品商店等旅游配套服务的权利，当地社区可优先参与国家公园的特许经营。

（五）中国的国家文化公园经营机制

1. 中国国家文化公园现有经营实践

（1）设立国家文化公园旅游发展基金

2018 年，江苏省率先成立大运河文化旅游发展基金（有限合伙）用于推动大运河文化带和国家文化公园建设。基金由江苏省文化投资管理集团筹建和运营管理，现已构建我国首个"1 只母基金 +11 只区域子基金 +9 只行业子基金"的大运河母子基金体系②，母基金主要围绕大运河示范、标志性项目，以重大项目为牵引，发挥基金的引导示范作用，分别与宿迁、淮安、南通等子基金共同开展项目走访与考察，对皂河古镇、南通唐闸、盱眙第一山等大运河重点项目进行方案设计。子基金新增项目投资 8 个，新增投资金额 1.611 亿元，

---

① 马洪艳，童光法 . 国家公园特许经营制度存在的问题及对策［J］. 北京农学院学报，2020，35（4）：97-101.

② 宋柏霖 . 江苏运河发展基金 170 亿"金融活水"为千年运河赋能新动力［EB/OL］.（20210-09-21）. http://cppcc.china.com.cn/2021-09/29/content_77781748.htm.

母子基金已投项目累计达到 12 个，投资金额 2.95 亿元，涉及文旅规划、文物修复、历史街区打造、影视制作、内容生产、文旅服务、文化消费、体育赛事、数字营销等项目。

（2）与企业进行战略性合作

河北迁安在长城国家文化公园的建设中依托白羊峪、大龙庙、教场沟等优质旅游资源，与中信旅游集团、中旅风景公司、唐山文旅集团等成功签订战略合作框架协议，共同打造中国长城民宿集群、国家研学基地和康养度假基地。苏州在长江国家文化公园建设中注重将社会效益与经济效益相结合、将平台建设与品牌建设相结合、将招商引资与骨干企业培育相结合。苏州以"长江文化节"和"长江文化艺术产品"为抓手，着力打造一批以数字文化产业为特色的省级、国家级文化产业示范园区和长三角区域知名的文旅消费集聚平台；积极与头部平台合作，着力打造全国首个"长江经济带文旅特色产品直播基地"，使苏州成为长江经济带沿线各城市各类文旅特色产品的线上集散地；大力引进视频直播、元宇宙创新科技、时尚设计、演艺娱乐、健身休闲等领域的国内外知名的消费类品牌项目，充分发挥头部内容资源的引流作用。

（3）以非政府机构形式成立志愿者联盟

2019 年，镇江在全国率先成立市大运河文化带建设志愿者联盟。整合全民公益力量，以志愿从事大运河保护的志愿服务民间团队为主体，下设文物保护、文化传承、环境保护、航运服务等 20 支志愿者分队，成员达到 1 万余名，"织"出一张志愿服务网，参与人数超 5 万人次。

2. 中国国家文化公园未来发展方向

2021 年 8 月，国家文化公园建设工作领导小组印发《长城国家文化公园建设保护规划》《大运河国家文化公园建设保护规划》《长征国家文化公园建设保护规划》，规划综合考虑文物和文化资源的整体布局、禀赋差异及保护管理需求等情况，重点建设管控保护、主题展示、文旅融合、传统利用四类主体功能区。本研究拟从四类主体功能区的角度，以各主体功能区所承担功能特征的不同，提出 3 种不同的国家文化公园经营方式。

（1）讲解教育为主的官方公益经营

管控保护区，要求由文物保护单位保护范围、世界文化遗产区及新发现发掘文物遗存临时保护区组成，对文物本体及环境实施严格保护和管控，对濒危文物实施封闭管理，建设保护第一、传承优先的样板区。在此区域内由国家文化公园官方管理机构经营，着重对国家文化公园内文化遗产进行保护，留存具有代表性的有形无形文化遗产，以更好地传承中华优秀传统文化。另外，可招募志愿者或与公益组织、高校等机构合作，提供讲解、教育等公益性服务，增强国家文化公园的文化传承、传播属性，体现国家文化公园社会价值，更好地将发展成果由人民共享。

（2）注重文化属性和游客需求的特许经营

主题展示区，包括核心展示园、集中展示带、特色展示点 3 种形态。核心展示园由开放参观游览、地理位置和交通条件相对便利的国家级文物和文化资源及周边区域组成，是参观游览和文化体验的主体区。集中展示带以核心展示园为基点，以相应的省、市、县级文物资源为分支，汇集形成文化载体密集地带，整体保护利用和系统开发提升。特色展示点布局分散但具有特殊文化意义和体验价值，可满足分众化参观游览体验。

此区域发展市场化运营项目，包括住宿、餐饮、休闲度假产品、商业、特色小镇等。对于市场化经营的项目，特许经营标准的设立主要突出符合公园建立目标，不会对公园保护造成不良冲突或影响，在外观、规模等方面与公园建设相和谐，具有较高品质等要求。

国家文化公园内的经营性项目根据业务特点可分为两大类：一类是长期的、固定类经营项目，如住宿、餐饮、商业、景区等；一类是短期的、活动类项目，如在国家文化公园大的区域范围内开展的活动，如马拉松赛事、文旅节庆活动、摄影活动、徒步活动等。针对这两类活动的特点，可采取不同的特许授权形式。对于固定经营项目，可采用特许经营形式。但对于经营企业提供的商业服务，需要强调服务于文化公园的使命和游客服务功能，需要能够适合游客需求，为其带来良好的体验和享受，应该能可持续运行且不会对文化公园的资源保护造成任何不可逆的影响，同时特许经营权的有效期可以相对较长，可以 5 年为一个周期。对于活动类项目，可通过商业使用授权形式。商业使用授权是针对企业、个人、团体等多主体使用公园内的公共区域开展各类活动的授权。商业使用授权的有效期相对较短，可以月为周期，不超过 1 年。

（3）多样化经营

文旅融合区由主题展示区及其周边就近就便和可看可览的历史文化、自然生态、现代文旅优质资源组成，重点利用文物和文化资源外溢辐射效应，建设文化旅游深度融合发展示范区。传统利用区是城乡居民和企事业单位、社团组织的传统生活生产区域，合理保存传统文化生态，适度发展文化旅游、特色生态产业，适当控制生产经营活动，逐步疏导不符合建设规划要求的设施、项目等。此两区应充分引进社会资本，统筹国家文化公园域内原有资源，发挥旅游业经济带动作用。并且加强对文旅市场秩序的监管，促进旅游经济高质量发展，着力提升旅游服务质量，为市民和游客营造好放心、安心、舒心的出行环境和高质量的旅游体验。

四、国家文化公园可持续利用机制的国际比较

国家文化公园的"科学保护、世代传承、合理利用"，需要充分考虑政府、管理者、经营者、社区居民、游客和公众各自的利益诉求，构建可持续的资源利用机制。本章通过探讨美国、澳大利亚、英国、日本等国国家公园的立法体系、资金渠道、监督监管、信息共享机制、游客管理机制、社区参与机制等内容，比较国外国家公园的游客管理模式和旅游环境影响评估方法，如游憩承载能力（RCC）、游憩机会谱（ROS）、可接受的改变限度（LAC）、游客活动管理程序（VAMP）、游客影响管理（VIM）、基于游客体验与资源保护的管理（VERP）以及旅游最优化管理模式（TOMN）等的优缺点和适用情况，为中国国家文化公园可持续利用机制的构建提供经验和借鉴。通过分析国外国家公园案例，提出从管理机制、人才队伍、资金来源、公众参与、游客管理和营销宣传六个方面来构建中国国家文化公园的可持续利用机制。

（一）美国国家公园利用机制研究

美国是世界上第一个建立国家公园的国家，其开创性的遗产资源利用理念和完善的利用管理机制为后世各种规模、类型的国家（文化）公园的建设提供了参考。

1. 立法体系完善

美国国家公园在制度化发展的进程中，已经通过法治工具建立起了科学的管理体系架构，其法律管理体系主要由 5 部分组成，包括基本法、授权法、单行法、部门规章与其他相关的联邦法律。美国国家公园的基本法主要是指 1916 年颁布的《关于建立国家公园管理局及相关目的的法案》（*National Park Service Organic Act*，NPSOA）和 1970 年的《国家环境政策法》（*National Environmental Policy Act*，NEPA）。前者明确了国家公园建立的首要目的为"保护性原则"并新增了直属于美国内政部管理的专门负责国家公园综合性事务的最高行政机关"国家公园管理局"（NPS）。后者以法律形式确立了国家公园应以生态保护理念为管理原则[①]，并要求所有的规划建设项目都要运用系统的方法进行环境影响评价[②]。这两部法律是指导美国国家公园开发建设最基本和权威的文件，不仅以极高的法律位阶调和了国家公园横纵法律间可能存在的冲突，还以强制性的国家权威保障了国家公园多样性功能的发挥。

虽然 NPSOA 将公园管理统一为国家系统，但每个独立的国家公园也需要有各自的立法和管理系统。授权法是行政机关依据特定的法律授权或有立法权的国家机关的专门授权所进行的立法，这类法案大都是由国会的成文法或由总统签署而产生的行政令。通过这种方式，国会可以解决特定公园的具体目标和需求，而公园管理人员也必须根据总体国家制度以及公园自身的立法和政策来管理每个公园。1906 年出台的《古迹法》（*The Antiquities Act*）授权总统有权将"历史遗迹、历史性的和史前的构造物及其他具有历史和科学价值的物件"

---

① 王佳.美国国家公园立法体系分析［J］.经济研究导刊，2015，271（17）：296-297.

② 夏云娇，刘锦.美国国家公园的立法规制及其启示［J］.武汉理工大学学报（社会科学版），2019，32（4）：124-130.

等文化遗产的综合性保护一并纳入国家公园体系，标志着文化遗产受到了与自然景观同等的重视程度，也是遗产管理理念发展的一次进步。1970年国会通过的《一般授权法》（*The General Authorities Act*）规定了国家公园的准入标准、空间边界、重要性以及国家公园管理局的权力范围。授权法的存在使得国家公园的法律体系更具有针对性，并可以满足国家公园持续开放和长久保护不同性质资源的要求①。

　　除了这些专门针对国家公园系统的国会法案外，许多单行法、部门规章和其他相关联邦法律所施加的要求也可能会影响国家公园管理局的管理决策。这些法规包括《特许经营政策法》《荒野法》《国家自然与风景河流法》《国家步道系统法》和《公园、景观廊道及娱乐区研究法案》等。单行法有效地补充了国家公园法律体系的立法空白，将法律政策直接运用到实体建设项目上，具有相当重要的地位②。总的来说，美国国家公园的法律体系不仅立法层次高、体系完整，内容详全③，而且兼顾自然与文化遗产的保护与可持续利用，具有与时俱进的强大生命力。

2. 资金来源多样

　　美国国家公园运转的资金来源主要有三方，分别为财政拨款、营运收入和社会性捐赠。其中，财政拨款是维持国家公园资金链最主要的途径，约有70%的费用是由联邦财政经费所提供④，以保障美国国家公园的稳定运行。同时，国家公园的运营拨款也是联邦财政预算中的优先项，多类专项和非专项的资金发放用于国家公园的资源管理、游客服务、设施维修和保护、公园支持服务等内容。

　　特许经营体制是国家公园管理与经营分离的成功尝试，也是实现国家公园"自给自足"的营运性收入中成效最为显著的模式。所谓的特许经营即将公园的餐饮、住宿等旅游服务设施向社会公开招标征求经营者，除上缴国家公园管

---

①　杨雨凡. 美国国家公园体制的构建及其启示［D］. 南京：东南大学，2020.
②　张兴. 国家公园立法体系建设的美国经验与启示［J］. 自然资源情报，2022（5）：1-7.
③　周武忠. 国外国家公园法律法规梳理研究［J］. 中国名城，2014（2）：39-46.
④　王辉、孙静. 美国国家公园管理体制进展研究［J］. 辽宁师范大学学报（社会科学版），2015，38（1）：44-48.

理局留成部分外必须全部用于改善公园管理[①]。NPS 已经在超过 100 处管辖地拥有 500 余份特许经营合同，经营范围主要是为游客提供食物、交通、住宿、购物以及其他服务[②]。美国国家公园的特许经营是一种政企、事企分开的模式，并且具有明显的非营利性、非垄断性、项目制和监督信息公开透明等特征[③]。特许经营制度的实施与推广能在有效扩展国家公园资金来源的前提下，规避市场化投资所带来的重经济效益、轻资源保护的弊端，充分发挥了政府监督的可靠性和市场效率的灵活性。

除此之外，社会性捐赠在美国国家公园的资金体系中也占有较大的比例。随着民间团体的兴起，越来越多的非官方组织和个人通过售卖图书、游说议员、游行集会、直接捐款等方式帮助国家公园开展各种教育和维修项目。NPS 现已与超过 150 个非营利组织建立起了伙伴关系，这些组织在贡献时间和专业知识的同时，每年还为全国范围内的国家公园提供超过 5000 万美元的捐赠支持。国家公园基金会（National Park Foundation）是 NPS 重要的非营利伙伴之一，该组织是由国会特批所成立的国家公园管理局的私募机构，由美国内政部部长担任董事会主席、国家公园管理局局长担任财政部主管。该基金的董事会则是各行各业杰出人士的代表，共同协助此基金的募捐活动[④]。NPS 旗下还有超过 70 个合作社（cooperating associations），其主要职责是帮助开发、管理、经营国家公园内的书店、出售相关纪念品等，每年可为 NPS 提供约 7500 万美元资金的支持[⑤]。

3. 分区定位异化

美国国家公园秉持着分区制的管理理念，经历了由"松散分区"到"土

---

① 吴文智，赵磊.美国公共景区政府规制经验评价及对我国的启示［J］.管理现代化，2013（2）：126-128，125.

② 张利明.美国国家公园资金保障机制概述——以 2019 财年预算草案为例［J］.林业经济，2018，40（7）：71-75.

③ 张晓.对风景名胜区和自然保护区实行特许经营的讨论［J］.中国园林，2006（8）：42-46.

④ 杨雨凡.美国国家公园体制的构建及其启示［D］.南京：东南大学，2020.

⑤ 张利明.美国国家公园资金保障机制概述——以 2019 财年预算草案为例［J］.林业经济，2018，40（7）：71-75.

地分类"再到"管理政策"三个阶段的演变①。在国家公园建设初期,并没有形成明确的分区制度,但在黄石国家公园的实际建设中,管理者已经有意识地将园区整体划分为"发展和特别区域"②。其中,"特别区域"是保护区,包括"圣地区域""研究区域""荒野区域"。而"发展区域"则为建设区,是游客中心、宾馆等设施的所在地③。

1967年,美国发布"行政管理政策汇编"(Compilation of the Administrative Policies),从游憩活动强度的角度将国家公园内的区域划分为高密度游憩区、综合户外游憩区、自然环境区、显著自然区、原始区和历史与文化区。"土地分类"(Land Classification)实际上成了国家公园基本政策文件层面规定的首个分区制度④。1978年,NPS将"土地分类"改称为"管理政策"(Management Policies),将6类土地利用类型简化为自然、历史、公园发展、特别利用4个基本分区⑤,并在基本分区的基础上下设更为细致的功能小区。但在2006年最新版的"管理政策"(Management Policies 2006)中,管理分区的具体分类被删去,仅表示"管理分区将概述(或描述)适当用途的标准以及支持这些条件所需的设施,管理区的划定将说明在预期的资源条件、游客体验和管理活动方面存在的差异"。此外,对于国家公园园区外的相关土地,NPS可通过"部分购买法"获得管理权,或是在界外建立新公园——"绿线公园",通过区域规划来协调配合国家公园的保护与利用⑥。

国家公园的分区制能使国家公园内大部分景观资源和土地保持其原生状

---

① 顾一岳,熊和平.美国国家公园分区制度演变及启示[J].华中建筑,2023,41(1):104-108.

② DIL SAVER L M. America's National Park System:The Critical Documents[M].2nd ed. Lanham:Rowman & Littlefield,2016.

③ Yellowstone National Park. Master Plan(1932-1965),Yellowstone National Park. https://www. mtmemory.org/nodes/view/12992.

④ SELLARS R W. Preser ving Nature in the National Parks:A History[M]. New Haven:Yale University Press,1997.

⑤ SELLARS R W. Preser ving Nature in the National Parks:A History[M]. New Haven:Yale University Press,1997.

⑥ 王丽.国外公共旅游资源管理经验对我国风景名胜区的启示——以美国国家公园为例[J]. 无锡商业职业技术学院学报,2013,13(1):30-33,58.

态，并且把人工的开发利用和游憩所带来的环境影响限制在最小范围以内。对于需要承担游憩功能的国家公园，科学且合理的功能分区能够同时实现资源保护和提供丰富游憩体验的两种需求①。

4. 参与主体多元

1969年，美国《国家环境政策法》及其实施条例开创了公众参与机制的先河②，国家公园的公众参与是指不同事务或领域的公众，通过行使自身的知情权、参政议政权、民主监督和行政监管等权利，参与国家公园管理局的管理和其他决策过程的一种具体的、积极的参与行为。NPS历来重视公众参与，国家公园管理局需要公示所有与公园规划和环境测评相关的文件，且只有通过公众讨论的规划才能予以实施③。与此同时，NPS还构建了一个集信息公开与收集、反馈为一身的信息交互平台"规划、环境和公众评议网（PEPC）"。工作人员需在该网站张贴待审查的对外公开及对内传阅文件，收集、分析并回复内外部的评论，公众可以在PEPC网上看到所有与国家公园管理规划和《国家环境政策法》（NEPA）有关的信息，可以在网页上直接留言评论④。公众参与机制的建立一方面可以通过与广大民众建立长期的合作关系让其了解国家公园规划管理的全过程及各项具体措施，提升市民的责任感和支持度，另一方面也有助于形成对国家资源管理的广泛投资⑤。

此外，美国国家公园的志愿者服务体系也已成为美国国家公园管理中浓墨重彩的一笔。作为国家公园内的非正式员工，所有年龄段的志愿者将根据个人专业知识和时间安排，无偿完成国家公园管理局的志愿者项目⑥。1969年

---

① 王瑞馨.美国国家公园访客中心空间分布和功能体系研究［D］.南京：东南大学，2020.

② 王伟.公众参与在美国国家公园规划中的应用［J］.中国环境管理干部学院学报，2018，28（5）：20-23，89.

③ 顾越天，张云路，李雄.美国国家公园建设与管理经验对我国的启示［J］.中国城市林业，2020，18（5）：61-65.

④ 张振威，杨锐.美国国家公园管理规划的公众参与制度［J］.中国园林，2015，31（2）：23-27.

⑤ 李云，唐芳林，孙鸿雁，等.美国国家公园规划体系的借鉴［J］.林业建设，2019，209（5）：6-12.

⑥ 王辉，刘小宇，郭建科，等.美国国家公园志愿者服务及机制——以海峡群岛国家公园为例［J］.地理研究，2016，35（6）：1193-1202.

国家公园管理局颁布《公园志愿者法》，授权国家公园管理局主办"国家公园志愿者计划"（volunteers-in-parks，VIP）和"国际志愿者计划"（international volunteers-in-parks，IVIP）[①]，旨在利用社会力量，保护国家公园中的自然与文化资源，推动环境教育工作，实现国家公园生物多样性和可持续发展目标[②]。在此基础上，NPS 还和个体公园单位、相关环保组织（如 NGO）以及高校联合形成国家公园志愿服务网络，并与非营利组织等伙伴合作建立"合作志愿者计划（cocoordinated volunteer programs）"，实现引导公众热爱国家公园和全民参与国家公园建设的机制[③]。

（二）澳大利亚国家公园利用机制研究

澳大利亚长期重视对生态、物种和景观资源的保护，在继美国的黄石国家公园之后，于 1879 年成立了世界上第二个国家公园——皇家国家公园。作为国家公园体制建设的先行者和推动者，澳大利亚在国家公园的权属管理、融资模式和社区共管方面表现突出，形成了独具特色的发展利用机制。

1. 权属管理

澳大利亚国家公园的管理体系属于典型的属地自制，这是由其国家公园设立的初衷和国家基本行政结构所共同决定的。属地自治管理模式是指中央政府将对国家公园的管治权限下放给各地区或各领地的属地管理部门，中央政府主要扮演对外沟通交流及内部引导协调的角色，属地管理部门对当地国家公园的立法、规划、决策和执行有自主权和决定权[④]。

澳大利亚联邦政府在环境部设立公园管理局（Director of National Parks，DNP），负责全澳境内 6 个国家公园、60 个海洋公园和澳大利亚国家植物园的

---

① The Senate and House of Representatives of the United States of America. Public Law 91-357［EB/OL］. https://www. gpo. gov/fdsys/pkg/STATUTE-84/pdf/STATUTE-84-Pg472. pdf.

② 郭娜，蔡君. 美国国家公园合作志愿者计划管理探讨——以约塞米蒂国家公园为例［J］. 北京林业大学学报（社会科学版），2017，16（4）：27-33.

③ 陈飞. 美国国家公园规划与管理对中国风景名胜区的启示——以兰格尔—圣伊莱亚斯国家公园暨保护区为例［J］. 现代商贸工业，2009，21（10）：58-59.

④ 周武忠，徐媛媛，周之澄. 国家公园管理模式研究综述与评介［C］// 人民出版社. 设计学研究·2014. 人民出版社，2015：258-273.

管理，其余被各州认定的国家公园则由其所在属地进行管辖与治理。虽然各州的区域面积、资源禀赋、管理方式和国家公园的审核标准、流程等不尽相同，但他们都遵循以自然保护为宗旨的核心目标，对国家公园在立法、监管和营销方面做出了因地制宜的创新性贡献，包括实行严格的许可证制度、游客量调控制度、环境影响监测和评价制度[1]；采用扁平化的管理机构层级、公开招聘国家公园公务员编制以及发挥非政府、非营利性环保组织的作用[2]等。与国家公园权属相配套的是澳大利亚自然与文化遗产的规制权，与国家公园的地方自治类似，其自然与文化遗产的规制权也由地方享有。各州政府依照本州的法律法规享其境内的国家公园以及其他自然保护区的规制权，最高决策机构是由联邦政府及州政府中的自然保护相关部门的部长、厅长所组成的自然保护部长理事会[3]。

属地自治的权属管理方式一方面可以最大限度地发挥各州国家公园的营运优势，给予其灵活发展的空间和机会，另一方面也能帮助联邦公园管理局吸纳地方治理经验，对外打造统一的国家公园宣传形象，为澳大利亚国家公园的可持续发展提供了全方位的支撑和保障。

2. 旅游营销

在澳大利亚的整个国民经济体系中，旅游业与制造业、农牧业一起构成了拉动澳大利亚经济发展的"三驾马车"，而大量的旅游活动都发生在国家公园及其周边地区。因此，澳大利亚非常重视对国家公园的旅游营销宣传和品牌形象打造。

澳大利亚在全国范围内普遍推行"自然和生态旅游认定计划"（Nature and Ecotourism Accreditation Programme，NEAP）。作为世界首创的认证制度，该计划将涉及自然景观的旅游活动依照特定的标准划分为"自然旅游、生态旅游和高级生态旅游"，取得相应头衔的合格产品在三年内可以拥有 NEAP 的认证

---

[1] 温战强，高尚仁，郑光美．澳大利亚保护地管理及其对中国的启示［J］．林业资源管理，2008（6）：117-124．

[2] 李永乐，张雷，陈远生．澳大利亚可持续旅游发展举措及其启示［J］．改革与战略，2007，163（3）：35-38．

[3] 汤自军．自然文化遗产产权制度的国外启示——以澳大利亚为例［J］．中国集体经济，2011（28）：195-196．

标志，以此推出统一的生态旅游品牌并彰显旅游产品的可靠质量。作为 NEAP 的补充举措，澳大利亚生态旅游协会还推出了生态导游计划，提供了一个生态旅游导游的认证方案，NEAP 对在其各种产品中雇用合格生态导游的经营者给予奖励[①]。除此之外，对于参观国家公园的游客，澳大利亚及各州旅游局通过多样化的渠道展示宣传其自身的优势和特色，包括展示、解说和互动体验。澳大利亚弗雷泽国家公园接待处专门配备电脑供游人随时查阅和欣赏；每一处酒店大堂均有当地国家公园的免费宣传品[②]。国家公园管理局对一些重要的生态活动和趣味的物种行为进行直播，比如观众可通过电子设备在国家公园的官网上观看到世界著名的红蟹产卵过程。国家公园管理局还与 Tourism NT、谷歌合作，在乌鲁鲁·卡塔丘塔国家公园推出了称为"谷歌游客"的虚拟浏览活动，包括"虚拟漫步"和"故事会"等项目，让观众可以通过 VR、AR、声光电影片参观游览并欣赏传统歌曲和故事[③]。

打造澳大利亚国家公园形象最成功的经典案例是大堡礁国家公园面向全球招募的"世界上最好的工作"。2009 年，澳大利亚昆士兰旅游局公开招聘在汉密尔顿岛工作的看护员。借助 Youtube 在全球范围巨大的影响力，这一极具诱惑力的营销实现了高讨论度、高热度的口碑和"病毒式"的传播。2013 年，澳大利亚旅游局再一次启动"Best Jobs in the World"活动，并由上一任"岛主"担任宣传大使。这种借助社交网络所开展的营销活动成本低廉收效巨大，而且始终以传递人与自然和谐共生，传递游客与当地居民、环境友好共处的理念为目标，不仅能获得经济与社会效益的双丰收，还能从整体上传递整个澳大利亚的旅游品牌和形象，对于提升国家公园的声誉将产生积极的影响。

3. 社区共管

公众参与在环境影响评价中占有举足轻重的地位，也是推动国家公园高质

---

① 李永乐，张雷，陈远生. 澳大利亚可持续旅游发展举措及其启示［J］. 改革与战略，2007（3）：35-38.

② 刘莹菲. 澳大利亚国家公园管理特点及对我国森林旅游业的启示［J］. 林业经济，2003（12）：47-48.

③ 曾以禹，王丽，郭晔，等. 澳大利亚国家公园管理现状及启示［J］. 世界林业研究，2019，32（4）：92-96.

量发展的重要路径。澳大利亚国家公园管理局创造性地提出了"联合管理"的指导性管理原则，以平衡原住民利益和国家公园的开发效益。"联合管理"是指国家公园所划定区域范围中的原住民与国家公园管理局或管理委员会在指定法律程序的安排下，对国家公园内的相关事务进行合作管理的一种社区联合管理模式①。依据土地权属、管理委员会结构以及土地租赁机制等的不同，又可将"联合管理"的具体实践划分为三种类型，分别为古里格国家公园模式、乌鲁鲁•卡塔丘塔国家公园模式和维吉拉国家公园模式②。其中，应用较为广泛的是乌鲁鲁•卡塔丘塔国家公园模式。该模式下，国家公园的所有权归原住民所有，但原住民须将土地回租予 DNP 建设使用。国家公园管理局将建立了一个以原住民为主的管理委员会，并通过大量聘用原住民的方式向其提供就业机会。DNP 还在国家公园中设立原住民学员培养岗位，接受培养的原住民完成中等教育课程，获得国家认可的保护和公园管理培训证书后持证上岗③，以此来推动原住民参与国家公园事务的决策和管理。同时，特许经营政策也将向原住民倾斜，他们将拥有优先成为受许人并开展工艺品生产与售卖、农家乐、文化解说服务等的权利④。

随着社区共管理念的不断演进，澳大利亚国家公园中产生了一种更为民主也更加尊重原住民是否建立伙伴关系意愿的管理模式——"土著保护区（IPA）"。在 IPA 内，原住民不仅拥有土地的产权，而且可以选择政府参与管理的程度以及旅游发展的程度⑤。IPA 概念的提出强化了原住民与国家公园地方文化的传承联结度，有利于自然与文化景观遗产真实性和完整性的保护，为推动国家公园的可持续利用提供了新的思路。

---

① 澳大利亚公园（https://parksaustralia.gov.au/）.

② 侯艺，许先升，陈有锦，等.澳大利亚国家公园社区共管模式与经验借鉴［J］.世界林业研究，2021，34（1）：107-112.

③ 曾以禹，王丽，郭晔，等.澳大利亚国家公园管理现状及启示［J］.世界林业研究，2019，32（4）：92-96.

④ 周瑞原，宿海颖，秦涛.国家公园融资机制国际经验与启示——以美国、澳大利亚、日本、德国为例［J］.世界林业研究，2022，35（3）：93-98.

⑤ 侯艺，许先升，陈有锦，等.澳大利亚国家公园社区共管模式与经验借鉴［J］.世界林业研究，2021，34（1）：107-112.

（三）英国国家公园利用机制研究

英国是世界上第一个完成工业化的国家，但工业革命也使英国的环境遭受了重创。在这样的背景下，英国开展了国家公园的建设，旨在保护自然美景、野生生物和文化遗产，并为公众接触公园的独特景观提供机会。英国国家公园属于半乡村型国家公园，内部除自然景观外还有大量文化遗产和居民，这与我国国家文化公园的本底条件和自然文化双重属性具有相似之处[①]。因此，深入研究英国国家公园的利用机制，将对我国国家文化公园的建设带来有益的参考价值。

1. 综合型协作共管

英国国家公园的管理模式介于美国的集中管理和澳大利亚的地方自治之间，是一种强调发挥中央政府、地方政府、科学家、社会组织和社区的积极性，共同参与管理的综合型协作治理方式。英国环境、食品和乡村事务部（DEFRA）对其境内的所有国家公园进行统一管理，主要职能为承担法律保障、提供财政支持和政策制定。英格兰自然署（Natural England）、苏格兰自然遗产部（Scottish Natural Heritage）、威尔士乡村委员会（Countryside Council of Wales）则协助国家公园管理局具体制定实施规划[②]。每个国家公园分设自身管理局（National Park Authority）为权力机构，扮演国家公园管理者的角色，负有编制规划、许可认证、管理游客等责任，为多个利益相关机构和群体提供交流和协作的平台[③]。当地居民在管理中承担保存自然遗产和原生文化、自发提供经济动力的作用[④]。与美国以荒野为主的国家公园不同，英国的国家公园中保留了大量的人造景观和牧场，因此国家公园鼓励保留这种原生传统的

---

① 赵烨，高翅.英国国家公园风景特质评价体系及其启示［J］.中国园林，2018，34（7）：29-35.

② 秦子薇，熊文琪，张玉钧.英国国家公园公众参与机制建设经验及启示［J］.世界林业研究，2020，33（2）：95-100.

③ 王应临，杨锐，埃卡特·兰格.英国国家公园管理体系评述［J］.中国园林，2013，29（9）：11-19.

④ 周武忠，徐媛媛，周之澄.国家公园管理模式研究综述与评介［C］//人民出版社.设计学研究·2014.人民出版社，2015：258-273.

共牧农场文化，并在此基础上开展环境容量允许下的旅游活动。同时，原住民所拥有的宝贵地方知识（Local Knowledge）也将在授权后为国家公园的生态保护发挥积极作用。非政府组织可依法参与国家公园的规划制定与实施，在管理中承担维护公众利益和运作监督的作用①。

这种管理模式一方面可以打破中央政府集权下对国家公园利用收益的独占，调和不同利益相关者之间的权益矛盾；另一方面可以实现多方管理力量之间的相互监督，有效兼顾景观保护与旅游开发之间的平衡。

2. 规划管控细致详尽

英国在国家公园的管理中始终倡导规划先行，其规划体系包括管理规划、核心战略及其他规划。管理规划是指制定国家公园的发展愿景和发展目标②；核心战略是对管理规划中核心内容的深化③，在于从空间角度落实国家公园管理规划；其他规划相当于专项规划，包含交通、旅游、住房、景观保护等，是管理规划及核心战略内容的补充④。

规划的编制、审查与管理由国家公园管理局所承担，这一流程最大的特点即为公众参与程度高。国家公园管理局需主动公开规划的编制内容，接受公众的质询和反馈意见，并在广泛吸纳各方建议的基础上进行修正。规划监察局将举行听证会和严格的内部审查与公示，直至消除全部的反对意见。在这一过程中，公民可行使选举权与被选举权出席委员会会议，直接参与国家公园的规划制定，或通过意见反馈渠道表达自己对规划征求稿的看法。此外，英格兰还提供一种规划援助计划（PAE），向社区团体和个人提供有关城镇和国家规划问题的免费咨询服务并给予专业建议，帮助公众更好地理解规划目的并表达其自身的诉求。

---

① 蔚东英. 国家公园管理体制的国别比较研究——以美国、加拿大、德国、英国、新西兰、南非、法国、俄罗斯、韩国、日本 10 个国家为例［J］. 南京林业大学学报（人文社会科学版），2017，17（3）：89-98.

② 景莉萍，廖劢. 英国国家公园内住宅建设管控政策研究［J］. 北京建筑大学学报，2021，37（3）：43-48.

③ 邓武功，程鹏，王全，等. 英国国家公园管理借鉴［J］. 城建档案，2019（3）：80-84.

④ Anfield J. Tourism management in the peak district National Park［J］. Tourism Reports，1991：99-114.

每个国家公园管理局除了每3~5年制定一次保护规划外，还专门与社区协商制定经济战略，明确调整产业结构、加强教育培训、吸引外来投资和加大基础设施建设的措施①。国家公园管理局还有依法制定国家公园管理计划书的义务。该计划书至少每五年重修一次，内容需涵盖国家公园的管理方案、保护与利用措施、法定代理以及可持续性评价（Sustainability Appraisal，SA）和战略性环境评估（European Directive on Strategic Environmental Assessment，SEA）等，以切实反映国家公园的建设情况。英国这种多层级、全方位、目的明、常更新、高公众参与的规划体系为开展国家公园项目奠定了良好的产业与空间基础，通过将管理计划设定为一个动态调节的过程，充分展现了对民众权利与意愿的尊重，有利于实现多主体合力支持下的国家公园持久发展。

3. 重视"伙伴关系"打造

注重公众参与是贯穿于英国国家公园建设中的一个重要理念，"合作伙伴（Partnership）"是公众参与国家公园事务管理的一种重要方式，它强调以合作为前提的利益共享和风险共担②。在英国，合作伙伴组织受到多项政策的保护和约束③，所有15个国家公园均成立了合作伙伴组织，并有6个国家公园用"合作伙伴规划"替代原来的"管理规划"④。作为从城市治理领域中衍生而来的公众参与方式，"合作伙伴"模式将国家公园范围内的各方发展诉求进行统一协调、统筹管理和相互制衡⑤。在土地管理方面，国家公园管理局与土地所有者签订公众进入协议，向游客提供封闭或限制地区的信息以及游憩活动所必需的空间场地和相关设施。在社区增权方面，国家公园管理局一方面直接向居民提供园区内的工作机会，并为在国家公园内工作的人提供经济适用房；另一方面还鼓励地方成立社区旅游组织，并且引进资金发展工商业以增加就业机

① 马洪波.英国国家公园的建设与管理及其启示［J］.青海环境，2017，27（1）：13-16.
② 贾康，孙洁.公私合作伙伴关系（PPP）的概念、起源与功能［J］.中国政府采购，2014（6）：12-21.
③ 曲凌雁."合作伙伴组织"政策的发展与创新——英国城市治理经验［J］.国际城市规划，2013，28（6）：73-81.
④ 张书杰，庄优波.英国国家公园合作伙伴管理模式研究——以苏格兰凯恩戈姆斯国家公园为例［J］.风景园林，2019，26（4）：28-32.
⑤ 邓武功，程鹏，王全，等.英国国家公园管理借鉴［J］.城建档案，2019（3）：80-84.

会。在自然保护方面，一些志愿团体、慈善团体、NGO，如自然的声音、森林信托、野生生物信托基金和皇家鸟类保护协会等相关慈善保护机构为国家公园内相应资源的保护提供了支持①。在商业发展方面，2019 年由发现英国基金会所资助的大型项目"在英国的国家公园里创造美好的回忆"的成果之一《英国国家公园体验集》中，就涉及了 9 个英国国家公园提出的 72 个成套可预订的旅游体验项目②。

"合作伙伴"模式具有强大的包容性，不仅能提高国家公园内资源配置的效率，还能践行全民共享共治的共同体理念。由于伙伴关系是建立在市场原则、利益认同之上的一种合作，因此这种合作可以激发社会各个阶层参与以及支持国家公园建设的积极性，带动大量的社会资本投入国家公园的治理之中，创造出巨大的整体效益，以实现国家公园可持续利用的长期愿景。

（四）日本国家公园利用机制研究

日本是亚洲最早设立国家公园的国家，其域内的国家公园也是其自然公园体系中设立时间最早、保护程度最高的一类。同时，日本在国家公园的人地比例、生态环境、资源属性和地缘文化等方面都与中国的国家文化公园相近。因此，对日本国家公园管理与利用方式的剖析将有助于我国国家文化公园体系建设的加速推进。

1. 管理体制与队伍

日本的自然公园体系中设置了三类公园，分别是国立公园、国定公园和都道府县自然公园，其中国立公园相当于国际意义上的国家公园。由于日本国家公园的土地权属复杂，其内还存有无法移除的农林水产等经济活动，因此日本国家公园采用"地域制"的管理机制，即在不考虑土地所有权和土地利用性质的情况下，由国家指定具有全国代表性风景、有必要对其人类活动采取限

---

① 王应临，杨锐，埃卡特·兰格.英国国家公园管理体系评述［J］.中国园林，2013，29（9）：11-19.

② 陈朋，徐清，方凯.发展历程视角下乡村振兴与国家公园融合机制研究——以英国为例［J］.南方农村，2022，38（1）：28-32.

制的区域进行保护和公共利用。该机制对于日本等已经实行高密度土地利用的国家非常有效，不仅尊重了国立公园的利用现状，还可以保护原始自然景观以及由人文景观和人类活动所形成的次生文化景观。日本的国家公园管理机构分为局、课、事务所三级，由环境省统领管理。自然环境局为国立公园的主管机关，包括公立公园课在内的 5 课。国立公园课下则有 11 个国立公园管理事务①。

日本国立公园的管理人才队伍完备且多样化，除了被称为"园林官"的法定机关工作人员之外，还有不具备执法权的自然保护官助理、自然公园顾问和公园志愿者。园林官是隶属环境省管辖的国家公务人员，其主要权责为审查、许可和授权在国立公园中进行的活动；制定公园分区规划；巡查公园内的保护管理情况；开发、升级、管理和运营公园内的游览活动；与非营利组织和居民合作，开展和促进自然恢复项目；美化和清洁业务；开展环境教育。环境省会雇用自然保护官助理来协助园林官进行国家公园巡逻、检查、自然观察和野外解说等工作，以丰富国家公园的场地管理工作队伍。在环境省注册的自然公园顾问通过参与保护动植物、垃圾清理、游客指导（事故预防）和信息分发等活动，帮助支持自然保护并确保资源的适当利用。而志愿者则负责协助美化环境的清理活动、参与自然调查，并帮助进行简单的游客设施维护和维修。这种正式与非正式交织的管理队伍不仅有效缓解了日本国立公园的用人紧张，而且普及和启发了国民的自然保护理念与意识，在社会层面对国家公园的可持续发展达成了广泛的共识。

2. 分区规划与管控

日本对国立公园的分区保护与利用并非自始有之。在国立公园设立初期，日本大力推广国立公园的景观游赏功能，附属设施的修建和旅游活动的开展对公园的自然环境造成了相当程度的破坏。在此背景下，日本开始转变对国立公园的利用理念，以兼顾生态保护、生物多样性存续和旅游利用为目标的分区规划和管控制度逐步完善。

---

① 日本环境省官网（https://www.env.go.jp/index.html）。

日本国立公园的规划主要包含两大分支（图3-3），分别为保护规划和商业规划①。保护规划是指通过规范公园内可以进行的活动来保护自然景观，以防止不受控制的开发和使用。此类规划以生态系统的维护为优，通过设立不同管控程度的保护区对无序的开发和利用加以限制。根据公园的地理分类，结合资源价值等级和旅游利用条件等标准，共确定了6类保护分区：特别保护区、1~3级特殊区域、海洋公园区和普通区域。其中，特别保护区是国立公园中最核心的、处于原始荒野状态的区域；1级特殊区域的现有景观资源必须得到最严格的极力保护；2级特殊区域可进行适当的农林牧副渔开发；3级特殊区域的环境保护必要性最低，可进行一般的商业化利用。海洋公园是针对海域生态的特殊保护范围，普通区域仅对进入时间和人数进行一定限制，起到景观的整体性保护和缓冲隔离作用②。

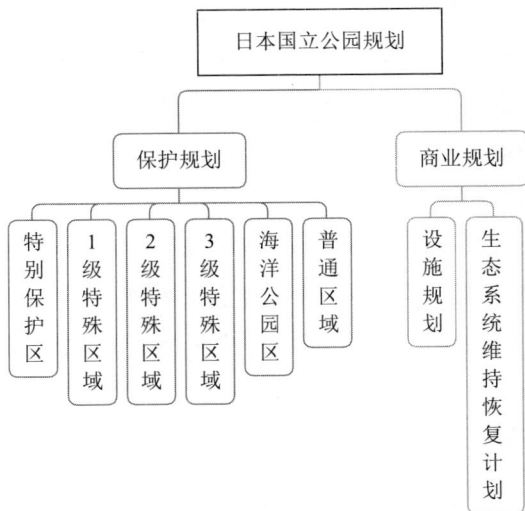

图3-3　日本国立公园规划

商业规划从国立公园整体出发，以保护公园景观及其元素、维护和恢复

---

① 日本国立公园官网（https://www.env.go.jp/park/about/history.html）。
② 马盟雨，李雄.日本国家公园建设发展与运营体制概况研究［J］.中国园林，2015，31（2）：32-35.

生态系统为目标，对园区内的各类型产业和附加开发设施进行合理配置[①]，包括设施规划、生态系统维持恢复计划两类。为合理利用公园资源、预防潜在危险，设施规划将对必要辅助设施的建设布局提出指导，用于恢复退化的自然环境。其中，园区道路、公共厕所、植被恢复等公共商业设施往往由国家或地方政府建设，而住宿场所、露营区域、停车场等营利性的事业设施则交由私营部门建设。生态系统维持恢复计划是一项通过预防性和适应性实施措施来维护和恢复优良自然景观的计划。其主要内容包括保护园内生态系统免遭外来物种和天敌大幅度增加导致的侵害或者当灾害发生时适当驱除外来物种、捕捉天敌，进而保护自然植被、珊瑚群等生态景观。

分区规划和管控制度的实施有利于明确国家公园中资源的可利用程度和方式，达到科学开发与资源保护平衡的目的。同时，分级分类的保护利用可细化管理部门的具体职能，落实监管权责，从空间上避免开发的无序化和同质化，推动国家公园利用管理向系统化、规范化和整体化演进。

3. 旅游利用与参与

和欧美以生态保护为初衷的国家公园不同，日本的国立公园自设立以来就带有强烈的"享用主义"色彩。在 1931 年颁布的《国立公园法》中，对国立公园的定义就已强调"公园可作为国民游憩、休养、保健、研究教育的场所，要对公园内具有保育与精神价值的资源予以完善保护留供后世子孙享用"[②]。而且在 2003 年，日本政府提出了"观光立国"的发展战略，并于 2016 年颁布了《观光立国推进基本法》，进一步明确了国立公园对日本发展观光旅游业的重要支撑作用。随后，日本环境省推出了"国家公园享受方案"。该方案以"最大的魅力就是自然"为理念，将日本的国家公园品牌化，开放国立公园的生态旅游并着力打造高品质、高附加值的国际旅游市场[③]。从微观层面来看，游客可在国立公园内进行登山、远足、滑雪、露营、划独木舟、浮潜、观鸟和自然

---

① 张玉钧. 日本国家公园的选定、规划与管理模式［C］//《风景园林》杂志社.2014 年中国公园协会成立 20 周年优秀文集，《风景园林》杂志社（Landscape Architecture Journal），2014：54-56.

② 徐国士，等. 国家公园概论［M］. 台北：明文书局股份有限公司，1997.

③ 任海，张宝秀，中冈裕章，等. 日本国家公园的制度建设、发展现状及启示［J］. 城市发展研究，2020，27（10）：71-77.

观察等活动，公园方面还会为这些项目的开展提供游客服务中心、人行道、厕所和展望台等设施支持。从宏观层面来看，环境省一方面利用财政资金不断完善更新国立公园内的旅游支持设施，另一方面与社会资本和民间团体进行广泛的合作，拓展旅游项目开发、引进高质量住宿设施、提升游客沉浸式生态体验，并开启国内外的推广活动。这一系列措施通过政企协调合作，打造了独具日本特色的国立公园观光旅游，标志着日本国立公园的可持续发展机制进入了新阶段[①]。

同时，日本禁止公园管理部门制订经济创收计划[②]。除部分世界文化遗产、历史文化古迹、园内额外的体验性开发项目实行收费制以外，日本国立公园均免费对游客开放参观。环境省和各级政府都会设立专项资金预算来维持公园的日常运营所需，其他融资渠道包括自筹、贷款、引资等，比如自然公园商业经营者上缴的管理费、地方财团的投资、国际观光收入等，而捐赠资金主要是依托基金会向社会募集[③]。

日本国立公园的旅游利用从国家战略层面得到重视，在多主体协同参与的基础上，兼具良好的经济效益和社会效益。通过充分利用国家公园中自然与人文景观的吸引力，开展生态旅游和国家公园休闲品牌的打造，传递人与自然和谐共生的价值理念。尤其是将当地的生活方式纳入考量，通过与各种团体和利益相关方合作来共同保护自然环境的运作方式，彰显了日本国立公园有别于世界上其他国家公园的特殊之处。

（五）国家（文化）公园的游客管理模式和旅游环境影响评估方法

国家公园的建立是为了保护生态环境，为民众提供一个亲近自然、享受自然的氛围与空间。但人类活动的开展将不可避免地对生态环境产生负面影响，这使得资源保护与开发利用间平衡性的矛盾在各国国家公园的建设中如影随

① 丁红卫，李莲莲.日本国家公园的管理与发展机制［J］.环境保护，2020，48（21）：66-71.

② 马盟雨，李雄.日本国家公园建设发展与运营体制概况研究［J］.中国园林，2015，31（2）：32-35.

③ 周瑞原，宿海颖，秦涛.国家公园融资机制国际经验与启示——以美国、澳大利亚、日本、德国为例［J］.世界林业研究，2022，35（3）：93-98.

形。为突破这一困境，专家学者们尝试对环境容量及其旅游承载力进行探索，基于管理理念提出对人的行为活动的规划，以期科学评估旅游活动对国家公园环境所造成的影响，据此指导国家公园采取合理的游客管理措施。

1. 游憩承载力

环境资源的有限性催生出"承载力"的概念，在 20 世纪 20 年代，这一概念从政治经济学衍生到了生态学领域，为后世所提出的可持续发展理论、公地悲剧的解决等奠定了理论基础。早在 20 世纪 30 年代，美国国家公园管理局就试图通过寻找荒野对人类活动的最大宽容点来管理游客容量。1964 年，Wagar 正式将游憩承载力（Recreation Carrying Capacity，RCC）定义为：在特定区域能够可持续地维持其旅游品质的旅游使用量。此后，学者们对该定义进行不断的补充与完善，从早期的重视环境和空间等自然资源方面的"可接受的改变"发展到强调旅游活动对当地居民和社区的广泛影响，建立了在生态环境、经济人文、社会心理以及管理设施等多方面的衡量尺度。

2. 游憩机会谱

随着对承载力研究的深入，越来越多的学者意识到，旅游环境容量并非一个简单的极值问题，外界条件的复杂多变决定了人与自然矛盾的调和需要以管理目标为导向。20 世纪 70 年代末，美国林务局基于游客体验需求的多样性，开发了一个兼顾旅游地资源和环境游憩供给能力的多目标框架"游憩机会谱"（Recreation Opportunity Specturm，ROS）。ROS 理论认为环境和活动是影响游客体验的两大主要因素，游客在开展旅游活动时，会选择自己偏好的特定环境和休闲活动，以获得令自己满意的游憩体验。国家公园管理者依据自然环境、社会环境和管理环境这三类连续变化的属性来对开展旅游活动的土地空间进行划分，得到原始区、半原始且无机动车辆使用区域、半原始且允许机动车辆使用区域、连通道路的自然区、乡村区、城市区 6 种游憩机会所对应的功能分区。管理方将为不同的分区编制对应的资源清单、规划和可行的标准，以实现管理游憩经历和环境的目标。游憩机会谱强调"以人为本"，核心在于通过分区管理实现游客体验的最优化。它既是一种旅游规划方法也是一种旅游容量管理工具，在为合理分配游憩资源提供了依据和准则的同时，提高了国家公园管理的效率和可操作性，有利于管理者预测管理决策和行动的影响，充分协调环境保护和游客体验间的平衡。经过积年累月的拓展和细化，ROS已经成为国外最有效的、基础性的资源和游憩管理框架之一[①]。

3. 可接受的改变极限

游憩机会谱为国家公园的规划分区与活动类型定位提供了指导，但国家公园开发利用中对资源的监控和管理也是其可持续发展目标下不可忽视的关键[②]。为了更为直观地解决旅游环境容量所存在的"动态变化"和"数字泥潭"问题，1984年，Stankey等学者首次提出了"可接受的改变极限"（Limits of Acceptable Change，LAC）框架。次年，美国林务局在综合旅游影响研究和对旅游环境容量的批判和继承的基础上，对可接受的改变极限理论的实施方法做出更加系统的说明。该理论认为，从某种程度上来说旅游活动对目的地资源的破坏是无可避免的，其核心在于要设定一个对这种破坏可容忍程度的底线。当环境资源的变化达到这一底线时，有必要通过干预措施来修正和控制旅游影响。在可接受的改变极限框架中，管理者需要找能够灵敏反应环境变化与多维承载力（主要是心理承受极限）的指标，并为每个指标的变化制定标准，以实现对游客数量与行为、设施配套、运营方式、政策支持、宣传教育等多个不同内容的调控[③]。可接受的改变极限可以视作对游憩机会谱分区结果的一种深化，它不仅为每个功能区分区确定了一个可接受的改变范围，还在此基础上制定了地区的监测体系、决策程序和管理策略，从而建立起自然环境和多利益相关者之间的良性互动，为国家公园的区域间协调管理提供了理论支撑，对后续游客管理和环境影响评价的观念进步产生了深远的影响。

4. 游客活动管理程序

在美国提出LAC理论用于解决本国国家公园的环境容量问题时，加拿大公园局也制定了一套名为"游客活动管理程序"（Visitor Activity Management

---

① 李一飞.地质公园旅游环境容量规划及其实证研究［D］.北京：中国地质大学，2009.

② 李晓莉.美国国家公园休闲土地管理中三个模型的应用及启示［J］.人文地理，2010，25（1）：118-122.

③ 陈奕铭.自然保护地控制性详细规划适用方法研究［D］.广州：广州大学，2020.

Process，VAMP）的框架，用于解决游客之间、游客与遗产地之间、游客与遗产地管理者之间的矛盾与冲突①。这一框架对游客进行的不同教育性和娱乐性的活动进行分类，把一项特别活动参与者的社会、人口统计特征与该活动的环境要求及影响这项活动的趋势联系起来，从而为参与同一或不同活动的不同旅游者提供个性化的服务②。游客活动管理程序不仅适用于已建成的国家公园，而且对处于规划和发展中的国家公园也具有前瞻性的指导意义。一方面，国家公园的管理者需要设置受影响的关键环境指标进行监测，另一方面又鼓励专家和利益相关者的参与以实现各方的满意目标③。游客活动管理程序能在不同级别层次的决策过程中全面地考虑游客活动机会的问题，对于游客游憩机会的评估细致到位，但是该方法未能突破地缘限制，仅在加拿大的国家公园中使用，且"重服务，轻行为"，在管理计划层面也略显单薄。

5. 游客影响管理

20 世纪 90 年代，研究者将游客管理的目标从需求满足、体验提升和服务支撑转变为对旅游影响的管理和控制。旅游环境容量与旅游影响之间的桥梁被逐步构建拓宽，由此演化出了对国家公园游客管理和旅游影响评价的新模式。在"可接受的改变极限"理念的指导下，美国国家公园保护协会连同高校研究人员共同开发了针对美国国家公园管理实践的"游客影响管理"（Visitor Impact Management，VIM）模型。不同于前述理论或框架，游客影响管理模型强调对游客游后行为影响的关注。该模型基于一定标准对游客的现实影响予以分类，探究引致影响产生的因素，通过对比游客和环境的现行条件和关键指标标准，分析影响形成的前因。针对推导所得的影响成因建立降低或控制影响的管理政策，以实现对旅游环境影响的评估和修复。游客影响管理模型是一种理性决策的直接管理，一方面它依赖于专业的评价和科学的信息，另一方面也强调游客和管理人员的自我协调。它在弥补了单一环境容量视角下对绝对极值追求的基础上，具有更强的灵活性、适应性和适用性，旨在"规范和调整游客

---

① 袁南果. 黄山风景名胜区游客影响管理模式研究 [D]. 北京：清华大学，2004.
② 朱琨. 传统型景区游客管理研究 [D]. 西安：西安外国语大学，2012.
③ 符全胜，李煜. 保护区游客管理模式的演进 [J]. 绿色中国，2005（9）：39-42.

而不是管理他们"①。但游客影响管理模型的一大弊端在于只能解决现实的影响类问题而无法进行预测性研究或评估将来可能产生的影响。

6. 基于游客体验与资源保护的管理

经过半个多世纪的发展，美国已在国家公园环境容量和游客管理方面做出了诸多尝试，并获得了一定的有益经验。20世纪90年代，美国国家公园管理局在综合"可接受的改变极限"理念以及"游客影响管理"的基础上，提出了"基于游客体验与资源保护"（Visitor Experience and Resource Protection，VERP）的管理理念。该理念主张在兼顾多方利益相关者价值取向的情况下，根据自然、文化环境资源以及游客体验的质量来确定承载容量，通过监测并控制关键指标在特定的许可范围内，对游客行为引起的变化进行人性化管理，同时强调多学科融合和公众参与，以实现对国家公园的持久利用。基于游客体验与资源保护的管理是美国国家公园可持续管理框架的集大成者，为国家公园和保护区的规划管理带来了革命性的变革②。这种管理框架涉及4个阶段和9个步骤，并在其中穿插反馈与修正机制，形成了一个监测、评估和调整反复迭代的过程。基于游客体验与资源保护的管理在国家公园主题的导向下，通过对资源价值和敏感度的排列组合来得到功能分区的标准，在此基础上实现景区游客体验的优化和公众参与的分配。作为整体管理规划的一部分，基于游客体验与资源保护的框架对国家公园从规划编制到实施监控全过程进行了指导，不仅提高了管理者的主动性，还将"问题驱动型"的规划转变为"目标驱动型"的规划③。在实践过程中，这一规划多应用于以自然景观为核心吸引物的国家公园，其在文化景观类公园中的适用性还有待进一步的探索和考量。

7. 旅游最优管理模型

当美国对国家公园的游客管理和旅游影响评估研究步入成熟阶段时，澳大利亚也在同期开发了一套旨在检测和量化旅游经济、社会文化、自然环

---

① 王维正. 国家公园［M］. 北京：中国林业出版社，2000.

② 沈海琴. 美国国家公园游客体验指标评述 以 ROS、LAC、VERP 为例［J］. 风景园林，2013（5）：86-91.

③ 王梦桥，王忠君. VERP 理论在国家公园游憩管理中的应用及启示——以美国拱门国家公园为例［J］. 世界林业研究，2021，34（1）：25-30.

境、市场营销和游客体验影响的管理方法——"旅游最优管理模型"（Tourism Optimization Management Model，TOMM）。该模型可用于协助评估新出现的问题并给予参考性的指导方法，通过创建共享的期望条件来最小化利益相关者潜在矛盾[①]。与澳大利亚突出的社区共管理念相对应，这一模型也强调国家公园中所有利益相关者的参与和身份认同，同时还将属地的政治文化纳入国家公园的管理规划当中。该模型的具体操作实施方法与"可接受的改变极限"类似，但在指标制定方面更注重对各领域专业知识的融合利用以及决策过程的科学性。"旅游最优管理模型"适用于地理位置偏远、刚启动旅游计划或需要重建旅游且管理机构水平较低的地区[②]，能在不同层次和尺度下提高对国家公园的旅游战略发展意识，并支持利益相关者的学习成长。值得注意的是，由于旅游最优管理模型的运行需要多维数据监测和筛选的支撑，人力资本和资金投入的耗费较高，且需要协调和考虑的利益相关者因素较多，实际操作实施的难度与变数也将大大增加。

（六）中国国家文化公园可持续利用机制研究

作为国家公园的一个分支，我国以资源丰富、特征显著、立意深远的大型线性文化遗产为核心，创造性地提出"国家文化公园"的全新概念。与西方以保护自然生态环境为宗旨的国家公园不同，国家文化公园是国家象征和文化传统的标志体现，包含了历史起源、民族精神与国家价值观的渗透[③]。虽然在源起、基因与目标上，中国的国家文化公园与西方的国家公园不尽相同，但两者在资源保护的真实性与完整性原则、国家高度的规划与管理、可持续的利用理念等方面达成了一致共识。通过对西方国家公园体系长期发展的成熟经验借鉴，

①　MAC K K. Developing community tourism in Uganda，the tourism optimization management model［R］. Kampala：Makerere University & University of Manitoba CIDA Project，Workshop Report on Community Tourism Development Framework in Uganda，2007.

②　王嘉欣、陈卓、张玉钧. 基于 TOMM 理论应用创新的动态体验最优路线规划——以三江源国家公园为例［J］.北京林业大学学报（社会科学版），2021，20（2）：53-58.

③　张京成. 国家文化公园建设的研究思考. 山东省文化和旅游厅. http://whhly.shandong.gov.cn/art/2021/7/12/art_205313_10291699.html.

本研究尝试从管理体制、人才队伍、资金来源、公众参与、游客管理和营销宣传等方面为国家文化公园勾画一个"六位一体"的可持续利用机制（图3-4）。

图 3-4　国家文化公园可持续利用机制

1. 管理体制

目前，国家文化公园已基本形成了"中央—省—市（县）"为特征的分级管理体制，中央层面采用"领导小组—办公室—专班"的顶层设计，省级层面沿用"领导小组＋办公室"的管理架构，市（县）级依照工作重点的偏向程度，通过项目建设或管理中心的方式对国家文化公园的建设予以推进。但现有管理体系的权力层级不高，下辖机构多为临时组织，缺乏长期性和稳定性。各办公室权属部门差异显著，在实践中表现为开发思路和工作重心的偏向不同，异头领导的问题也不利于国家文化公园整体标志形象的打造，易出现部门间权责不符、扯皮推诿的现象。因此，我国亟待设立直属国务院领导的国家文化公园管理局，授权其引领规划、起草立法、调控项目、统筹资金、监管运营等职能，并为跨省协调工作的展开充当中介。纵向层级上与国家行政机关同步，重点编制化"中央—省—市"三级管理部门，基层实施权力下放，灵活执行条例规章；横向部间与实际需求配套，在注重管理全面性的同时避免冗余机构的设立。

2. 人才队伍

从中央层面来看，名义上每个国家文化公园均有一个部委具体负责，但实际上部委编制中并无对应的具体负责人员，代行职能的相关司局处室人员也仅处于兼任状态，人才竞争机制、用人激励机制缺失。从地区层面来看，各地推进国家文化公园工作的人员不足，"兼职"和"跨界"现象严重，专班大多为临时抽调人员，且人员"编随事转，人随编走"的原则未能落实。多数省市尚未建立起独立的国家文化公园志愿机制，志愿活动呈现出碎片式和单一化的特征。因此，我国应尽快完善国家文化公园的人才队伍，为各级机构单位配备专业过硬、理念先进、数量充足的专门管理人员。明确国家文化公园服务人员应有的编制、权责与职能，定期开展必要的技能培训，采用"竞争上岗"和"末位淘汰"的模式，鼓励员工的自我成长。逐步弥补国家文化公园志愿者领域的空白，将教育解说和营销宣传的功能与志愿服务相结合，突出国家文化公园利用的公益性和全民性。以长短期招募相穿插的方式打造系列志愿活动，形成辉映国家文化公园主题的志愿品牌。

3. 资金来源

我国国家文化公园建设资金采取的是中央和地方政府财政共担的方式。中央政府对已确定的重点建设领域提供一定的专项资金，地方政府提供配套项目资金。现阶段，我国国家文化公园建设还存在资金缺口大、来源机制模糊、投资回报不稳定等诸多问题。尤其是国家文化公园的建设区域有相当一部分位于我国的中西部地区，其资金筹措能力和长效供给能力严重不足，地方政府的财政压力较大。因此，我国应进一步拓宽国家文化公园建设的投融资渠道，确立各类融资机制的配套法规，形成财政、市场、捐赠三方合力的资金支持。中央和地方财政应细化专项资金的设立和使用，规范财政支出管理，提升资金使用效率[①]，对经济欠发达地区予以必要的政策倾斜。增设国家文化公园发展基金与债券，允许社会资本以适当方式参与国家文化公园的运营。落实好特许经营

---

① 周瑞原、宿海颖，秦涛.国家公园融资机制国际经验与启示——以美国、澳大利亚、日本、德国为例［J］.世界林业研究，2022，35（3）：93-98.

制度，强化国家文化公园"自我造血"能力，注重利益分配的公平性。壮大社会捐赠资金规模，广泛接受民间组织与个人慈善的资助与捐款。

4. 公众参与

全民性是打造国家文化公园概念的应有之义，但在我国现有的国家文化公园建设体系中，公众参与的主体、内容和方式都较为薄弱和单调，未能厘清各方利益相关者的协调关系。尤其是我国的公众参与还停留在"自上而下"的单向诱导型途径中，公众对主动、全程参与国家文化公园事务管理的意识和能力不足。信息开放程度的狭隘又为公众参与平添了一大障碍。因此，我国要首先培育广大民众积极参与国家文化公园建设的社会氛围，运用法律手段保障公民的知情权、监督权等相关的合法权益。准确定位公众参与主体，广泛吸纳除官方管理组织与人员外的非政府组织、科研机构、新闻媒体、私营企业、原住民、游客和志愿者等，避免因话语权弱势而忽视部分利益相关者的诉求。扩大公众参与的范围，进一步构建涵盖"规划—审查—管理—运营—监督"的全过程、多方位参与机制，尊重利益相关者的意见和建议，实现双向互动与交流。丰富公众参与的方式，在传统的公示、咨询、协作、自治的基础上，利用好数字时代互联网信息反馈与处理的高效性，搭建串联起公众、运营方和管理者之间的一站式综合服务平台。

5. 游客管理

游客管理是解决国家文化公园遗产保护和旅游利用协调发展的一种高效工具。虽然在学术研究上已有部分学者将其引入国家公园的建设发展中，但在实践中无论是国家公园还是国家文化公园，都没有形成一套完整的旅游环境影响评估体系与游客管理框架。显而易见地，对于游客管理我国尚处于起步阶段，主要着眼于控制游客流量的狭义内涵，在进行公园规划时采用的是单向静态视角，忽略了国家文化公园的主题时代性、遗产利用的活态性和游客体验的反作用。同时，国家文化公园中的线性遗产强调系统的连贯性，因此传统环境容量模块式计算的适用性将被削弱。我国需要针对国家文化公园的特殊性，打造基于遗产资源保护和游客体验优化的功能分区，通过对不同分区内相关关键指标的动态监测，实时获取对游客行为的指导依据。以保证生态环境和遗产资源不受到不可接受的负面影响为宗旨，借鉴国外先进的管理工具，构建"影响—适应—管理"的适应性管理研究框架，利用情景模拟、构建预测模型等方法对国家文化公园的发展趋势进行模拟与评估，实现环境监测与评估的可预测性[①]。

6. 营销宣传

国家文化公园在塑造文化自觉和文化自信方面的作用，需要通过新颖的营销宣传手段向民众传递。现阶段，国家文化公园在这一方面还存在民众关注度低下、主题定位模糊、品牌形象未统一、文化底色褪色等问题。国家文化公园至今未拥有百度指数的词条，其热搜频率和热度也仅局限于政策发布的短期之内。同时，各地在文化标志物的选定和衍生产品开发上缺少精神内涵的串联，文化基因与本色未能得到有效传承与彰显，直接导致了遗产资源利用的肤浅化、表面化甚至粗俗化。国家文化公园建设的文旅融合形式大体相同，产品品牌辨识度低，同质化和低质化问题凸显，游客对遗产地的形象认知不明，难以唤起大众的文化认同感和归属感。因此，国家文化公园需要建立起协作共赢的宣传营销机制。各地要依据自身的核心遗产和资源特色，在统一文化主题的引领下找准比较优势，明确市场定位，有针对性地设计饱含文化意蕴的生态旅游、研学旅游、红色旅游和乡村旅游等产品。探索新媒体宣传和互动营销的路径，利用好强黏性的社区分享平台和高关注度的社交互动媒体，打造提升国家文化公园讨论度的营销事件，在"两微一抖一书"和OTA平台上树立好五大国家文化公园的品牌形象与口碑。以大数据和高科技设备支持国家文化公园解说系统的升级，为游客提供跨时空的文化之旅和沉浸式体验。

---

① 肖练练，钟林生，周睿，等．近30年来国外国家公园研究进展与启示［J］．地理科学进展，2017，36（2）：244-255.

第四章

国家文化公园立法的国际比较

在党的二十大报告中，习近平总书记强调："加大文物和文化遗产保护力度，加强城乡建设中历史文化保护传承，建好用好国家文化公园。"建设国家文化公园是推动我国文化大发展的重大工程，《方案》发布以来，从中央到地方都高度重视，国家文化公园建设也如火如荼地展开。为实现打造中华文化标志的最终目标，我们必须使国家文化公园建设的全过程有章可循，做到依法建园、依法治园。同时，建设国家文化公园是一项前无古人的事业，在国家文化公园建设的进程中，我们既要立足已经取得的法治建设成就，也有必要适当借鉴国外发达国家的相关经验。

一、国家文化公园立法理念

实现国家文化公园建设法治化的基本前提是对"国家文化公园"这一概念的认识。一个时期以来，人们对国家公园的研究较多，在很多方面达成共识，但是对国家文化公园的研究较少，对于何谓国家文化公园尚难形成一致的定义。有学者提出，文化公园"就是依托人类创造的具有历史性、代表性、延续性和现实性的人文遗产建立的公共园区类文化产品"①。有学者认为："国家文化公园是依托'遗址遗迹'和'建筑与设施'等人文旅游资源，具有代表性、延

---

① 孙华.国家文化公园初论——概念、类型、特征与建设 [J].中国文化遗产，2021（5）：4-14.

展性、非日常性主题，由国家主导生产的主客共享的国际化公共产品。"① 也有学者认为："国家文化公园是由国家批准设立并主导管理，以保护具有国家代表性的文物和文化资源，传承、弘扬中华民族文化精神、文化信仰和价值观为主要目的，实施公园化管理经营的特定区域。"② 还有学者认为："国家文化公园是国家一级政府基于保护国家重要文化资源、展示国家文化精华的目的，为历史研究、文化传承、公众教育和人们休憩提供服务，依托重要的文化遗产，由国家划定、国家管理并全部或部分向公众开放的文化区域。"

通过上述观点可以看出，国家文化公园至少包括以下几个特征：其一，国家文化公园必须依托一定的具有显著性的物质载体，这些载体往往是人类生存与发展所依托的自然资源或人为活动历史遗迹，这也是它与我们同时在建设的国家公园的主要区别，后者往往仅指原生态的自然资源；其二，国家文化公园在空间上一般具有线性结构特征，具有跨区域性；其三，国家文化公园承载一国民族精神的某些特质，公园的物质载体形式和蕴含精神文化相契合；其四，国家文化公园具有明显的意识形态属性，因此公园的建设往往需要顶层设计，国家借国家文化公园弘扬民族的社会主义核心价值观；其五，国家文化公园是供全民共享的公共文化产品。上述特征决定了对国家文化公园进行立法的必要性和与国家公园相比在立法上的特殊性。在国家文化公园的立法理念上，我们要处理好以下几个关系。

（一）有形与无形

制定任何一部法律首先要明确立法对象，实践中立法对象不能过于抽象，否则立法难以发挥预期作用。我们知道，文化是无形的，文化的载体是有形的，我们对国家文化公园进行立法，要处理好有形和无形的关系。我们认为，国家文化公园的有形部分是各种文化遗产。有学者提出："依据国家文化公园建设的相关规划，当前我国国家文化公园的建设主要是对公园区域内的文化遗

---

①　王克岭. 国家文化公园的理论探索与实践思考［J］. 企业经济，2021，40（4）：5-12，2.
②　李树信. 国家文化公园的功能、价值及实现途径［J］. 中国经贸导刊（中），2021（3）：152-155.

产进行有效管控保护，同时积极实施主题展示，促进文旅融合和数字再现等重点基础工程建设。"[①] 因此，国家文化公园建设的核心问题从某种程度上来讲离不开对文化遗产的保护，可以说国家文化公园也是文化遗产保护和分享的重要形式。从国外的立法来看，很多国家都通过制定相应的法规对文化遗产进行保护，对于受保护遗产的范围，立法往往做出明确的界定。以美国为例，"文化遗产的法律只局限于传统意义上的文物、历史建筑、历史街区、遗址及国家公园等文化及自然遗产保护的范畴"[②]。同时，对于特定区域，则通过立法界定为对遗产廊道（Heritage Corridor）进行保护，如 1984 年通过了《伊利诺伊和密歇根运河国家遗产廊道法》。作为四大文明古国之一，我国的历史文化遗产极其丰富，国家文化公园内涵盖大量的自然遗产，它们都是不可再生的资源。没有保护就没有传承，因此我国的国家文化公园立法应侧重于对文化公园范围内的文化遗产保护。目前，各国关于国家公园立法相对丰富，国家公园和国家文化公园在对遗产的保护问题上很多做法是相通的，我们可以在一定程度上借鉴有关国家的先进经验，主要国家的有关立法如表 4-1 所示。

表 4-1　国外国家（文化）公园立法借鉴

国别	基本立法	相关专门立法
美国	《国家公园基本法》	《国家公园管理局组织法》《国家公园系统授权法》《古迹遗址保护法案》《历史纪念地保护法案》《国家公园企业条例》《国家公园租赁和营业执照条例》《黄石国家公园法》
加拿大	《国家公园法》	《遗产部法》《国家公园局法》《历史遗迹及纪念地法》
澳大利亚	《国家公园和野生生物保护法》	《自然保护法》《大堡礁海洋公园法》；地方立法，如《南威尔士国家公园和野生动物法》《维多利亚国家公园法》等
新西兰	《国家公园法》	《保护法》《自然保护区法》
英国	《国家公园及乡村通道法》	《国家环境管理保护地法》《古纪念物保护法》《古纪念物及考古学地区法》《国家遗产法》

---

① 周刚志．用法治助力国家文化公园建设［EB/OL］．（2022-06-13）［2023-05-15］．http://www.legaldaily.com.cn/index/content/2022-06/13/content_8730181.htm.

② 顾军，苑利．美国文化及自然遗产保护的历史与经验［J］．西北民族研究，2005（3）：167-176.

国别	基本立法	相关专门立法
法国		《保护历史古迹法》《遗产法典》
德国		《联邦自然保护法》
日本	《自然公园法》	《自然环境保全法》
韩国	《自然公园法》	
巴西		《自然保护区系统法令》
南非	《国家公园法》	《国家环境管理法》《国家保护区域法律》《国家保护区域政策法》
俄罗斯		《特别自然保护区法》

　　需要指出的是，目前在全世界的范围内，还没有哪个国家制定专门的《国家文化公园法》，而更多是对体现国家整体价值的资源和遗迹保护进行立法，如美国的《古迹遗址保护法案》《历史纪念地保护法案》，法国的《遗产法典》《保护历史古迹法》，加拿大的《历史遗迹及纪念地法》，英国的《古纪念物保护法》《古纪念物及考古学地区法》等。

　　与国家公园不同，国家文化公园的载体虽然是各种物质性要素，但是因为增加了"文化"方面的内容，所以立法对象更显复杂。江苏省社科院的夏锦文研究员、钱宁峰研究员提出可以考虑不以国家文化公园本身为立法对象，因为国家文化公园毕竟不属于自然性质的公园，而是着眼于推动国家文化公园建设，将国家文化公园建设作为立法对象，重点在于以立法推动国家文化公园建设，侧重于公园建设层面，而不是侧重于遗产保护层面。这种观点摆脱了文化立法的抽象性难题，但是其存在的主要问题在于国家文化公园建设虽然是一个逐步夯实的过程，但不可能是永无止境的。对某一社会关系立法调整的基本前提在于社会关系的相对稳定性，使该类社会关系中权利义务的分配更具科学性和合理性。对于具有发展过程性的事物立法有刻舟求剑之嫌。国家文化公园建成后，仍需要相应的法律规范对涉及管理和利用的法律关系进行调整。因此，仅仅将国家文化公园建设作为立法对象并不是科学的选择。国家文化公园立法应该明确国家文化公园涵盖的基本要素，对这些要素中需要立法调整的关系分别进行规范。

（二）历史和现实

国家文化公园的物质基础是自然遗产和历史遗迹，这些具有自然禀赋的物质彰显出文化价值，这种价值是历史积淀的结果。因此，国家文化公园立法要尊重历史，推动历史文化的时代呈现，不能进行牵强附会地生搬硬套，确保国家文化公园所蕴含的文化是从历史中提炼出来的而不是过度地重新创造。在美国，国家公园的建设和保护体现了整体性原则，"20 世纪 60 年代末和 70 年代中期的历史保护主义者、规划师、景观建筑师逐渐改变了决策者看待人、土地和环境之间的关系。生态环境历史文化以及其他一些保护目标被逐渐整合到了一起"[①]。可见，国家文化公园在一定程度上承担着以史为鉴、开创未来的重要职能，其主要的意义在于对碎片化或孤立的文化遗产进行整合，使人们通过文化呈现的形式领悟、确信文化的内涵，认清历史文化传统的当下意义。从这个角度来看，国家文化公园是从历史走到当下再迎接未来的桥梁，而不仅仅承担自然生态保护的职能。立法应促进国家文化公园应对历史文化进行整体性、完整性的呈现，充分体现其蕴含的文化内核。

（三）保护和利用

《方案》将国家文化公园划分为管控保护、主题展示、文旅融合、传统利用四类主体功能区，其中排在第一的就是管控保护。国家文化公园建设尤其要处理好保护和利用的关系，没有保护文化公园将失去价值，没有利用文化公园就体现不出价值。此前，各国国家公园的立法理念往往是保护优先，有学者提出："在国家公园建设中，应当尊重自然生态系统中长期演化形成的文化遗产要素，合理保护和利用文化遗产资源，促进传统文化演化和传承。"[②] 如在美

---

① 龚道德，张青萍.美国国家遗产廊道（区域）模式溯源及其启示［J］.国际城市规划，2014，29（6）：81-86.

② 虞虎，阮文佳，李亚娟，等.韩国国立公园发展经验及启示［J］.南京林业大学学报（人文社会科学版），2018，18（3）：77-89.

国，国家公园尽可能都保留原生态，不要说豪华宾馆和度假村，就是对建筑的高度和外观风格都有严格的要求，园内仅保留必要的生活服务设施，它们也要被考虑与景观融为一体，最大限度地保留自然原有的样子[①]。在立法理念上，美国国家公园"经历了从自然和人文资源景观的点状保护，到以国家公园为单元的局部整体性保护，再到生态系统理念指导下的自然人文资源系统保护三个阶段"[②]。我国的国家文化公园也不能画地为牢，要在一定程度上做到保护和利用并重，一方面要保护好文化遗产不被破坏，另一方面要挖掘遗产的文化价值呈现给公众，通过文化纽带增强民族的凝聚力和向心力。立法要确保任何形式的利用都不能对文化遗产造成破坏，我们不能因噎废食，更不能杀鸡取卵，否则就背离国家文化公园建设的宗旨。在这点上，国外也有先进的经验值得借鉴。如有学者提出，"在韩国国立公园主导功能演变的过程中，体现了对于'生态系统保护'的认知从单纯的自然生态保护走向自然与人文生态复合系统认识和保护的深入。国立公园管理的内容从自然资源管理转向自然资源和历史人文遗产的综合管理"。在这方面，我们要吸取近年来在旅游开发的过程中，对历史文化遗产资源过度开发乃至破坏的教训，留住优秀传统文化的物理根基。

二、国家文化公园立法模式

关于国家文化公园立法，《方案》提出了基本思路："深化对长城、大运河、长征沿线文物和文化遗产保护法律问题研究和立法建议论证，推动保护传承利用协调推进理念入法入规。修订完善《长城保护条例》、制定《大运河保护条例》《长征文物保护条例》，相关省份结合实际修订制定配套法律法规。"《方案》明确提出要制定相关保护条例。虽然不同地域和层级的立法已经开始逐步展开，但是关于国家文化公园立法模式仍有进一步探讨的必要性。

---

① 师卫华.中国与美国国家公园的对比及其启示［J］.山东农业大学学报（自然科学版），2008（4）：631-636.

② 杨建美.美国国家公园立法体系研究［J］.曲靖师范学院学报，2011，30（4）：104-108.

（一）有关国家的做法

综观各国有关国家公园的立法，一般都有从中央立法到地方立法的完整体系。在美国，立法既包括联邦层面的基本法，也有由之辐射出来的授权法和专门法。在文化遗产方面，美国有关国家遗产廊道的立法包括主干法、专门法、相关法，专门法又分为遗产廊道（区域）一般法和遗产廊道（区域）授权法两类①。在法国，具有以《遗产法典》为核心，以物质文化遗产保护为主体与其他立法相互配合的法律体系。②在日本，《自然公园法》《文化财产保护法》等涉及对国立公园中相关遗产资源保护管理的立法与《景观保护条例》《自然环境保护条例》共同构成了日本国家公园自然保护和管理的法律制度系统③。在新西兰，1987 年《保护法》作为基本法、1980 年《国家公园法》作为专门法与其他立法配合，并按照"一园一法"的思路分别立法④。

通过各国的做法可以看出，国家公园立法往往是由基本法和专门法一起组成的较为完整的体系。我国国家文化公园立法也可以借鉴类似的思路。在国家公园立法方面，有学者提出："除了行政组织法作为国家公园体制建设的相关配套立法之外，还应该建立一系列国家公园相关配套法。尤其是应该完善规程法、建设专业技术质量标准、规划程序标准等一系列技术规程的法律法规。"⑤与国家公园相比较，国家文化公园立法更具复杂性，目前来看以期制定一部《国家公园文化公园法》来解决所有的问题并不现实，我们需要结合我国国家文化公园建设的基本要求和现实情况，思考如何科学地建立起国家文化公园法律体系。

---

① 龚道德，袁晓园，张青萍. 美国运河国家遗产廊道模式运作机理剖析及其对我国大型线性文化遗产保护与发展的启示［J］. 城市发展研究，2016，23（1）：17-22.

② 王珊. 法国和意大利文化遗产保护的经验与启示［J］. 华北电力大学学报（社会科学版），2015（2）：74-79.

③ 马盟雨，李雄. 日本国家公园建设发展与运营体制概况研究［J］. 中国园林，2015，31（2）：32-35.

④ 鲁晶晶. 新西兰国家公园立法研究［J］. 林业经济，2018，40（4）：17-24.

⑤ 陈娜. 国家公园行政管理体制研究［D］. 昆明：云南大学，2017.

（二）国家文化公园的立法架构

随着国家文化公园建设的逐步推开，制定相关立法越来越具有紧迫性。如何落实国家文化公园立法的理念，统筹推进国家文化公园法治建设，同时节约立法资源，我们需要进一步明确国家文化公园立法的架构。目前，关于我们要不要制定作为中央立法的《国家文化公园法》，存在不同的观点。有学者提出："国家文化公园建设的诸多事项多属于中央事权，尤其需要积极推进国家专门立法。因此，我国需要积极推进国家文化公园相关立法，使之与我国原有的文化遗产立法之间形成良性互动、协调运转的关系。"① 这种提法有一定的道理，但是如果制定《国家文化公园法》统一立法，我们还需要解决一系列前提性问题，这主要涉及以下几个方面。

1. 国家文化公园法与其他立法的关系

2019 年 6 月，中共中央办公厅、国务院办公厅印发了《关于建立以国家公园为主体的自然保护地体系的指导意见》，提出建立以国家公园为主体、自然保护区为基础、各类自然公园为补充的中国特色自然保护地体系。近一个时期，我国在国家公园相关领域又出台了较多的政策文件。那么，国家文化公园和国家公园自然保护地之间又是什么关系，相关立法之间又是什么关系需要我们进一步厘清。

——国家公园立法。目前，我国各界对国家公园进行立法的呼声较高，有学者提出："我国应该制定不同效力等级的国家公园立法，形成宪法—国家公园专门法—行政法规—地方性法规和地方政府规章等法律体系，明确国家公园的管理主体、规划主体及各主体之间的职责划分，并与现有的法律法规形成良好的衔接和协调，为参与国家公园保护活动的各主体提供有效的行为规范。"② 但是，我们应该看到，国家公园统一立法难度很大。至今专门立法难有实质性

---

① 周刚志.用法治助力国家文化公园建设［EB/OL］.（2022-06-13）［2023-05-15］. http:// www.legaldaily.com.cn/index/content/2022-06/13/content_8730181.htm.

② 李爱年，肖和龙.英国国家公园法律制度及其对我国国家公园立法的启示［J］.时代法学，2019，17（4）：27-33.

推进的重要原因也在于，对如何协调国家公园立法与现有相关立法的关系，还没有提出有效的解决方案。目前，在自然保护地领域，除了《中华人民共和国森林法》《中华人民共和国草原法》《中华人民共和国野生动物保护法》等国家层面立法，《风景名胜区管理条例》《自然保护区条例》等行政法规，还有大量的部门规章和地方性法规。

在这样的背景下，如果我们制定了统一的国家公园法，再制定一部国家文化公园法，将存在两部立法的衔接问题，国家文化公园涵盖的地域空间有时也包括国家公园的部分，对国家公园和国家文化公园进行法律调整的内容也肯定有重复。另外，国家文化公园立法更具抽象性和时限性，搞清楚各类立法的关系，将极大地拖延国家文化公园建设的进程，且重复立法也会造成立法资源的巨大浪费。

——国家文化公园地方性法规。2021年5月，贵州省第十三届人大常委会审议通过了《贵州省长征国家文化公园条例》（以下简称《条例》），该《条例》自当年7月1日起施行，它开创了国家文化公园地方立法的先河。《条例》对长征国家文化公园的保护、建设、利用和管理设定了具体规范，其中最主要的内容就是凸显对历史遗存的保护，贵州省的做法起到了很好的示范效应，也为相关立法积累了一定的有益经验。但《条例》对长征国家文化公园的内涵、边界等基本问题也没有太多涉及，这在具体实施层面也多少会存在一定的问题。未来不同的省（区、市）可能还会制定本地的地方性法规或规章，由于目前确定的五大国家文化公园均为线性结构空间，如何协调各区域的地方立法，进行统一的规范，保证立法理念和基本内容的一致性，也是我们必须考虑的问题。

2. 直接立法还是嵌套立法

总的来说，目前制定一部专门的国家文化公园法确实存在较大困难，那么还有一个方案就是在其他立法中搀入有关国家文化公园建设方面的条款。这样的做法是否可行？嵌套立法的最大好处在于节约立法成本，不用另起炉灶就完成全部的立法程序，如果能利用现有的立法资源，可以在很大程度上契合我国尽快建成国家文化公园的目标。但是，嵌套立法的基本前提是存在可嵌套的现成立法，目前我国涉及国家公园方面的有关立法比较零散，内容又存在交叉重叠，这样难以直接嵌入。如果在未来制定统一的国家公园立法的时候，考虑将有关文化公园的内容加进去，但是，由于国家公园和国家文化公园的内涵和外延有很大的不同，即便制定统一的国家公园立法，它能够囊括的内容也是有限的。由此看来，进行嵌套立法的难度也很大。

3. 统一立法还是"一园一法"

目前，我国拟建设的长城、大运河、长征、黄河、长江五大国家文化公园在地域上均为跨区域的线性结构。每个国家文化公园都有自己的特质，其中蕴含的文化价值也各有千秋。为了使国家文化公园的建设有章可循，2021年8月，国家文化公园建设工作领导小组印发了《长城国家文化公园建设保护规划》《大运河国家文化公园建设保护规划》和《长征国家文化公园建设保护规划》。2023年7月，国家发展改革委、中央宣传部、文化和旅游部、国家文物局等部门又联合印发了《黄河国家文化公园建设保护规划》。同时，为了落实上述内容，各省（区、市）又细化制定了本地的保护规划，如关于长城国家文化公园，甘肃、宁夏、山西、北京、山东等地都制定本地段的《长城国家文化公园建设保护规划》。按照目前的思路，看来采取一园一法的模式比较可行，这也是国外很多国家的国家公园建设采取的普遍思路，如美国在1872年制定的《黄石国家公园法》可称为"一园一法"的典范。

三、国家文化公园立法主要制度

（一）保护规划制度

我们认为，国家文化公园建设首先需要关注的就是对历史遗存的保护规划问题，没有保护就没有传承，没有规划就不能很好地保护。在这一点上，国家文化公园和国家公园并无二致。综观各国国家公园的立法，无不重视公园的规划问题，在具体制度设计上力求做到细致化和专业化：首先，立法明确规划的主体。如在西班牙，"为确保规划工作的有效进行，成立了国家公园利用管理规划委员会，监督国家公园的规划制定和实施"①。其次，立法明确规划的方案。在英国，"国家公园规划包括管理规划、核心战略及其他规划三个层级。管理规划相当于总体规划，是对整个国家公园全盘部署，核心战略是对管理规划中核心内容的深化，是对近期开发活动的具体安排，相当于近期发展规划；其他规划相当于专项规划，是对管理规划及核心战略内容的深化、具体化与补充"②。最后，立法确定规划的细节。如在法国、德国，"他们每一处文化遗产，都有小到每一栋房屋的测绘图作为档案保存，以作维修规划的依据，制定有详细的保护利用规划"③。法国1943年通过的《纪念物周边环境法》甚至规定："一旦一座建筑根据《历史纪念物法》列级或登录保护，对其周边范围的保护规定即刻生效，即在其半径500米范围内的建设都将受到一定的制约。"④ 目前，我国关于国家文化公园规划的政策和制度还比较宏观，在未来的立法中还需要对此做进一步的细化，只有具有操作性才能取得好的立法实效。

（二）管理机构制度

国外立法的经验表明，国家文化公园的建设和发展都需要由明确的管理机构组织实施，而不能由某些综合性的机构来兼理。西方国家公园立法在管理体制上大都采用二元结构，即既坚持政府的主导作用，又充分发挥民间力量。在新西兰，为保护自然文化和历史资源，在1987年专门成立了保护部这一中央机构，对以往分散在各部的管理职能进行充分整合。该部的宗旨就是"保护新西兰的自然和历史遗产，供当代及子孙后代长期享用。保护不是为保护而保护，保护是为了利用"⑤。在法国，文化部是文化遗产保护的最高决策机构，下

---

① 陈洁，陈绍志，徐斌. 西班牙国家公园管理机制及其启示［J］. 北京林业大学学报（社会科学版），2014，13（4）：50-54.

② 李爱年，肖和龙. 英国国家公园法律制度及其对我国国家公园立法的启示［J］. 时代法学，2019，17（4）：27-33.

③ 王晓磊. 德、法文物遗产保护的借鉴意义［J］. 文物世界，2011（3）：32-33，77.

④ 王珊. 法国和意大利文化遗产保护的经验与启示［J］. 华北电力大学学报（社会科学版），2015（2）：74-79.

⑤ 杨桂华，牛红卫，蒙睿，等. 新西兰国家公园绿色管理经验及对云南的启迪［J］. 林业资源管理，2007（6）：96-104.

设的文化遗产局专门负责文化遗产的保护工作。由于文化遗产的保护是细致入微的工作，政府组织的认知也不免存在局限性，因此单靠政府一方的努力并不能取得最佳效果，这样专业机构、民间组织和公众的积极参与显得尤为必要。如在法国，"对历史古迹进行分类或登记，须征求'历史古迹国家委员会'的意见（《遗产法典》L621、L622）；对历史古迹周边的保护，在涉及如何确立以历史古迹名义分类或登记的不动产的可视范围时，须征求法国建筑师（ABF）的意见（《遗产法典》L621 -30 -1）"①。在加拿大，"任何公民和团体都可以对他们认为有价值的河流向联邦、省或地区政府的成员提出建议。在公众磋商阶段，公众对全省或全地区的河流进行研究，从中挑选出价值相对较高的作为加拿大遗产河流的候选者"②。比较而言，我国的国家文化公园建设采用的是政府主导的模式，相关专业机构的参与度略显不足，尤其是公众的文化保护和传承的意识不够强，需要我们充分发挥民间的力量，形成国家文化公园建设的共识和合力。

（三）资源产权制度

国家文化公园的空间结构决定了明确资源产权的必要性，如果产权界定不清，则会在保护上出现重大障碍。如果在我国的一些古村落，某些具有重要历史价值的房屋为原住民具有个人产权的住房，政府将房屋划定为重点保护的文物，但是由于产权关系政府没有拿出足够的资金进行保护，结果出现的情况就是有的房屋岌岌可危，由于被划定为文物居住人不敢擅自维修，造成房屋的状况每况愈下。有的担心影响到自己的人身安全，就按照自己的想法进行了修缮，结果改变了文物的性状，这其实是一种新形式的破坏。在国家文化公园建设的过程中，我们一定要吸取这样的教训。首先，我们要明确的基本前提是国家文化公园所涉遗产为国家财产。《中华人民共和国宪法》第十二条规定："社会主义的公共财产神圣不可侵犯。国家保护社会主义的公共财产。禁

---

① 叶秋华，孔德超.论法国文化遗产的法律保护及其对中国的借鉴意义［J］.中国人民大学学报，2011，25（2）：10-19.

② 周珊.加拿大遗产河流保护体系分析与启示［J］.水利规划与设计，2018（4）：90-94.

止任何组织或者个人用任何手段侵占或者破坏国家的和集体的财产。"《中华人民共和国民法典》第二百五十八条规定："国家所有的财产受法律保护，禁止任何组织或者个人侵占、哄抢、私分、截留、破坏。"在对遗产的利用上，"中国的国家遗产是全中国人民以及后代子孙的共同财富，中国的世界遗产是中国人民以及世界人民的共同财富。任何个人、单位或地方政府都没有资格，也没有任何理由窃取遗产的继承权，任何管理政策和建设行为都要站在全体国民和子孙后代的立场上去权衡和取舍"①。在此方面，我们需要加大立法对破坏国家遗产行为的惩治力度。2017 年 4 月，张某某等三人通过开凿岩体攀爬江西三清山风景名胜区的巨蟒峰，后因犯故意损毁名胜古迹罪被追究刑事责任，该案还被最高人民法院列入第 26 批指导性案例。在国家文化公园立法中，我们也需要设定对破坏性行为的惩戒条款。此外，我们还可以借鉴国外的分类保护制度，如在新西兰，《保护法》共划分了五类保护区域，即特别保护区（Specially Protected Areas）、边缘地带（Marginal Strips）、管护区（Stewardship Areas）、保护区（Land Deemed to Be Held for Conservation Purposes）、行政管理区（Land Held for Administrative Purposes）。其中，特别保护区又进一步细分为保护公园（Conservation Parks）、荒野区（Wilderness Areas）、生态区域（Ecological Areas）、庇护区域（Sanctuary Areas）、水道区域（Watercourse Areas）、游憩区（Amenity Areas）、野生生物管理区（Wildlife Management Areas）②。目前，我国国家公园建设划分为四个区域，即严格保护区、生态保育区、科普游憩区、传统利用区四个功能区。按照我国国家文化公园相关保护规划，国家文化公园重点建设管控保护、主题展示、文旅融合、传统利用四类主体功能区。下一步，我们需要明确各类保护区建设和管理的具体规则，尤其注意划定某些需要严格保护的红线，同时防止利用区的过度开发利用。

---

① 杨锐. 美国国家公园体系的发展历程及其经验教训［J］. 中国园林，2001（1）：62-64.
② 鲁晶晶. 新西兰国家公园立法研究［J］. 林业经济，2018，40（4）：17-24.

（四）特许经营制度

建设国家文化公园的宗旨在于对中华优秀文化的传承，因此利用的成分要有所增强。在利用的过程中，我们也要做到有序，避免出现此前很多旅游景区建设中出现的景观同质化、过度商业化的情况。在美国，国家公园内的经营活动受到严格的规范，根据《国家公园企业条例》《国家公园租赁和营业执照条例》，在园区内从事餐饮、住宿和商品销售，需要获得国家公园管理局的特别许可。国家文化公园范围的遗产资源具有有限性和不可复制性，为了保证资源利用安全，适当引入特许经营制度是必要的。特许经营制度是对公园内的商业活动进行严格审批的制度，能够进一步防止国家文化公园的功能异化。不过，特许经营不一定是唯一的模式。2022年国家林业和草原局发布的《国家公园管理暂行办法》第三十四条规定："国家公园管理机构应当引导和规范原住居民从事环境友好型经营活动，践行公民生态环境行为规范，支持和传承传统文化及人地和谐的生态产业模式。"对此，我们可以针对不同的区域引入不同的经营模式。还需要指出的是，国家文化公园的建设也要体现公益性和普惠性，要注意不要将特许经营发展成为垄断经营，从而损害原住民和公众的利益。

四、国家文化公园立法的主要建议

国家文化公园立法应该具有明确的立法目标，即达成立法的宗旨。在美国，"国家公园制度建设的逻辑是：社会需要决定其使命——使命决定其制度——制度决定对权力和资源的配置"[①]。目标决定方向。国家文化公园立法是一项复杂的系统工程。在这个过程中，我们要以保护自然资源促进可持续发展、弘扬传统文化建设文化强国为基本原则，按照国家《大运河文化保护传承利用规划纲要》及《方案》，明确国家文化公园建设的法治思路、主要目标和重要任务；围绕保护传承、研究发掘、环境改善、文旅融合等具体重点项目，

[①]　师卫华.中国与美国国家公园的对比及其启示［J］.山东农业大学学报（自然科学版），2008（4）：631-636.

聚焦规划实施重点环节，以习近平法治思想为指导，提出保障规划落地实施的法律措施。

（一）建立"一园一例"立法体系

通过前面的分析我们可以看出，制定一部《国家文化公园法》并不具有时效性和经济性。目前，我国关于国家文化公园建设的纲领性文件已经出台，下一步立法的使命应该是将文件的精神固定化并细致化。在这样的背景下，按照文件的要求，我们可以以《方案》为指南，分别制定有关长城、长江、长征、黄河、大运河的国家文化公园的立法。关于条例的层级，虽然贵州省出台了《长征国家文化公园条例》，但是为了保证国家文化公园建设的逻辑思路、执行标准的统一性，考虑由国务院制定行政法规为宜。在此基础上，各涉及省份可以制定相应的实施条例。

（二）建立综合沟通协调机制

国家文化公园建设和管理具有跨地域性，即便通过了相关的条例，在执行层面也存在各区域的协调配合问题，如果没有很好的实施机制，再好的制度也难以得到有效落实。为此，立法需建立起跨区域的协调机制。这方面贵州省的做法值得借鉴，《贵州省长征国家文化公园条例》（以下简称《条例》）很重视省内的区域协调，并推动相关机制的建立。《条例》第五条规定："省建立长征国家文化公园综合协调机制，统一指导、统筹协调长征国家文化公园的保护、建设、利用和管理工作，审议重大政策、重大规划，统筹重大资金使用，协调跨地区跨部门重大事项，督促检查重要工作的落实情况。"为了实现协调的有效性，可以建立专门的咨询机构，如《条例》第八条规定："省长征国家文化公园综合协调机制设立专家咨询委员会，为有关重大政策、重大规划、重大事项提供咨询意见。"

（三）明确专门管理机构职能

目前，我国有关国家公园的管理机构已经明确，在 2018 年 4 月成立了在国家林业和草原局加挂牌子的国家公园管理局。但是，迄今为止我国国家文化公园管理机构并未明确。《贵州省长征国家文化公园条例》提到建立县级以上人民政府长征国家文化公园主管部门，但是从省政府的官网上也尚未见到省级的相应机构存在。2021 年 2 月，河北省迁安市成立了长城国家文化公园管理中心，成为全国首家县级长城国家文化公园建设保护机构。可见，国家文化公园管理机构的设立各地仍是各自为政的状态。常言道，名不正则言不顺，这种状况不利于国家文化公园的统一建设和管理。由于国家文化公园的特殊职能，我们建议可以在国家层面设立专门的国家文化公园管理局，办事机构设在文化和旅游部，涉及的地方政府也设立对应的部门。通过机构的完善，能够保证国家文化公园的建设和管理有条不紊地进行。

第五章
国家文化公园建设国情与政策国际比较

不同国家的基本国情存在差异，管理目标与管理体制也必然不同。美国的国家公园体系以保护自然生态为初始目标，但同样高度重视文化遗产在国民教育和文化价值观输出中的作用。英国聚焦于乡村文化，法国 2006 年以来进行国家公园改革，都适应了国家文化资源的特点和发展趋势。需要通过中国与重要对象国的国情比较，从相关者利益冲突入手比较各国管理政策的目标与效率，评估不同政策对中国的适用性，为我国国家文化公园政策选择提供依据。

一、不同国情下国家重大遗产公园概况

（一）美国

截至 2024 年，美国共有 26 项世界遗产，其中，世界文化遗产 13 项，自然遗产 12 项，文化和自然双遗产 1 项，还有 2 项是与加拿大联合申报的跨国遗产，分别为克卢恩 / 兰格尔山——圣伊莱亚斯及冰川湾国家公园、沃特顿冰川国际和平公园（表 5-1）。美国国家公园系统里共包含 20 余种类型、419 个成员。其中，国家历史公园、国家战场、国家战场公园、国家战场遗址、国家军事公园、国家历史遗址、国家纪念地、国家纪念碑以及 4 个直接以国家公园命名者，共计 286 个成员是依托文化遗产而设立，属于文化遗产类国家公园。追溯美国的历史，可以发现，美国历史较短，其居民主要是来自欧洲的移民，他

们把自己先前接受的文化带到美国。再加上西部大开发对美国文化的影响，美国文化中便越来越多地融入了其他异域文化，呈现出文化的包容性、多样性等特征①。

表 5-1　美国世界遗产名录

自然遗产	文化遗产	自然、文化双遗产
黄石国家公园（Yellowstone National Park）	梅萨维德遗址（Mesa Verde National Park）	帕帕哈瑙莫夸基亚国家海洋保护区（Papahā naumokuā kea）
大沼泽地国家公园（Everglades National Park）	独立厅（Independence Hall，独立国家历史公园）	
大峡谷国家公园（Grand Canyon National Park）	卡俄基亚土丘历史遗址（Cahokia Mounds State Historic Site）	
克卢恩 / 兰格尔山—圣伊莱亚斯—冰川湾（Kluane/ Wrangell-St. Elias Glacier Bay/ National Park，跨国遗产）	波多黎各的古堡与圣胡安历史遗址（La Fortaleza and San Juan National Historic Site in Puerto Rico）	
奥林匹克国家公园（Olympic National Park）	自由女神像（Statue of Liberty）	
猛犸洞穴国家公园（Mammoth Cave National Park）	夏洛茨维尔的蒙蒂塞洛和弗吉尼亚大学（Monticello and the University of Virginia in Charlottesville）	
红杉国家公园（Redwood National and State Parks）	查科文化（Chaco Culture，查科文化国家历史公园）	
大雾山国家公园（Great Smoky Mountains National Park）	陶斯印第安村（Taos Pueblo）	
约塞米蒂国家公园（Yosemite National Park）	波弗蒂角纪念土冢（Monumental Earthworks of Poverty Point）	
夏威夷火山国家公园（Hawaii Volcanoes National Park）	圣安东尼奥布道区国家历史公园（San Antonio Missions）	

---

① 邹统钎. 国家（文化）公园政策国际案例研究［M］. 北京：旅游教育出版社，2021.

续表

自然遗产	文化遗产	自然、文化双遗产
卡尔斯巴德洞窟国家公园（Carlsbad Caverns National Park）	弗兰克·劳埃德·赖特的 20 世纪建筑作品（The 20ᵗʰ-Century Architecture of Frank Lloyd Wright）	
沃特顿冰川国际和平公园（Waterton Glacier International Peace Park，跨国遗产）	霍普韦尔仪式土方工程 (Hopewell Ceremonial Earthworks)	
	摩拉维亚教会定居点 (Moravian Church Settlements)	

　　而美国的文化资源保护开发具有鲜明的个性特征和时代特征，经历了"二战"后少数爱国民众自发组织保护历史文物的萌芽时期，20 世纪初政府逐渐开始重视文化遗产的保护，颁布《古物保护法》进入早期发展时期，1930 年后文化遗产保护运动在国内进入高潮的活跃阶段，1966 年美国通过《国家历史文物保护法》随后多个组织颁布了相关的文化保护开发法案进入快速发展时期，20 世纪 80 年代后期是各政府主体开始用各种政策引导鼓励民众保护历史文化资源的完善阶段。

　　美国的文化类国家公园经历了初设期和常态化建设时期①，美国国家公园建设之初的重点是保护自然资源，但在 1906 年颁布《古迹保护法》后，《古迹法》将文化遗产纳入国家公园的保护范畴，并据此形成了国家公园的全新类别国家纪念碑。1906 年，美国国家公园设立了四家国家纪念碑，成为首类文化类国家公园。在 1916 年，美国颁布《建立国家公园管理局法》，明确设立国家公园管理局，提出国家公园管理局应保护国家公园系统各单位风景、自然、历史文物以及野生动物，将历史文物纳入国家公园的常态化管理范畴，文化类国家公园进入常态化建设期。

---

　　① 吴丽云，牛楚仪. 美国文化类国家公园管理经验及其对中国的启示 [J]. 开发研究，2023（3）：80-86.

（二）英国

英国国家遗产名录是英国唯一的官方文化遗产名录，其中包含上述建筑、纪念碑、注册的花园和公园、注册的战场、受保护的沉船地和世界遗产[①]。而英国国家公园包含大量的古遗址和保护区，例如达特莫尔国家公园分布着1208处古遗址，南唐斯丘陵国家公园分布着165处保护区，诺森伯兰国家公园含有1处世界遗产。

但英国在国家公园的发展中主要聚焦于乡村发展[①]。英国国家公园的起源与其乡村发展的路线总体上是趋同的，协调过度开垦种植而导致的生态环境破坏是英国国家公园成立的重要原因。1926年，在苏格兰农村保护委员会和步行者协会的倡导下"湖区友社"设立了国家公园联合常委会，这也是国家公园委员会的前身，"二战"后受到民众渴望"优秀的大不列颠"的影响，政府开始注重国家公园的建设，推出处理和实施"道尔报告"，在1949年通过《国家公园和乡村通道权法》建立了英格兰和威尔士的国家公园系统，着重协调保护和维持地区居民生活之间的矛盾。1968年政府推出《城乡规划法》，该法明确扩大了国家公园委员会的功能，并设立乡村委员会，赋予地方政府在乡村保护方面的权力，负责乡村建设中的基础设施与服务设施的改善，以及对乡村自然和人文景观实施保护[①]。

英国同样也是国家公园众多、占地广阔、逆城市化现象显著、公园内部人口较多的国家，因此在国家公园的发展中即使坚持优先生态保护的原则下，也要考虑当地社区的生计和存续问题，把居民不断外迁无法解决实质性问题，过度城镇化反而会加剧人们"重回乡野"的愿望，在这种情况下，只有兼顾协同和融合发展才能不断解决国家公园保护与乡村的发展矛盾[②]。

———————

① 陈朋，徐清，方凯.发展历程视角下乡村振兴与国家公园融合机制研究——以英国为例［J］.南方农村，2022，38（1）：28-32.

② 安和麦克尤恩，孙平.英国国家公园的起源与发展［J］.国外城市规划，1992（3）：40-43.

（三）日本

日本文化遗产孕育于日本国悠久的历史，经过世代相传与守护，受到了国家与国民的高度重视。根据日本《文化财保护法》，日本文化遗产可划分为"有形文化财""无形文化财""民俗文化财""纪念物""文化景观"和"传统建筑物群"六大类。此外，日本文化财体系还包括保护和修缮文化财的"选定保存技术"，以及埋藏于土地中有待发掘调查的"埋藏文化财"[①]。截至2024年，日本共有26项世界遗产，其中世界自然遗产5项、世界文化遗产21项。而日本文化厅在2015年推出了"日本遗产"项目，是由国家与地方基于不同策略共同运作的产物。国家策略上强调文化资源的"遗产化"，即通过国家策略使文化资源转变为文化遗产，通过遗产开发、遗产消费获得现实的经济利益，通过文化资本，增强文化自觉意识，通过共同的历史记忆，建构并强化身份认同。地方策略上强调叙事话语的建构，积极挖掘文化资源，讲述凸显历史发展脉络与地域特色的文化遗产故事，利用"日本遗产"的符号价值，促进经济发展，提高文化自信，最终达到地方振兴的目的[②]。

日本的国家公园，不仅包括原始森林、湿地、原野，还包含通过人与自然的关联形成的耕地和村落周边的自然、历史以及文化景观。日本的国家公园对发展过程中的不同阶段赋予了不同的意义，1931年日本政府出台《国家公园法》标志着日本国家公园制度正式创立，该法的主旨是保护自然风景区并满足国民使用。"二战"后，政府引进了准国家公园（国定公园）制度，试图通过振兴旅游业促进战后国家经济的恢复与发展。随着日本经济的快速发展，环境问题日趋恶化，因此日本开设环境省，政府对国家公园的开发利用和保护也以环境省为核心进行发展。目前日本的国家公园的发展仍以保护自然资源优先，少有对文化资源的开发利用和保护。

---

① 邹统钎.国家（文化）公园政策国际案例研究［M］.北京：旅游教育出版社，2021.
② 丁红卫，李莲莲.日本国家公园的管理与发展机制［J］.环境保护，2020，48（21）：66-71.

（四）中国

中国国家文化公园依托极具中国代表性的文化基因与文化遗产资源，通过对文物文化资源的内涵挖掘、科学保护和合理利用构建中华文化重要标志，以此彰显源远流长的中华文明、深厚磅礴的文化象征与鲜明独特的民族精神，讲好新时代中国故事，保护传承中华民族历史文化[①]。

2017 年国务院印发《关于实施中华优秀传统文化传承发展工程的意见》，提出了规划建设国家文化公园，成为中华文化重要标识。2020 年《中共中央关于制定国民经济和社会发展第十四个五年规划和二〇三五年远景目标的建议》发布，正式提出建设长城、大运河、长征、黄河等国家文化公园。2021年年底，国家文化公园建设工作领导小组印发通知，部署启动长江国家文化公园建设。2023 年 7 月，国家发展改革委、中央宣传部、文化和旅游部、国家文物局等部门联合印发了《黄河国家文化公园建设保护规划》。

目前我国正在建设五大国家文化公园，包括长城国家文化公园、大运河国家文化公园、长征国家文化公园、黄河国家文化公园、长江国家文化公园，这五大公园中长城的巍峨、大运河的壮美、长征的伟大、黄河的厚重、长江的磅礴，皆是中华文明的精髓所在，代表的都是独一无二、承载着中华民族最深层文化记忆的符号。因此，中国的国家文化公园承载着中华文化的内涵，是国家的象征，强调整合一系列文化遗产后所反映的整体性国家意义；由国民高度认同、能够代表国家形象和中华民族独特精神标识、独一无二的文物和文化资源组成；具有社会公益性，为公众提供了解、体验、感知中国历史和中华文化以及作为社会福利的游憩空间，同时鼓励公众参与其中进行保护和创造。

中国对国家文化公园的建设是对国家公园体系的丰富与创新，契合了中国悠久的历史文化传统和资源禀赋，同时不仅能发挥中国在全球的文化比较优势，也能够形成集文化保护、文化生产、文化消费和文化生活于一体的多功能

---

① 唐承财，黄梓若，王逸菲，等.文化强国战略下中国国家文化公园研究评述与展望［J］.干旱区资源与环境，2023，37（6）：1-10.

复合空间，适应新时代人民群众对高质量文化生活的需求。

二、不同国情下的管理体制与资金来源

（一）美国

美国的国家公园以政府管理为主，其管理体制采取"自上而下"的中央集权模式，由国家、地区和基层三级垂直结构组成，国家层面由国家公园管理局负责全国国家公园的管理、监督、政策制定等工作，地区层面的地区办公室直接管理区域内国家公园管理处，而在基层由国家公园管理处负责公园的具体项目开展及特许经营合同出租等工作[①]。在政府机构的主导管理之外，美国还通过联合企业、非政府组织、科研单位或个人等的国家公园基金会和其他相关的社会机构支持和参与国家公园的管理与发展。相似地，美国文化遗产的保护由政府和民间社团两种类型机构进行，层级上由联邦、州和地方三级组成垂直型结构。联邦层面，政府实行历史文化遗产保护项目，社会上由美国国会图书馆（Library of Congress）、美国国家艺术基金（National Endowment for the Arts）、史密森尼学会（Smithsonian Institute）三个半官方组织参与管理文化遗产的保护工作。州级层面，政府保护机构主要是州史迹保护官员，州政府具有较高的自治权，可根据《国家历史文化保护法》和自身资源状况因地制宜地制定文化保护制度，并有全国古迹保护组织等社会团体参与保护。地方上，政府的历史文化保护委员会建立各州的保护制度，民间主要由保护联盟、历史保护社团和社区组织等组织参与保护[②]。

在资金来源方面，国会拨款是国家公园最主要的资金来源，保证了国家公园的稳定运行，此外公园自身收入和其他机构或个人捐赠等来源也为国家公园提供资金支持。文化遗产保护的资金来源同样包括政府资助与社会捐款，政府还通过降低对文化遗产保护的投资税费的方式来吸引社会资金。

---

① 周武忠. 国外国家公园法律法规梳理研究［J］. 中国名城，2014（2）：39-46.

② Frank K，Petersen P. Historic Preservation in the USA［M］. New York：Springer，2002：77-79.

（二）英国

英国的国家公园实行由国家指导、地方自治、多元参与的综合管理体制。"国家指导"是指英联邦政府通过"环境、食品和乡村事务部（Defra）"指导和管理国家公园的建设与保护[①]，提供宏观政策、基本制度、法律支撑与财政支持，在尊重土地私有权利的基础上进行统一管理规划。"地方自治"是指，制定与实施具体的保护措施和监督管理等工作由各成员国的相关部门或机构——英格兰自然署（Natural England）、威尔士乡村委员会（Countryside Council of Wales）和苏格兰自然遗产部（Scottish Natural Heritage）完成，自主性较高；具体到公园层面，每个国家公园各自设立一个国家公园管理局，通过内部的专业人士、政府工作人员、社区居民与志愿者的讨论决定其行为，并由当地的社区居民参与管理。"多元参与"则是指一些非政府组织为国家公园的管理与资源保护提供专业的建议与支持，或是承担部分的保护责任[②]，社区的居民为国家公园实际管理的基础。而对于历史遗迹的保护，英国存在3种制度，指定纪念物、登录建筑和保护区，面对不同类别的历史遗址等建筑，其中的建筑会依法受到保护。

英国国家公园的资金渠道多元，除环境、食品和乡村事务部（Defra）的财政拨款作为主要来源外，公园内的收费项目和产品销售的收入以及企业、社会组织和个人的捐赠也为国家公园提供了一定的支持。在文化遗产的保护方面，联邦政府和地方政府的资金是主要支持来源。

（三）日本

日本国家公园的管理体制采取"主体明确、权责明晰"的综合管理模

---

① 刘红纯.世界主要国家国家公园立法和管理启示［J］.中国园林，2015，31（11）：73-77.
② 王应临，杨锐，埃卡特·兰格.英国国家公园管理体系评述［J］.中国园林，2013，29（9）：11-19.

式①，即中央政府部门参与，地方政府有一定自主权，兼有私营与民间机构参与到其中。中央政府中，环境大臣负责监督管理日本国家公园的事务，由其所在的环境省设立的自然环境局国立公园课及其在各地设置的自然保护事务所落实法律及其实施细则②。根据《自然公园法》规定，日本国家公园依据自然资源的重要性从高到低可划分为国立公园、国定公园和都道府县立自然公园③。其中，国立公园由环境大臣指定，其国立公园课下直辖的 7 个区域管理事务所垂直管理，所在的地方政府一般设有相关科室，配合事务所的行政管理等工作，以实现推动地方旅游和环境保护等目标④；而国定公园由环境大臣指定、都道府县的环保部门配合环境厅管理；都道府县立公园是由都道府县知事指定、地方环保部门管理的自然公园③。此外，在日本民间存在历史久远的国家公园管理组织参与公园管理，并设立了"公园管理团体"制度，此外通过节事等特殊活动号召全社会共同参与管理。

除国家公园制度外，日本对于文化遗产的保护意识也非常值得学习。日本早在明治早期便出现了对文化遗产管理和保护的制度法规，发展至今已经形成了由健全的法律体系保障的"举国体制"下的文化遗产管理和保护体系⑤。根据《文化财保护法》规定，上至文化厅，下至普通国民，均各自负有对文化遗产的管理和保护的责任与义务。文化厅是日本中央一级文化遗产保护的主要机构，由文化厅完成具体的行政工作；地方政府制定本地区的保护条例，负责管理和保护本地的文化遗产并提供资金补助；文化遗产的所有者负有管理、保护、展示等的责任与义务；普通国民同样需要承担协助保护、及时就发现的文化遗产或可能的遗址处动工等行为向政府或有关部门报告的责任与义务。

在资金来源方面，日本国家公园主要以政府支持为主，尤其在国立公园

---

① 张玉钧.日本国家公园的选定、规划与管理模式［C］//《风景园林》杂志社.2014 年中国公园协会成立 20 周年优秀文集.《风景园林》杂志社（Landscape Architecture Journal），2014：54-56.

② 马盟雨，李雄.日本国家公园建设发展与运营体制概况研究［J］.中国园林，2015，31（2）：32-35.

③ 刘红纯.世界主要国家国家公园立法和管理启示［J］.中国园林，2015，31（11）：73-77.

④ 付慧.国家公园分区治理法律制度研究［D］.太原：山西财经大学，2019.

⑤ 邹统钎.国家（文化）公园政策国际案例研究［M］.北京：旅游教育出版社，2021.

方面施行政府主导的统一财政体制，以国家拨款与地方政府筹款为主[1]，禁止公园管理部门制订经济创收计划，同时社会组织和企业对国家公园进行公益性支持，面对公众基本免费开放。而文化遗产方面的资金以政府拨款作为主要来源，比如日本民俗文化保护传承所需资金主要来源于政府补助与公益财团法人资助[2]。

（四）中国

目前，我国国家文化公园的管理体制是根据《方案》中"中央统筹、省负总责、分级管理、分段负责的工作格局"建立的。"中央统筹"形成了"领导小组—办公室—专班"的格局，领导小组在文化和旅游部设办公室，专班负责统筹、协调、推进建设的执行工作。"分级管理"方面形成了"中央—省（区市）—市（县）"的垂直分级管理格局；在省（区、市）级方面，多地参照中央的"领导小组—办公室—专班"的模式，自主建立了"领导小组＋办公室"的管理架构，负责协调省内相关部门以推进公园建设，部分地区还根据自身文化资源情况设立了专班；市县级层面主要作为建设实施的主体。

然而，由于我国国家文化公园还在建设过程中，目前各级的管理机构中的领导小组与办公室均属于临时性部门，明确稳定的管理体制与架构仍需等待国家文化公园建成并投入运营才能形成。根据我国土地国有以及人口密集的国情，以及在建设过程中形成的总体工作格局，美国"自上而下"的垂直型管理体制与日本的综合型管理体制对于我国的体制建立具有较高的参考价值。

长城、大运河、长征、黄河等国家文化公园沿线经过诸多省（区、市），各地的经济、社会、文化发展情况以及人口各不相同，因此其适宜的管理模式也不同，需要各地政府因地制宜，适当自主创新地探索建立管理体制。对于人口密集、经济社会发展较好且文化资源丰富的地区，人们对于文化资源保护的

---

① 邹统钎，常梦倩，赖梦丽．国家文化公园管理模式的国际经验借鉴［N］．中国旅游报，2019-11-05（003）．

② 沈思涵．日本文化财制度下民俗文化保护及其对中国的启示［J］．华中学术，2019，11（2）：190-200．

意识较强，应发展由政府统筹的社会共治模式，地方政府根据中央对公园发展的政策规划，进行具体的规划与治理，并与居民和公众组成的社会治理组织共同协同对公园进行管理，不仅能够充分地发挥社会的力量，而且在协同过程中吸收公众的建议与诉求；对于人烟稀少的非重点建设的地区，从上级政府向下垂直的政府主导管理模式更合适，通过统一的管理在较大范围内实现高效率的保护。各地应在这两种典型的管理模式的基础上，根据当地的特点对政府与社会居民的参与程度进行调整得出最适宜的模式。

资金来源方面，国家公园管理机构一般依靠财政拨款作为日常管理与运营的经费来源；专项资金多用于保护和利用各类资源和建设国家文化公园；而专项债券与发展基金是各地对调动社会资本建设公园的积极探索；此外，还存在部分企业或个人的社会捐赠作为其来源之一。然而，五大国家文化公园均为大型线性项目，涉及的各省财政状况不一，若仅中央和地方政府的资金投入，建设存在巨大的资金缺口，同时社会方面的多数企业和组织也因经济环境等原因持观望的态度，加之在建设与运营的前期需要大量的资金投至建设、运营、宣传以及人力，因此目前国家文化公园的资金仍然面临着一定的困难。然而根据公益性的要求，无论是在建设期还是运营期，我国国家（文化）公园的财政体制都应当以中央、地方政府拨款和项目专项资金为主，在此基础上充分发展基金会、债券以及社会捐赠等方式作为补充的资金支持体系。

三、不同国情下的规划建设与空间管理

国家文化公园的规划对于其建设和发展起到指导与规范的作用，而空间管理有助于有效分配用于保护与利用的资源，并在保证环境效益的前提下实现公园的保护、游憩、教育等功能。

（一）美国

美国国家公园形成了逻辑层次清晰、科学指导并有公众参与决策的规划体系，主要由基础文件、总体管理规划、战略规划以及专项规划/详细规划构成。其中，基础文件为公园的管理和规划决策提供基本的指导。总体管理规划涉

及资源保护措施、开发的类型与强度、承载力等广泛的内容，并设定了公园发展的较长期目标。战略规划在总体管理规划的基础上具体设定了较短期内的发展目标和定位，且具有高度可操作性。专项规划／详细规划是对总体规划或公园建设中的某个项目或细节所需的技术、设备、资金和安排等做出针对性的阐述。而其所有规划都有作为专业规划团队的丹佛设计中心参与，以保证规划的科学性和专业性。此外，公众也参与到国家公园规划的编制与决策中，不仅能够提高公众的支持度和责任感，促进全社会的参与，而且有助于吸引投资[①]。

在空间管理方面，美国国家公园宏观上将全国划分成 7 个地区，由各自的地区办公室管理区域内的国家公园管理处；微观上在各个国家公园内实行功能分区管理制度，如生态环境保护区、文化景观区、娱乐区、特色区等，不同区域发挥不同功能，并根据保护级别执行不同的保护政策，尽可能地降低了人类活动对自然与文化的破坏。美国的文化遗产保护项目则分为四类保护区，国家登录历史文化场所、国家历史文化标志地、国家公园系统和国家遗产区。早在 20 世纪美国就开始建设数字化的文化遗产[②]。而在众多文化遗产保护方式中，最值得借鉴的有国家遗产廊道模式，用于保护大型线性文化遗产。其策略是在运河沿线的各类资源之间建立联系网络，提高物理与概念的连通性与整体性，再通过资源保护、基础设施建设、协调廊道间建设，串联历史文化科普、旅游活动与线路等环节，以及资金技术援助、公众参与管理、融资、合作以及法制等保障环节，不仅实现文化遗产活化保护与区域经济的振兴发展[③]，而且有助于实现提高国民文化素养、培养当地居民对历史文化自豪感的目标。

（二）英国

英国的规划制度在法律制度的范畴中，要求每个国家公园都须制定自身的规划，以达到合理使用和开发土地的目的。与美国相似，英国也形成了层次清

---

① 李云，唐芳林，孙鸿雁，等 . 美国国家公园规划体系的借鉴［J］. 林业建设，2019（5）：6-12.

② 邹统钎 . 国家（文化）公园政策国际案例研究［M］. 北京：旅游教育出版社，2021.

③ 龚道德，袁晓园，张青萍 . 美国运河国家遗产廊道模式运作机理剖析及其对我国大型线性文化遗产保护与发展的启示［J］. 城市发展研究，2016，23（1）：17-22.

晰、程序严谨的国家公园规划体系，主要由管理规划、核心战略及其他专门规划三个层级构成：管理规划也称"伙伴合作计划"，规定了总体指导性的战略政策与规划框架，是一切管理与开发的最高准则；核心战略是对管理规划进行的短期的具体与深化，兼具指导性与实施性，而且须同时与上层次规划、地方发展规划以及地方专门规划相协调[1]；其他专门规划则是对前两者中部分内容的具体补充规划。在编制程序方面，由国家公园管理局进行编制，广泛征求意见并编制完成后，召开有社区部中央规划部门的国家监察人员以及社区公众参加的听证会，听取各方意见，并据此修改，最终完成公园规划。

与此同时，由于英国国家公园规划建设的自主性较高，因此没有形成如美国明确统一的功能分区，而是各自从景观类型、游憩活动适宜度等不同角度划分空间并进行管理。例如，英国峰区国家公园根据景观特征分为八个区域，并评估不同区域适宜的游憩活动；英国诺森伯兰国家公园根据景观特征进行了更细致的景观特征区划分，同样对应了适宜的游憩活动。

（三）日本

日本国家公园总体规划分为保护规划和利用规划两部分内容，由公园管理机构编制而成。保护规划包括对公园进行区划划分和调整的保护规制规划，以及保育生物和预防灾害的保护设施规划；利用规划包括限制人类影响环境的利用规制规划，以及关于公园开发利用设施的利用设施规划。此外，《自然公园法》也对自然风景地保护和利用的计划规划进行了规定。

日本国家公园采用的是全覆盖的"梯级式"分区管理[2]，并且政府对于国家公园不同区域的进入和利用等活动制定十分严格的规定：根据景观级别，陆地国家公园分为普通区与特别区，海域则分为普通区和海中公园；特别区继续被分为特别保护区和第一、二、三类保护区，保护的级别逐渐降低，对人类活动的限制也逐渐减少；而普通区一般作为国家公园特别区和海中公园与外界之

---

① 邓武功，程鹏，王全，等.英国国家公园管理借鉴［J］.城建档案，2019（3）：80-84.
② 付慧.国家公园分区治理法律制度研究［D］.太原：山西财经大学，2019.

间的缓冲区域。由于日本不允许公园制订经济创收计划，且国家公园经费大部分由政府负担，所以国家公园不收取门票，仅在部分世界文化遗产和历史文化古迹等景点处收费[①]。

（四）中国

当前，我国国家文化公园还处在建设阶段，规划体系仍为建设规划。中央层面，中共中央办公厅、国务院办公厅在 2019 年年初发布的《方案》对管理体制和建设任务等方面做了总体规划。2020 年国家文化公园建设工作领导小组发布了《黄河国家文化公园建设实施方案》《长征国家文化公园建设实施方案》《大运河国家文化公园建设实施方案》和《长城国家文化公园建设实施方案》，进一步为文化公园的建设做了更具体的指导与规划。2021 年，《文化保护传承利用工程实施方案》对目标、任务、筛选标准、资金安排以及保障措施做出规定。同时，国家文化公园涉及的各省份也纷纷根据中央文件出台省级规划，并实施公园建设。而国家文化公园的运营规划还需等公园建成后，根据我国国情、他国经验、社会各方的建议与意见完成编制。

根据《方案》要求，我国国家文化公园根据文物和文化资源的整体布局、禀赋差异及周边人居环境、自然条件、配套设施等情况，将公园空间分为管控保护、主题展示、文旅融合和传统利用四类主体功能区，不同区域内实行不同的保护级别，对游憩、娱乐、科普等利用项目采取不同程度的限制措施。此外，在跨空间的协调上，同一文化公园在不同省之间需要通过机构沟通协调来划分边界处文化资源的权属与责任，解决使各方建设的标准相统一等问题，然而当前缺乏此类机构，需要建立跨省交流的联席会议或委员会等机构，使得各省负责建设的部分能够相协调统一，而非主题、内容相割裂的独立景点；在建成后投入运营时，同样需要省（区、市）间的沟通使得文化公园沿线区域加强联动，实现项目、设施、宣传等的一体化，以提供更好的文化体验。

[①] 马盟雨，李雄.日本国家公园建设发展与运营体制概况研究［J］.中国园林，2015，31（2）：32-35.

四、不同国情下的特许经营与公众参与

在实行国家公园体制的国家中，一般都会根据其公园的功能分区，分级限制人类的资源利用活动，并在利用过程中引入特许经营这一制度来实现可利用功能区的游憩、科普、娱乐、休闲、购物等功能，而国家公园的建设也离不开全社会各方人员的支持和参与。因此，分析案例国家的特许经营制度与公众参与情况，能够为我国国家文化公园的建设提供借鉴。

（一）美国

原本美国国家公园的运营开销几乎全部由联邦政府财政承担，但随着经济危机对美国经济的影响，联邦政府开始对外拓宽融资渠道[①]。在《特许经营法》出台后，私人企业或机构须通过作为平台的国家基金会来参与国家公园内旅游配套服务经营权的竞标，在获得特许经营权后可在特定的年限、特定的区域内，在不涉及消耗公园核心资源的前提下开设游憩、住宿、出行、餐饮、纪念品商店以及其他配套服务，并将一定比例的经营项目总收入向国家公园缴纳。公园内几乎所有的配套服务都由公开招标的特许经营完成，于是实现了将管理职能与经营职能分配给不同的群体，各自专注于自身领域工作，实现了在管理与经营上高效的资源分配。

此外，美国政府也积极鼓励公众参与到国家公园和文化遗产的保护与管理中去。首先，在民间保护团体的积极倡导之下，国家公园与文化遗产保护等立法进程得以快速推进，并不断完善。其次，美国《国家历史文化保护法》确立了社会各部门对于文化遗产保护的法定义务与职责[②]，《国家公园管理法》也规定了美国公民或机构对国家公园管理和监督的法定责任与义务[③]。此外，公众不仅以个人的形式，还会通过参与民间团体的活动积极参与其中，这不仅有助

---

① 董玲巧.中美国家公园管理体系比较研究［D］.重庆：重庆大学，2019.

② 张国超.美国公众参与文化遗产保护的经验与启示［J］.天中学刊，2012，27（4）：128-131.

③ 夏云娇，刘锦.美国国家公园的立法规制及其启示［J］.武汉理工大学学报（社会科学版），2019，32（4）：124-130.

于吸引更多公众参与保护和管理，而且能够带动企业或组织进行捐赠或投资。

（二）英国

英国国家公园内有 40 余万人居住，公园内社区及其生产和生活方式是国家公园价值得以形成并保持的基础[①]。因此，在生产性与自然性的矛盾之下，英国国家公园在保证环境生态和历史遗迹不被破坏的前提下，支持发展可持续农业、食品加工业及其销售，此外旅游业也已经成为国家公园的中心产业，但这些规划建设项目的执行均受到较为严格的申请与审批[①]。此外，英国国家公园还通过提高外来者在公园内购房的门槛来保证公园社区的可持续发展。

由于英国土地私有、原住民多的两个国情，在英国国家公园的开发、保护与运营过程中，社会公众都广泛深入地参与到公园的管理、规划以及园内的生产经营中，并听取社区居民的意见与诉求，实现国家公园的多元参与管理体系。此外，还有许多非政府组织参与到公园的管理，或为保护和建设提供专业建议，如国家公园管理局协会（ANPA）、国家公园运动（CNP）、国家信托和林业委员会等，而其中的部分机构也在公园内拥有土地。

（三）日本

在日本国家公园成立的早期，采取了以营利为主的经营方式，轻视环境的保护，对公园的自然环境和经营环境造成了恶劣的影响。在意识到其严重性后，日本国家公园开始向严格保护和公益发展。日本禁止公园管理部门制订经济创收计划。因此，国家公园中除部分世界文化遗产和历史文化古迹等景点实行收费制以外，其余皆不收门票[②]。而特许经营方面，日本国家公园允许从事农、林、渔业以及旅游业，并分布在第二类、第三类保护区和普通区，在第二类、第三类保护区需要经过严格的审查，而在普通区的要求则宽松一些。

---

①　王应临，杨锐，埃卡特·兰格.英国国家公园管理体系评述［J］.中国园林，2013，29（9）：11-19.

②　马盟雨，李雄.日本国家公园建设发展与运营体制概况研究［J］.中国园林，2015，31（2）：32-35.

随着近年来环保意识的增强，日本公众也越来越多地参与到国际公园的管理中。日本设立了"公园管理团体"的制度，并通过举办多样的活动号召社会公众参与保护和管理，不仅提高了社会的参与广度和深度，而且有助于深化保护自然与历史遗产的社会共识。在文化遗产保护方面，一直以来都颇受日本政府的重视。在完备的法律体系基础上，日本政府一方面通过推出文化遗产的保护项目和政策，宣传和发展传统文化；另一方面，日本政府"从娃娃抓起"，对学生与青少年进行培养，学习传统文化和技艺，使日本文化遗产的保护与传承形成社会共识，使文化遗产保护成为全社会自发参与的行动，实现可持续发展。

（四）中国

由于国家文化公园还在建设中，尚未建立经营制度，因此除借鉴国外的特许经营制度外，还可以根据我国国家公园的经营模式设立。目前我国国家公园经营模式主要有政府独自经营模式和企业经营模式。顾名思义，政府独自经营模式是由政府所有的国有企业经营，且由经营国家公园所得的收益归政府所有，在我国是最常见的自然文化资源管理的经营模式；而企业经营模式与美国的特许经营制度相似，将经营权和所有权分离，并转让给企业进行市场化营销，项目的盈利与政府共同分享，或是由企业自负盈亏，有利于政府专注于建设基础设施和运营开发利用①。故在国家文化公园建成后，可采取公益性为主，部分功能区引入特许经营的经营模式，即对国家文化公园、博物馆等文化场所采取免门票或低价门票的方式，而公园内的交通、旅游、娱乐、购物以及餐饮等项目的功能通过企业在规定范围内实现，并由当地公园管理机构在专门法律法规的基础上审批、监督和管理。借助企业的力量打造国家文化公园的旅游品牌，实现文化公园的游憩、文化教育以及宣传等功能，能够使文化资源的保护与利用均实现高效率推进。

当前，我国无论是国家公园还是其他风景区的规划、管理与监督，都存在社会公众参与不足的问题，现有的形式也多是政府或管理局为低收入居民设置

---

① 董玲巧.中美国家公园管理体系比较研究［D］.重庆：重庆大学，2019.

的公益性岗位。然而，自然与文化景观都是全社会共同的财富，其保护和管理也需要社会公众的积极参与。因此，应当通过规定保护和监督管理自然和文化遗产的法定责任与义务，成立社会组织与国家（文化）公园管理机构合作管理，公园管理局与中小学、高校或企事业单位合作进行遗产保护等方式提高社会参与的深度与广度，并在规划和建设时积极与当地居民沟通，了解其诉求，以激发居民参与管理的热情。

五、不同国情下的利益相关者协调

协调好相关者的利益是国家文化公园和文化遗产保护与利用的重要环节。国家公园的保护理念也已经从过去的排斥人类的绝对保护走向相对保护，从消极保护走向积极保护①，可见人们对于土地和原著居民问题的协调管理已经逐步走向成熟，其经验值得我们学习借鉴。

（一）美国

美国国家公园早期对原住民的绝对排斥不仅有悖于国家公园和文化遗产保护的原则和目标，而且对于国家公园而言也是一种破坏。发展至今，经历过限制权利、合作管理到当今的认可原住民的存在与居住，美国社会已经逐渐意识到原住民在国家公园内生存的权利也需要受到尊重和保护。美国国家公园管理局已与原住居民签订合作管理协议，承认原住居民的土地所有权，允许其开展狩猎等传统生活活动，给予原住居民特许经营的优先地位②。此外，国家公园内的资源管理还以原住居民族制定的法令、决议以及国家公园管理局制定的相关法律法规和政策为法定依据。

（二）英国

英国国家公园与美国不同，英国土地大多为私有土地，所有者包括当地农

---

①　廖凌云，杨锐.美国国家公园与原住民的关系发展脉络［J］.园林，2017（2）：28-31.

②　薛云丽.国家公园建设中原住居民权利保护研究［D］.兰州：兰州理工大学，2020.

户或社会组织，以及住在村庄与城镇的居民。在处理土地私有性与公园公众进入的公共性之间的矛盾上，英国采取了"分权制"的管理方式缓解，即在国家的监督下将保护国家公园的责任下放给居住在公园的人，并取得了不错的成效。而公园管理局有时也拥有部分土地，但多数情况则是管理局与国家公园内所有的土地所有者共同合作保护当地景观。而在公园原住民的问题上，英国不仅没有要求其搬离，还将原住民作为国家公园的文化景观的基础保留下来，在保护景观的前提下发展可持续的农业和旅游业，以实现社区经济的增长。

（三）日本

国家公园的土地权属比较复杂，约一半土地归国家所有，但分属于不同的部门，剩余的土地不足一半为私有，以及小部分的地方公团所有①。因此，日本国家公园在土地问题不易通过赎买解决的情况下，采取了"地域制"，即不论土地权属，均按公园区划统一管理，以此来解决不易管理的问题。此外，日本的国土面积小、人口众多，国家公园内外的人口密度均较高，不能使其搬离公园，而是允许当地居民在管控大规模开发的调控下继续生活和从事经济活动，并从中受益。但与此同时，在公园进行规划和管理时，并没有听取居民和公众的意见，而仅与行业利益相关者进行沟通协商②。

（四）中国

在《建立国家公园体制总体方案》与《关于建立以国家公园为主体的自然保护地体系的指导意见》中均有保护原住居民的权利内容，规定了建设开发活动必须在不损害原住居民生产生活的基础上进行。此外，还有在重点保护区域内集体土地可通过合作协议等方式实现统一，建立社区共管机制，健全生态保护补偿制度，设立生态管护公益性岗位，以及在特定条件下允许原住居民不搬离并进行必要的生活活动等保障原住居民权利等规定。在国家公园的政策基础

---

① 刘红纯. 世界主要国家国家公园立法和管理启示［J］. 中国园林，2015，31（11）：73-77.
② 赵凌冰. 基于公众参与的日本国家公园管理体制研究［J］. 现代日本经济，2019，38（3）：84-94.

之上，对国家文化公园的原住居民政策可在不影响景观的前提下适当宽松。由于国家文化公园的建立是基于各地经过千百年沉淀的历史文化底蕴，原住居民与历史文化景观共同生活营造出文化社区的文化氛围是国家文化公园不可或缺的组成部分，因此应当允许原住民的保留，并鼓励他们积极发展当地的习俗与文化，参与到公园的建设管理或经营和运营中。

六、不同国情下的国家遗产公园管理机构

（一）美国国家公园和文化遗产管理机构

美国的国家公园管理体制采取"自上而下"的中央集权模式，由国家、地区和基层三级垂直结构组成，即由负责全国国家公园的管理、监督、政策制定等的国家公园管理局，直接管理区域内国家公园管理处的地区办公室以及负责公园的具体项目开展及特许经营合同出租等工作的国家公园管理处构成。美国国家公园管理局将管理事务分为运营类、国会及对外关系类。其中运营类事务由八位主任分别管理，包括"自然资源保护和科学""解说、教育和志愿者""访客和资源保护""商务服务""文化资源、伙伴关系和资源""人力资源及其相关事务""公园规划、设施和土地""信息资源""伙伴关系和公民参与"等事务。此外，还分设跨州的 7 个地区局作为国家公园的地区管理机构，并以州界为标准来划分具体的管理范围；基层管理部门为各公园，每座公园则实行园长负责制，并由其具体负责公园的综合管理事务[①]。而在政府机构的主导管理之外还存在由国家公园基金会联合的企业、非政府组织、科研单位或个人等多方的支持与参与。

虽然美国的国家公园涵盖了历史遗迹和人文景观，但是对自然与生态的关注度明显更高一些，因此我国国家文化公园的建设还需学习文化遗产保护机制。美国文化遗产的保护机构有与国家公园相似的垂直型结构，即联邦、州和地方

---

① 蔚东英.国家公园管理体制的国别比较研究——以美国、加拿大、德国、英国、新西兰、南非、法国、俄罗斯、韩国、日本 10 个国家为例［J］.南京林业大学学报（人文社会科学版），2017，17（3）：89-98.

三级，而保护机构的类型也存在政府部门与民间社团两种。国家级主管机构有国家公园管理局、历史文化保护咨询委员会、史迹保护联邦理事会，国家层面的民间社团组织有国家历史文化保护信托组织、古迹保护行动组织、美国建筑师协会等；州政府的保护机构主要是州史迹保护官员，州级别的民间社团组织有全国古迹保护组织等；地方政府的保护机构主要是地方历史文化保护委员会，地方性的民间保护组织主要分为三种：保护联盟、历史保护社团和社区组织。

美国的国家公园采取高效统一的"自上而下"的中央集权式管理模式，通过制定统一的法律与标准、实行统一管理，各级自上而下地履行职责、行使职能，避免了各地区政府建立纷繁的标准或执行质量不同的政策，同时也避免了不同部门的交叉管理，极大地提高了管理效率。

（二）英国国家公园和文化遗产管理机构

英国采取综合型管理体系，即国家公园的管理由国家指导、地方自治、多元参与，包括国家公园的划定、相关管理政策和法律法规的制定、公园的规划等。总体上看，英国中央政府只是对国家公园的保护进行宏观性的指导，给予基本的制度和财政保障。而英格兰自然署、威尔士乡村委员会和苏格兰自然遗产部分别负责英格兰、威尔士和苏格兰各自范围内的国家公园一系列保护措施的制定与实施[1]。以英格兰为例，英格兰自然署通过"环境、食品和乡村事务部"指导和管理国家公园的建设与保护[2]。国家公园管理局则负责国家公园的具体性事务，由于公园管理局处于国家公园保护的第一线，而且英国大部分国家公园土地为私有，土地所有者为当地农户或国家信托等机构以及住在村庄与城镇的数千居民。因此在多机构协同工作的过程中，公园管理局扮演了提供交流平台和中间协作的角色，不仅针对相关机构，还要保证农户和居民等个人土地所有者的参与[3]。

---

[1] 李爱年，肖和龙.英国国家公园法律制度及其对我国国家公园立法的启示［J］.时代法学，2019，17（4）：27-33.

[2] 刘红纯.世界主要国家国家公园立法和管理启示［J］.中国园林，2015，31（11）：73-77.

[3] 邓武功，程鹏，王全，等.英国国家公园管理借鉴［J］.城建档案，2019（3）：80-84.

在遗产保护领域，英国主要采取"分级管理协同保护"的思路，英国文化遗产保护的组织架构分为中央、地方以及非政府三种形式，三种形式所提供的服务的范围也是从国际到国内，从地方到个人，结构合理，灵活机动。数字文化传媒体育部是英国政府文化遗产保护的最高权力机构，负责全国文化遗产的保护工作，其下又分为艺术、建筑、创作事业部和遗迹遗址工作组等，是承担历史建筑维护、考古遗址登记以及文物出口管制等工作的职能部门；英国各个地方政府结合自身情况会设立专门的文化管理行政部门，主要承担相关文化遗产保护工作，如政策制定、财政拨款等宏观职能[①]，以北爱尔兰为例，文化艺术休闲部和旅游局是文化遗产保护、媒体宣传及旅游开发等工作的主管部门。非政府组织及民间组织也同样重要，这些民间的文化艺术团体和文化事业组织不直接接受政府文化部门管辖，但可以向政府申请运行资金并承担遗产项目的建设保护工作，如"英格兰遗产""大英博物馆"等可以独立执行、制定规章或者从事商业活动；另外，"艺术品收藏咨询委员会""威尔士语合作委员会""苏格兰威士忌协会"等则主要负责向政府主管部门提供专业的咨询建议[②]。

英国国家公园管理形成多元共治的综合管理体系，是一种各类利益相关者之间的合作伙伴模式，符合英国土地私有制国情，能够减少国家权力的干预，不仅能缓解国家公园的公共性与土地的私有之间的矛盾，而且有利于形成灵活的国家公园保护政策，还有利于这些保护政策的进一步实施。同时，英国文化遗产保护部门拥有一定独立自主权，减少了文化保护过程中的烦琐工序，能够避免部门间相互推诿，从而保证文物保护工作高效实施。

（三）日本国家公园和文化遗产管理机构

日本国家公园的管理体制采取"主体明确、权责明晰"的综合管理模式，即中央政府部门参与，地方政府有一定自主权，兼有私营与民间机构参与到其

---

① 李婕. 英国文化遗产保护对我国的借鉴与启示——基于财政的视角［J］. 经济研究参考，2018（67）：32-39.

② 葛建伟. 英国文化遗产管理措施对我国非遗保护工作的启示［J］. 中国多媒体与网络教学学报（中旬刊），2020（2）：242-244.

中^①。日本国家公园分为国立公园、国定公园和道立公园，国立公园由国家直接管理，国定公园则是由都道府县配合环境厅管理，道立公园由地方环保部门管理^②。在日本环境省有专门负责国家公园的自然环境局国立公园课，该部门按地区下设 11 个自然保护事务所，分别管理北海道东部、北海道西部、东北地区、关东北部地区等 11 个地区内的国家公园，部分国立公园数量较多的地区，还会增设自然环境事务所^③。同时，日本设立了"公园管理团体"制度，以便更好地协调公园内的多方利益。公园管理团体是为推进公园保护与管理，由民间团体或市民自发组织的，经国立公园上报，环境大臣认可的公益法人或非营利性活动法人，全面负责公园日常管理、设施修缮和建造，以及生态环境的保护、数据收集与信息公布^④。

除国家公园制度外，日本对于文化遗产的保护管理也非常值得学习。《文化财保护法》规定，上至文化厅，下至普通国民，均各自负有对文化遗产的管理和保护的责任与义务，呈现出"举国体制"^⑤。文化厅是日本中央一级文化财保护的主要机构，由文部科学大臣作为最高责任人，由文化厅完成具体的行政工作；地方政府制定本地区的保护条例，负责管理和保护本地的文化遗产并提供资金补助；文化遗产的所有者负有管理、保护、展示等的责任与义务；普通国民同样需要承担协助保护、及时就发现的文化遗产或可能的遗址处动工等行为向政府或有关部门报告的责任与义务。

一方面，日本的国家公园和文化遗产管理由中央到地方，综合管理，有序高效；另一方面，日本政府将当地居民、行业协会等主体统一纳入治理体系中，通过合作，让各类主体真正参与到国家公园和文化遗产的规划、投资、经营、管理和保护环节中，这种管理机制不仅有助于彰显国家公园和文化遗产真正的

---

① 张玉钧.日本国家公园的选定、规划与管理模式［C］//《风景园林》杂志社.2014 年中国公园协会成立 20 周年优秀文集.《风景园林》杂志（Landscape Architecture Journal），2014：54-56.

② 刘红纯.世界主要国家国家公园立法和管理启示［J］.中国园林，2015，31（11）：73-77.

③ 蔚东英.国家公园管理体制的国别比较研究——以美国、加拿大、德国、英国、新西兰、南非、法国、俄罗斯、韩国、日本 10 个国家为例［J］.南京林业大学学报（人文社会科学版），2017，17（3）：89-98.

④ 许浩.日本国立公园发展、体系与特点［J］.世界林业研究，2013，26（6）：69-74.

⑤ 邹统钎.国家（文化）公园政策国际案例研究［M］.北京：旅游教育出版社，2021.

价值，而且使得全国公众自发形成保护意识，推动各类资源的可持续利用。

（四）中国国家文化公园管理机构

《方案》明确指出我国国家文化公园管理格局为"中央统筹、省负总责、分级管理、分段负责"，中央统筹形成了"领导小组—办公室—专班"的顶层设计。中央领导小组由中央宣传部部长任组长，中央宣传部、国家发展改革委、文化和旅游部负责同志任副组长，且在文化和旅游部设办公室，抽调文化和旅游部内部及地方人员设置专班，负责统筹、协调、推进建设的执行工作[①]。分级管理方面形成了"中央—省（市）—市（县）"的垂直分级管理格局；在省（区、市）级方面，多地参照中央的"领导小组—办公室—专班"的模式，自主建立了"领导小组＋办公室"的管理架构，负责协调省内相关部门以推进公园建设，部分地区还根据自身文化资源情况设立了专班；市县级层面主要作为建设实施的主体[②]。

然而，由于我国国家文化公园还在建设过程中，目前各级的管理机构中的领导小组与办公室均属于临时性部门，明确稳定的管理体制与架构仍需等待国家文化公园建成并投入运营才能形成。根据我国土地国有以及人口密集的国情，以及在建设过程中形成的总体工作格局，美国"自上而下"的垂直型管理体制与日本的综合型管理体制对于我国的体制建立具有较高的参考价值。

七、不同国情下的政策法规

（一）美国国家公园和文化遗产法律体系

美国的法律体系自上而下包括五个层次，即宪法、成文法、习惯法、行政命令和部门法规，由于美国设立国家公园的起始时间早，对法律法规的探索同样长远，其立法覆盖了纵向各层次与横向各类型的法律法规[③]，关于国家公园

---

① 吴丽云，邹统钎，王欣，等.国家文化公园管理体制机制建设成效分析［J］.开发研究，2022（1）：10-19.

② 刘敏.国家文化公园管理体制机制研究［J］.中国国情国力，2022（5）：54-58.

③ 周武忠.国外国家公园法律法规梳理研究［J］.中国名城，2014（2）：39-46.

的立法多达数十种规则和标准。总体来看，美国国家公园法律体系可分为国家公园基础性法律、一般性法律和部门规章①。

首先，1916 年美国颁布了《国家公园管理局组织法》，是国家公园体系中最基本、最重要的法律规定。随后，美国分别在 1970 年和 1978 年对其进行修改完善，使其不断与时俱进。1969 年，美国颁布了《国家环境政策法》，这是美国环境保护的基本大法，这部成文法并不仅仅针对国家公园而制定，而是针对国家所有的环境问题而做出的规定。这两部法律成为美国国家公园管理以及环境保护的基础性法律，对国家公园统一管理机构的创设和国家公园的开发保护起了根本性的指导作用。其次，美国的一般性法律主要是对国家公园管理及保护做出的具体规定，最具代表性的有《国家公园系统授权法》《荒野法》《国家自然与风景河流法》《国家步道系统法》《特许经营政策法》等，它们从纵向和横向两个层面共同构成国家公园法的体系，使各方面管理和建设都有了法律的指导。最后，美国的国家公园立法体系中还包括了许多部门规章。相对于成文法而言，部门规章更多体现在对一些程序性事项的规定上，二者相辅相成，共同致力于国家公园的建设和保护。

美国对文化遗产的保护也同样重视，1906 年，美国颁布了《古物保护法》，这是美国第一部有关历史文物的专门保护法；1930 年后文化遗产保护运动在国内进入高潮的活跃阶段，1935 年罗斯福总统签署了《历史遗址与建筑法》；1966 年美国通过《国家历史文物保护法》，明确规定了美国历史文物保护的基本框架和体系，制定了具有美国特色的历史文化场所国家登录、认定制度等②。此后，美国相继出台了《考古资源保护法》《民俗保护法案》等，对美国文化遗产的保护产生了积极影响。

美国国家公园和文化遗产的立法体现了从最初简单个体化保护到如今全面系统性保护的过程，随着时代的变化，法律的着眼点也不单单再是自然环境的保护，而是越来越多地融入文化、种族以及人权的内容，使得整个法律体系更

---

① 国家林业局森林管理办公室，中南林业科技大学旅游学院 . 国家公园体制比较研究［M］. 北京：中国林业出版社，2015.

② 邹统钎 . 国家（文化）公园政策国际案例研究［M］. 北京：旅游教育出版社，2021.

加丰满，更加科学有效。

（二）英国国家公园和文化遗产法律体系

英国国家公园及其法律制度深受美国的影响，1949 年通过的《国家公园与乡村进入法》确立了国家公园的法律地位，法律规定将拥有特殊自然风景或大量动植物生活栖息的地区划定为国家公园，并由国家进行统一保护管理，当地政府作为直接执行者。1972 年，《地方政府法》规定国家公园是独立的规划当局，英国国家公园立法体系有了进一步发展。1995 年通过的《环境法》让英国国家公园的管理体系和规划制度有了清晰的发展脉络，是英国国家公园立法的里程碑①。除此之外，《乡村和道路权法》《规划和强制购买法》《自然环境和乡村社区法》《规划法》《当地政府和公共参与健康法》等很多重要法律对国家公园、国家公园管理局和公园规划产生了影响②。

英国关于文化遗产的法律保护主要聚焦于普通法和单行法。1882 年英国颁布了《古迹保护法》，这是第一部具有标志性意义的文化遗产保护法案；随后《城乡规划法》《保护世界文化和自然遗产公约》《欧盟保护少数民族语言宪章》等法律法规相继出台，英国不断改革和完善文化遗产法律法规保护体系。21 世纪初，英国逐渐重视无形文化遗产的保护，并且形成了保护和利用并存的理念，因此针对特定遗产项目制定了一系列单行立法，出台了《苏格兰威士忌条例》《格子苏格兰注册法案》《盖尔语法》等单行法，有效保证了无形文化遗产的保护和传承。

（三）日本国家公园和文化遗产法律体系

1931 年，《国家公园法》出台标志着日本国家公园制度正式创立，体现了日本政府保护自然风景区并满足国民使用的主旨，同年日本内阁颁布《自然

---

① 李爱年，肖和龙.英国国家公园法律制度及其对我国国家公园立法的启示 [J].时代法学，2019，17（4）：27-33.

② 王应临，杨锐，埃卡特·兰格.英国国家公园管理体系评述 [J].中国园林，2013，29（9）：11-19.

公园法施行令》，厚生劳动省颁布《自然公园法施行规则》，这两个配套法规是《国家公园法》的重要补充和细化；1957 年，颁布了《自然公园法》取代了《国家公园法》，确立了由国家公园、国定公园及都道府县立自然公园构成的自然公园体系①。此外，日本还颁布了《国立公园及国定公园候选地确定方法》《国立公园及国定公园调查要领》《自然环境保护法》《景观法》《濒危野生动植物保护法》《防止外来生物入侵法》等，这些法律共同构成了日本国家公园自然保护和管理的法律制度系统，以便相关从业人员与社会民众的遵守与执行②。

日本的文化遗产保护法规体系同样历史悠久。1897 年，日本政府颁布的《古社寺保存法》被称为"日本文化财保护法之母"，厘清了日本特别保护建造物和国宝的含义；1919 年，《古迹名胜天然纪念物保护法》详细规定了日本名胜史迹等纪念物的保护与管理。不久，日本先后出台了《国宝保存法》《关于保存重要美术品等的法律》等；1950 年，《文化财保护法》出台，明确规定了文化财管理保护中中央政府、地方政府、文化财所有者及管理者、普通国民的相关法律责任、权利和义务，是一部关于文化财管理和保护的重要法律。此后，日本不断对文化财保护体系进行修改完善，避免了文化遗产保护的疏漏。

（四）中国国家文化公园法律体系

随着 2017 年中国国家文化公园的建设构想的正式提出，我国国家文化公园法律体系不断完善③。国务院印发《关于实施中华优秀传统文化传承发展工程的意见》，提出了规划建设国家文化公园，成为中华文化重要标识。2019 年，中共中央办公厅、国务院办公厅颁布《方案》，明确规定国家文化公园的性质，即"重大文化工程"与"公共文化载体"，以凸显其"中华民族文化标识"的重要价值。2020 年，《中共中央关于制定国民经济和社会发展第十四个五年规

---

① 谢一鸣.日本国家公园法律制度及其借鉴［J］.世界林业研究，2022，35（2）：88-93.

② 马盟雨，李雄.日本国家公园建设发展与运营体制概况研究［J］.中国园林，2015，31（2）：32-35.

③ 唐承财，黄梓若，王逸菲，等.文化强国战略下中国国家文化公园研究评述与展望［J］.干旱区资源与环境，2023，37（6）：1-10.

划和二〇三五年远景目标的建议》发布，正式提出建设长城、大运河、长征、黄河等国家文化公园。2021 年年底，国家文化公园建设工作领导小组印发通知，部署启动长江国家文化公园建设①。2023 年 7 月，国家发展改革委、中央宣传部、文化和旅游部、国家文物局等部门联合印发了《黄河国家文化公园建设保护规划》。我国尚处于国家文化公园建设初期，法律体系还要根据国情和社会发展趋势不断修改和完善。此外，对于国家文化公园的立法，应依托《中华人民共和国文物保护法》等相关立法，形成庞大的法律体系，而不是简单的一园一法。

八、不同类型国别的比较

根据国家公园的尺度、所在国家的经济水平以及国家公园资源的类型，大致分为以下几种类型（表 5-2），并选取代表国家的国家公园体制进行简介。

表 5-2　国家公园分类国别比较

尺度	巨型	巨型	中等	中等	中等	中等	小型
资源	生态型	生态型	生态型	生态型	文化型	文化型	文化型
经济	发达	发展中	发达	发展中	发达	发展中	发展中
代表国家	美国、加拿大、澳大利亚	巴西、俄罗斯	瑞典、挪威、芬兰、瑞士、新西兰	肯尼亚、坦桑尼亚、印度尼西亚	法国、德国、西班牙、意大利、日本、韩国	泰国、马来西亚、埃及、突尼斯、墨西哥、土耳其	卢森堡、比利时、荷兰、丹麦、新加坡、阿联酋、以色列

（一）尺度巨型、经济发达国家的生态型国家公园

这一类型的国家公园主要分布在北美、澳大利亚等地区，代表国家有美国、加拿大和澳大利亚。

---

① 周刚志，徐华. 论长征国家文化公园立法［J］. 中南大学学报（社会科学版），2023，29（2）：61-69.

1. 加拿大

加拿大通过自然保护地分区方法来协调自然生态系统保护与公众游憩需求、土著社区管理、土地权属处理等一系列矛盾。首先，在国家公园分区模式上，加拿大实现了自然保护与公众游憩需求的融合。一方面，依托联合国教科文组织提出以自然保护为目标的"核心区—缓冲区—过渡区"三圈层模式，进而建立"严格保护区—重要保护区—限制性利用区—利用区"模式。另一方面，构建了适应本国公众游憩需求的"特别保护区—荒野区—自然环境区—户外游乐区—公园服务区"模式，并一定程度上形成了以自然保护和游憩需求为目标的分区模式的对应关系[①]。其次，在国家公园政府管理模式上，加拿大形成了适应国情的垂直管理模式。国家公园由隶属环境与气候变化部的国家公园管理局管理，其管理体系主要由管理运营、项目、内部支持服务三部门组成，基于管理运营部门进行分区管理，共用一个项目体系（保护区建立、遗产保护等），并由相对灵活的内部支持服务体系（行政、财务、投资等）保证人力资源管理与资金流转的有序进行。最后，在国家公园建设体系中，加拿大国家公园进行了交互模式的国家公园制图，实现了地理空间定位与相关领域研究共享的平台搭建。交互形式允许公众在国家公园网站中更为明晰地了解现有国家公园地理区位及一定周期内的现场监测照片，了解国家公园建设的进展。在交互体验过程中，公众可以选择自己对于国家公园的兴趣点，如生态监测、土著生态知识等领域，并寻找到相关领域的研究内容，进行深入的探索。

2. 澳大利亚

在西方荒野地模式国家公园的理念影响下，澳大利亚国家公园的建立早期以保护荒野地为主，但由于原住民的存在，国家公园的发展在一定程度上受到阻碍。为平衡自然与原住民的利益关系，澳大利亚国家公园管理部门提出了独特的社区联合管理模式，全球广泛称之为社区共管（CBCM）[②]。

---

① 马骏，魏民.加拿大国家公园体系的建设经验与启示［J］.城市建筑，2022，19（15）：195-198.

② 侯艺，许先升，陈有锦，等.澳大利亚国家公园社区共管模式与经验借鉴［J］.世界林业研究，2021，34（1）：107-112.

澳大利亚国家公园在社区建设过程中尤其注重权利保障、社区参与机制及社区引导政策三方面。首先，在权利保障制度方面，政府赋予了原住居民拥有和使用土地的权利，并认同原住居民传统知识与文化的价值，因此通过土地管理协议等行为将原住居民与国家公园管理机构合作关系予以制度化[①]，而在实践上政府与原住居民将国家公园管理计划与租赁协议进行了不断的修改和完善，提高了土地租金和公园旅游收益并促进了社区生态旅游的发展。其次，在社区参与机制方面，澳大利亚国家公园制定决策中，往往鼓励原住居民参与国家公园管理计划的制订与执行，确保原住居民和政府双方选出的代表权利相当，并且充分尊重原住居民的传统文化，将原住居民地方性的知识和生存技能应用到管理过程中。最后，在社区引导政策方面，政府支持原住居民积极参与旅游经营，允许其独资或合资旅游企业、建设文化中心以及开展解说服务等。在社区引导政策方面，国家公园建立管理委员会，使之依法负责公园的监测、保护以及管理等工作。管理委员会的成员包含了政府人员、原住居民以及专家等重要利益相关者，确保了管理委员会既能体现国家对管理公园的意见，又能反映原住居民对管理公园的诉求，这种管理结构有利于表达出各方的管理想法[②]。

（二）尺度巨型、发展中国家的国家（文化）公园

这一类型的国家公园主要分布在俄罗斯、巴西等国家。

俄罗斯国家公园的管理体系发展十分完备。第一，在法律上，国家公园范围内的土地（包括森林用地），根据俄罗斯联邦法律由国家公园管理机构永久使用，除联邦法律规定的情况外，禁止撤销或以其他方式终止土地和林地使用权利。而根据《俄罗斯联邦人民文化遗产（历史和文化古迹）遗址法》，列入国家统一登记名册的俄罗斯联邦各民族文化遗产（历史和文化古迹）提供给国家公园管理机构使用和管理。第二，在管理战略上，2002年俄罗斯以《特别保护区法》的规定为基础，制定国家公园管理战略。该战略参考欧洲、美国和

---

① 薛云丽.国家公园建设中原住居民权利保护研究［D］.兰州：兰州理工大学，2020.

② 侯艺，许先升，陈有锦，等.澳大利亚国家公园社区共管模式与经验借鉴［J］.世界林业研究，2021，34（1）：107-112.

加拿大的国家公园管理实践，结合了俄罗斯自然资源特点，明确了国家公园旨在保护自然环境和历史文化遗产的设立原则，确定了形成国家公园网络体系的组织目标，界定了当地居民在国家公园规划和活动中的作用 [①]。第三，在空间管制上，俄罗斯联邦《特别保护区法》将国家公园划分为具有不同保护和使用制度的六类功能区，并对各个功能区实行严格管控，其中包括保护区、特别保护区、娱乐区、历史文化遗迹保护区、经济区、传统粗放式自然管理区。第四，在社区发展上，政府会定期组织对当地居民的民意测验、有计划地举行系列圆桌会议，让当地居民参与讨论国家公园热点问题、广泛动员当地居民参与国家公园组织的环保活动等。同时支持土著居民就地保留传统生活方式，拥有丰富自然管理经验的土著居民既是国家公园吸引游客的一个重要因素，也为国家公园的环境教育活动提供了重要支持。

（三）尺度中等、经济发达国家的生态型国家公园

这类国家公园的代表国家包括瑞典、挪威、芬兰、瑞士和新西兰等。

新西兰国家公园在学习美国"统一管理"的管理体制基础上，根据其生态系统较脆弱、公众保护意识强以及土地私有的国情，形成了"双列统一保护体系" [②]，即分为政府与非政府两个方面。以议会作为最高保护机构，在政府管理方面采取自上而下的体制，由保护部统领管理中央核心管理部门和地方管理部门，在非政府管理方面以保护委员会和省级保护组织实行保护、监督管理的职责，并由社区公众直接参与到国家公园的管理中，形成广泛的社区参与模式。新西兰国家公园形成了政府出资、基金项目、国际合作项目的资金支持模式，其中基金项目激励全体社会公众对国家公园建设、生态与文化保护的关注与支持 [③]。在功能实现方面，特许经营由保护部统一授予，在保证实现自然与文化

---

① 张光生，林天飞，朱蓉. 俄罗斯国家公园建设与管理体系及其对中国的启示 [J]. 中国生态旅游，2022，12（2）：320-329.

② 杨桂华，牛红卫，蒙睿，等. 新西兰国家公园绿色管理经验及对云南的启迪 [J]. 林业资源管理，2007（6）：96-104.

③ 王丹彤，唐芳林，孙鸿雁，等. 新西兰国家公园体制研究及启示 [J]. 林业建设，2018（3）：10-15.

资源的第一目标前提下，进行满足第二目标的游憩开发利用，新西兰分散、短期的特许经营模式，不仅实现了经济价值，而且实现了管理者与经营者及其权利的分离，使保护与利用均能够有效发展。

（四）尺度中等、发展中国家的生态型国家公园

这一类型的国家公园主要分布在东非地区，代表国家有肯尼亚、坦桑尼亚和印度尼西亚等。

肯尼亚国家公园由政府确立，地方负责经营。同时，肯尼亚国家公园也受到其野生动物管理局的直接管理，值得注意的是，肯尼亚国家公园和保护区的野生动物旅游占据了大部分，旅游收入的 70% 左右是来自野生动物旅游业。因此，肯尼亚野生动物管理局于 2005 年开始启动国家公园品牌计划，旨在提高肯尼亚国家公园和保护区的识别度及自身形象，提供高质量的旅游服务和改善社区生活质量[①]。这些品牌是国家公园和保护区内特有或主要的栖息物种或自然景观，因此品牌的确立为每个国家公园和保护区创建了一个独特的身份标识，极大地增强了公众对其的认知度。同时，野生动物管理局通过相应的品牌管理措施、基础设施建设项目和野生动物保护机制保证和完善品牌建设。品牌计划的实施对于肯尼亚国家公园和保护区的发展及对野生动物资源的保护都起到了促进和推动作用。

（五）尺度中等、经济发达国家的文化型国家公园

这一类型的国家公园主要分布在法国、德国、西班牙、意大利、日本和韩国等国家。

1. 意大利

意大利国家公园采用综合型管理模式，中央层面由农林和自然公园部管理，地方上采取大区政府和社会参与相结合的管理方式。对于土地的拥有者，

---

① 刘丹丹 . 基于地域特征的国家公园体制形成：以肯尼亚国家公园为例［J］. 风景园林，2014（3）：120-124.

意大利通过与其签订租借协议并给予补偿的方式允许其进行运作、经营和管理，并以此让公众参与到国家公园建设中①。此外，意大利对于文化遗产的保护非常重视，被认为是"立国之本"，通过制度和法律的完善建立起一套严格的文化遗产保护体系。首先，在管理上，意大利的文化遗产采取了"中央—地方"的垂直管理模式，中央设立文化遗产部，下设文化遗产保护单位负责具体文化遗产的保护，并建立文物监督人制度，由中央选派文物监督人到地方，负责沟通地方和中央，执行政策并协助保护文化遗产。此外，意大利还建立文物宪兵制度，兼容于中央的垂直管理，负责维护文化遗产安全、打击文物犯罪以及为文化遗产保护提供专业建议②；使用技术手段实现文化遗产的数字化，并进行文物监测与风险预估的遗产风险管理。其次，在保护方面，意大利中央政府通过对不同行政区划分其历史分区，并制定历史中心区的保护、修复和改造的规定；制定个人所得税用于文化遗产保护、税收抵扣以及社会认领等政策用于激励社会公众参与到文化遗产保护中去。最后，在利用方面，意大利大力发展文化遗产产业，通过发掘文化遗产的文化和经济价值，发展文化旅游，实现了经济效益和社会效益的统一。

2. 韩国

韩国作为亚洲的发达国家之一，对文化的保护意识很高，国家公园的建设起步也较早，国家公园不仅有良好的自然生态景观，而且保留非常多的历史文化景观，其管理体制与日本相似。采用综合型管理体制的韩国由国家直管国家公园，管理主体为隶属环境部的韩国国立公园管理公团，并逐渐发展到地方社区、志愿者、社会团体、宗教人士等共同参与③，将政府的财政支出作为资金来源。韩国国家公园倡导绿色生态游览，推出一系列生态与文化相结合的旅游产品，成为国民休闲娱乐的最佳去处，随着访客量增大，韩国还设立了预约访问的制度，在公园的承载范围内接待游客。此外，韩国国家公园也使用技术手

① 哈秀芳，徐宁.欧美国家公园管理模式对中国西藏国家公园体制建设的思考［J］.西藏科技，2018（7）：4-10.

② 邹统钎.国家（文化）公园政策国际案例研究［M］.北京：旅游教育出版社，2021.

③ 虞虎，阮文佳，李亚娟，等.韩国国立公园发展经验及启示［J］.南京林业大学学报（人文社会科学版），2018，18（3）：77-89.

段监测国家公园的环境与遗迹的保护情况，并预测、预防各类风险以实现最大化的保护。

（六）尺度中等、发展中国家的文化型国家公园和文化遗产

这类发展中国家，尺度中等，且以文化型国家公园和文化遗产为主，主要分布在东南亚和中东地区，如泰国、马来西亚、埃及、突尼斯、墨西哥和土耳其等。这类国家对国家公园和文化遗产的管理和保护借鉴了北美和西欧等地区的经验，与国际接轨，建立了较为简明有效的法律框架和管理体制，有着重要借鉴意义。

1. 泰国

泰国是较早拥有将土地划出来保护同时又用作民众欣赏的理念的国家之一，目前泰国已有 150 处国家公园规划，128 处国家公园已经建成[①]。1961 年颁布的《泰国国家公园法》是泰国国家公园建设遵循的基础法律，此外，《国家森林保护法》《野生动植物保护法》等也是泰国国家公园管理和保护的重要法律条文。泰国国家公园由自然资源和环境部管理，部下设三个直属局，分别为皇家森林局、国家公园及野生动植物保护局、海洋海产局。其中国家公园及野生动植物保护局设置了办公中心、保护区恢复和发展、法律分工、规划和信息办公室、国家公园办公室等 11 个办事处，主要对全国国家公园进行管理和保护。在地方上，各个国家公园均设有管理委员会，负责具体管理的事务，并直接对国家公园办公室负责[②]。

泰国对文化遗产的保护和管理也同样重视。首先，在管理机构和政策方面，泰国文化遗产的管理机构是泰国国家文化部，国家文化部下的艺术厅和艺术促进厅的工作职责就是根据宪法和法律以及政府的管理条例来开展保护和发展泰国文化遗产的工作。泰国国家文化部艺术厅的《泰国国家文化艺术发展规划（2009—2011）》，明确了文化遗产保护的三个目标，之后，泰国国家文

---

① Chalanda（赵倩）P. 泰国国家公园访客旅游认知研究［D］. 重庆：西南大学，2019.

② 孙平. 建立国家公园体制的思考［C］// 中国城市规划学会. 城乡治理与规划改革——2014 中国城市规划年会论文集（10——风景环境规划）. 北京：中国建筑工业出版社，2014.

部出台《国家文化委员会办公室工作执行计划》，提出文化遗产保护的相应措施，如建设数据库、强化公众参与等。其次，在法律法规方面，泰国政府通过颁布法律来保护国家的文化遗产，1961 年，泰国制定了《国家文物古迹艺术品博物馆法》，这是泰国第一部专门用来保护物质文化遗产的法律[①]。2016 年泰国颁布了《非物质文化保护促进法》，这是泰国第一部专门保护非物质文化遗产的法律，其中对于泰国非物质文化进行了分类，而且在文化部下成立了曼谷非物质文化遗产保护和促进委员会以及各府对应成立了非物质文化遗产保护和促进委员会。由每个府的府尹兼任该府非物质文化保护和促进委员会的秘书长一职。此外，泰国还颁布了《促进泰国现代艺术发展法》《民间组织法》等，根据文化遗产的不同类型和性质进行细致管理。

2. 土耳其

土耳其是连接东西方文化的重要桥梁和纽带，也是历史上古希腊文明、赫梯文明、波斯文明、罗马文明、塞尔柱文明、奥斯曼文明等众多人类文明的摇篮。截至 2008 年，土耳其国家公园体系共包括 39 处国家公园，其中格雷梅国家公园最为著名。土耳其国家公园的保护管理模式是中央政府管理与协作共治共管相结合的管理模式，即在政府主导的自然保护实践过程中对社区进行了修改，一方面，能够在某种意义上缓解国家公园和周围的"缓冲带"社区居民的权利和利益的冲突；另一方面，信息公开、利益共享的机制有效均衡了多方面的管理力量，在相互监督的前提下提高了管理模式的灵活性。

土耳其文化遗产保护历史悠久，1906 年，奥斯曼帝国颁布了《古物法令》，这是第一部关于古物的土耳其法律，该法令强调了政府拥有发现、保存、收藏、捐赠博物馆的权力；1926 年颁布的《土耳其民法典》中国家所有权声明得到加强。1973 年颁布了《古物法》，取代了《古物法令》，1983 年颁布了《文化和自然财产保护法》又取代了《古物法》。土耳其文化遗产法律体系逐渐完善。此外，土耳其还依照教科文组织《关于禁止和防止非法进出口文化财产和非法转让其所有权的方法的公约》《关于保护世界文化和自然遗产的公

---

① 施雁 . 21 世纪初泰国文化政策研究［D］. 昆明：云南民族大学，2019.

约》对土耳其文化遗产进行保护与管理。在管理体制方面，土耳其文化遗产和博物馆总局是土耳其保护文化财产的指定工作队，隶属文化和旅游部，总部设在安卡拉。它与63个专门从事保护、调查或修复文化资产的区域局合作，并与193个博物馆和138个考古地点协调，以履行其各种职责。

土耳其对文化遗产的利用体现在开发和经营上，土耳其的历史遗迹与商业行为相协调，文化和旅游部在许多遗产周边都设立了文化遗产销售中心，对各式各样的纪念品进行售卖，比如销售翻译成各种语言的观光景点书籍、明信片、光盘、海报、装饰品、服装等；同时，土耳其还有许多遗产主题餐厅和相关设施，价格平价适宜。此外，创意精美的识别系统和专业的引导系统是土耳其的遗产旅游特色之一，在土耳其，遗址标识在数十公里外便可以看到。

（七）尺度小型、发达国家的文化遗产

这些国家较为分散，西欧、北欧、中东、东南亚等地区均有分布，比如卢森堡、比利时、荷兰、丹麦、新加坡、阿联酋和以色列等。该类国家虽然尺度较小，但发展历史悠久，经济发展快速，文化遗产发展模式较为成熟，有较大借鉴意义。

1. 比利时

以比利时的建筑文化遗产为代表，主要采取了战后的重建和预防性保护两项管理措施。首先，对"一战""二战"等战争之后的建筑遗产进行重建，《威尼斯宪章》作为建筑遗产保护领域最重要的国际规范性文件，比利时邀请了大量建筑行业、文化遗产保护行业等相关领域的专业学者参与建筑遗产保护项目。通过学者提出的专业意见进行修复，如严格控制项目预算和项目进展速度、根据房屋的不同现状和新的使用功能进行对应的保护设计、鼓励传统工艺、原始建筑材料和新材料的共同使用。其次，20世纪80年代，比利时将文化领域的管理权从国家层面下放到法语区和荷兰语区，由国家统一管理到分区管理，三区根据新体制情况、各自区域建筑遗产的特征，对现有的相关法律条文进行修订或颁布新的法令。再次，比利时对建筑遗产的保护

由过去的"保护为主"转为提倡"预防为主",关注对象由原来的"已经破损的建筑遗产"转为关注"现状良好或者可能面临损毁的建筑遗产"[①],如设立"建筑遗产监护机构",通过缴纳会员年费、定期检查费等民众可以享受一定的减税优惠和专项经费,使得民众对文化遗产修复的主动性大大加强,也能减少政府部门在建筑维护方面的开支。最后,政府部门协同相关类似机构并联合科研院校组织主题展览,借此向民众展示维护各类建筑的经验,帮助普通民众了解相关的法规政策、知道如何获得政府资助、熟悉相关的专业技术支持平台、引导如何进行简单的日常保护维护工作以及如何寻找专业帮助等。

2. 新加坡

新加坡在城市规划方面的成就得到了世界的广泛认可,其多元文化交融的城市形象尤为深入人心。新加坡历史保护规划在对历史建筑物质形态和人文内涵进行深刻解读的基础上,十分注重物质和非物质文化遗产与其环境的整体性保护,且通过加强社区参与、整治空间环境等多样的保护方法,缓和与解决遗产保护和城市发展之间可能会产生的冲突,推动了城市文脉整体传承,增强和提升了城市居民的归属感与文化自豪感。

新加坡文化遗产的主要管理机构是国家文物局,负责协调、推广和保护新加坡的文化遗产,其下属的各个部门负责博物馆、图书馆、档案馆、考古学和文化遗产等方面的工作[②]。同时,新加坡通过了一系列法律法规来保护和管理文化遗产,如1971年出台《保存古迹法令》;1989年通过《规划法令》,把保育规划确立为工作之一,如划定保护区等。

值得一提的是,新加坡推出了文化遗产计划,编制了一份文化遗产清单、一份跨部门的国家藏品名录、一份非物质文化遗产清单,让公众认识并更了解本地富有历史文化价值的地方,同时为国家古迹的产业拥有者和使用者提供支

---

① 吴美萍. 从战后重建到预防性保护——比利时建筑遗产保护之路 [J]. 建筑师,2018(4):19-27.

② 王楚恒. 新加坡文化遗产保护中的公众参与 [C] // 中国城市规划学会,成都市人民政府. 面向高质量发展的空间治理——2020 中国城市规划年会论文集(09 城市文化遗产保护). 北京:中国建筑工业出版社,2021.

持和帮助，提高公众对国家古迹和历史建筑的认识。

九、因地制宜的国家（文化）公园政策

通过对比中国与其他国家的国家（文化）公园得出以下结论。

（1）在国情与资源条件上，受西部大开发的影响，美国文化遗产呈现多样性特征。英国国家公园设立的初衷是协调过度开垦种植而导致的生态环境破坏，因此国家公园主要聚焦于乡村发展。日本为享受自然风光开设国家公园，且高度重视文化遗产的发展。中国则借助历史中的代表性文化构建了国家文化公园的新概念。（2）管理体制与资金来源上，美国的国家公园以政府管理为主，是"自上而下"的中央集权模式。英国则实行由国家指导、地方自治、多元参与的综合管理体制。日本国家公园也采取"主体明确、权责明晰"的综合管理模式。而中国国家文化公园是由"中央统筹、省负总责、分级管理、分段负责的工作格局"建立的。在资金支持方面，大多数国家都以财政收入为主要的资金来源。（3）公众参与上，美、英、日三国的社会公众都不同程度地参与到国家公园的管理中，而我国的公众参与还比较欠缺。（4）在政策法规上，美国国家公园法律体系可分为国家公园基础性法律、一般性法律和部门规章，而文化遗产则主要受到《国家历史保护法》保护，英国关于文化遗产的法律保护主要聚焦于普通法和单行法。日本政府则围绕保护自然风景区并满足国民使用的主旨推出一系列法规，同时不断完善保护文化财体系，中国则尚处于国家文化公园建设初期，还需不断完善。

通过对比美国、英国、日本、中国的文化遗产和国家公园管理机构及其法律体系，分析出各国不同国情和历史文化背景下政策法规的适用性、有效性，为我国国家文化公园的建设提供一定借鉴。根据以上对国际经验的分析，对我国国家文化公园建设提出以下政策建议。

第一，在管理体制上可由中央根据当前的工作格局形成更为完善的管理体制，明确规定各公园在省、市、县、乡等各级政府的职责、权力范围和基本框架，具体的管理职责由各地方政府根据资源条件等因素划定，使国家文化公园的工作能够层层落实，最大限度上减少遗漏。此外，对于管理模式还需根据资

源类型、人口分布以及民风民俗等因素综合考虑，并适当通过创新寻求更为有效的管理模式。在资金支持方面，应当以中央专项资金与地方政府的财政拨款为主，同时政府探索成立基金、建立非政府组织以及减税等新方式吸引社会资金作为支撑，为国家文化公园的资金来源注入新活力。

第二，我国国家文化公园建设处于初级阶段，且土地国有，人口密集，国家文化公园法律体系的建设可以采取纵向延长、横向扩展的策略，首先应制定标准的、统一的国家文化公园基础性法律，其次应与国家现有的法律体系结合，如《中华人民共和国文物保护法》等，共同构成一张严密的法律网络，让中央、地区、基层三大主体在统一的法律和标准下，对国家文化公园实行自上而下地统一管理，各自履职。

第三，在规划体系上首先可以将法律体系作为国家文化公园规划体系的根本保障，从系统、科学的思维角度出发，从规划—实施—监督管理三个层次进行法律制度设计，尽快出台国家文化公园规划的相关规章制度。其次，制定国家文化公园规划体系公众参与制度，邀请与国家公园规划建设密切相关的利益群体、对国家公园关切的人参与规划与决策。最后，建立跨省交流的联席会议或委员会等机构，解决同一文化公园在不同省之间文化资源权属与责任以及建设的标准统一等问题。

第四，目前中国国家文化公园尚处于建设初期，还未建立经营制度，结合我国国情，对于其他国家的经营模式有以下三点可以参考。首先，我国国家文化公园可以构建专门的管理机构，明确公园建设的核心范围，构建文化公园的管理范畴。其次，优化法律保障体系，出台保障国家文化公园建设的根本性法律，以立法明确国家文化公园的管理机构、建设目标、管理和保护职责、资金来源和人员构成等。最后，完善公众参与机制，构建全社会监督机制，鼓励多主体参与到国家文化公园的建设中来。

第五，在公众参与方面，需要各地政府根据人口与文化特点执行不同的策略。对于原住居民，在人口密度较低的地区可以在政府统一管控的基础上，通过设置公益性岗位的方式使原住居民或周边居民对公园内的设施、环境进行巡护；在人口密度较高的地区成立社区组织，与公园管理局合作参与到公园的维护、管理、决策与经营中。对于社会公众，可以鼓励其组成社会团体，在国家文化公园中组织文化宣传、志愿服务等活动扩大文化公园及其文化的影响力，同时由专业的成员作为顾问，对文化公园的管理与决策提供科学与实用并存的建议。

第六章

国家文化公园发展政策建议

国家文化公园是我国首创的，涵盖自然生态与文化景观的巨型遗产空间。作为我国保护中华文明遗存、保育中华民族精神的重大文化工程，国家文化公园须得明确科学的指导思想与先进的实践原则，才能确保国家文化公园建设方向不偏，重心不乱，为保护遗产、传承文化、弘扬精神提供与时俱进的行动指南。经过梳理国际遗产管理思想演进，借鉴各国遗产保护与利用实践，发现国家文化公园要坚持整体性保护思想，遵循相容性利用原则，才能实现高质量发展。

一、整体性保护是国家文化公园遗产保护的核心思想

习近平总书记指出，"我们一定要重视历史文化保护传承，保护好中华民族精神生生不息的根脉"①，这为国家文化公园整体性保护奠定了基调。国家文化公园整体性保护思想承自国际文化遗产保护宪章与实践，顺应遗产保护思想由真实性向完整性拓展的趋势。它将遗产本体与发展环境并重，不仅注重遗产本体的"完整无缺"，也确保遗产场所的"完整连接"，是指引国家文化公园保护建设的本质要求。

---

① 张毅，袁新文，张贺，等.保护好中华民族精神生生不息的根脉［N］.人民日报，2022-03-20（001）.

（一）保护思想起源与发展

国际遗产保护理念及实践是国家文化公园整体性保护思想的直接来源（重要文件及其主要思想如图 6-1 所示）。19 世纪法国古迹修复大师维奥列特·勒·杜克（Viollet Le Duc）主张"风格修复"，也称"整体修复"，强调城市建筑的建设与修复要遵循风格一致原则，整体性保护思想就此萌芽。1931年，第一届历史纪念物建筑师及技师国际会议通过的《关于历史性纪念物修复的雅典宪章》中正式将完整性（integrity）列为古代建筑保护与修复的基本原则，提出"保留完整信息、选择性保留、整体搬迁 [①]"。1964 年《国际古迹保护与修复宪章》中提出"古迹不能与其所见证的历史和其产生的环境分离" [②]，肯定了环境氛围是文化遗产完整性的重要组成部分，带动了国际遗产保护思想向完整性转变的趋势。而后通过的《阿姆斯特丹宣言》（1975 年）、《世界遗产公约》（1976 年）、《实施〈世界遗产公约〉的操作指南》（1997 年）提出了整体性的具体原则、满足条件、判定要素，搭建了整体性保护的基本框架。2021 年最新通过的《实施〈世界遗产公约〉的操作指南》更加细化了完整性的条件，进一步完善了整体性保护的细则。作为保障自然与文化遗产突出普遍价值的重要条件，整体性保护已成为国际社会保护自然与文化遗产的共识。整体性保护才能确保完整地体现遗产过程与特色，体现遗产地的各类关系与动态功能。

---

① 　The Athens Charter for the Restoration of Historic Monuments，ICOMOS，1931.

② 　ICOMOS，National Charter for The Conservation and Restoration of Monuments and Sites（The Venice Charter-1964），https://www.icomos.org/en/participer/179-articles-en-francais/ressources/charters-and-standards/157-the-venice-charter，（accessed2022-9-15）.

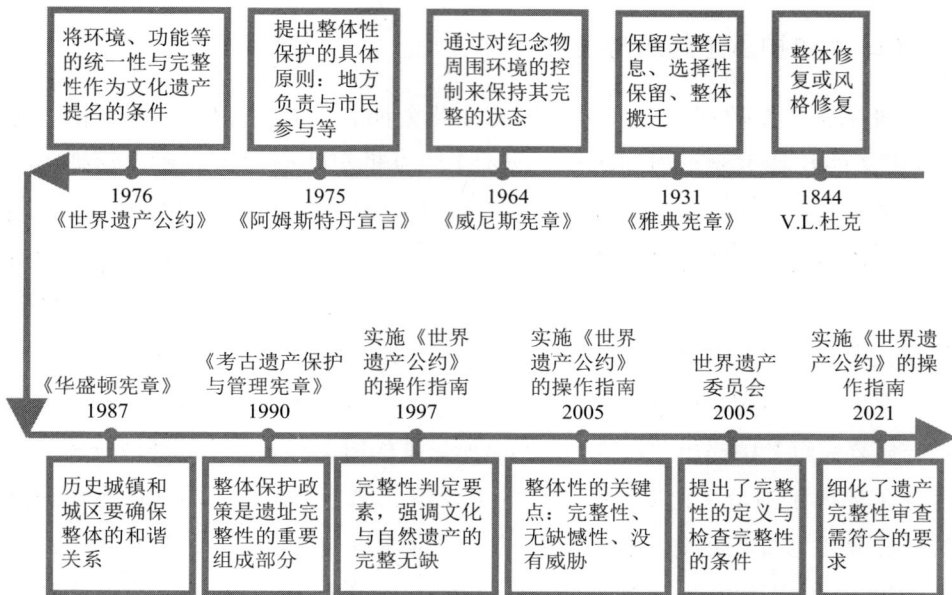

图 6-1　国际遗产整体性保护重要文件及其主要思想

（二）整体性保护实践进展

在整体性保护思想引领下，世界各地整体性保护实践的兴起为国家文化公园提供了案例样本。以圣地亚哥·德·孔姆波斯特拉朝圣之路为代表的文化线路强调整体性、跨文化性与动态性[1]，并注重将人文遗存与文化氛围、历史空间一同保护起来。文化线路交流并传播了"线路精神"，使其同时具备了物理连接性和精神关联性[2]。美国遗产廊道兼具生态效益与服务生活功能，是自然、经济、历史文化三者并举的多目标保护体系[3]，如美国黑石河峡谷遗产廊道在

---

① 王丽萍.文化线路：理论演进、内容体系与研究意义［J］.人文地理，2011，26（5）：43-48.

② ICOMOS，The ICOMOS charter on cultural routes，https://www.icomos.org/images/DOCUMENTS/Charters/culturalroutes_e. pdf，（accessed 2022-9-15）.

③ 李伟，俞孔坚，李迪华.遗产廊道与大运河整体保护的理论框架［J］.城市问题，2004（1）：28-31，54.

突出文化意义的同时，注重打造和谐的自然环境与生态空间，承担生态涵养和物种保护的作用。在自然遗产保护领域，国家公园强调公益性、国家主导性与科学性[①]，承载自然生态系统的地质背景、地理环境及其所产生的景观或审美认知，乃至人类社会的遗迹与现今社会文化背景下的公众对价值的认知等[②]，是引导民众树立国家自信与民族认同的重要载体[③]。我国文化生态保护区以非物质文化遗产为核心，坚持"保护优先、整体保护、见人见物见生活"的理念，实现"遗产丰富、氛围浓厚、特色鲜明、民众受益"的保护目标[④]。

（三）整体性保护构成要素

在众多国际文件与学者的探索下，整体性保护的理念框架逐渐完善（表6-1）。国际宪章及文件关注遗产自身属性，认为视觉、结构、功能的完整是遗产整体性的构成要素；国外学者将该范围拓展到视觉景观、环境布局及精神价值等方面；国内学者在沿用国外保护原则基础上，加入了对法律体系与管理保障的思考，强调建立整体性保护管理体系，为遗产完整性保驾护航。

表6-1 整体性保护构成要素

时间	会议或文件或学者	观点
1996 年	世界自然遗产提名地主要评价原则和标准专家会议	自然遗产的完整性应包括视觉完整、结构完整、功能完整 3 个方面[⑤]

---

① 陈耀华，黄丹，颜思琦. 论国家公园的公益性、国家主导性和科学性［J］. 地理科学，2014，34（3）：257-264.

② Poulios, Ioannis. Moving beyond a values-based approach to heritage conservation［J］. Conservation and Management of Archaeological Sites，2010，12（2）：170-185.

③ 邹统钎，郭晓霞. 中国国家公园体制建设的探究［J］. 遗产与保护研究，2016，1（3）：30-36.

④ 中华人民共和国文化和旅游部. 国家级文化生态保护区管理办法［EB/OL］.（2018-12-10）［2022-09-15］. http://www.gov.cn/xinwen/2018-12/25/content_5352070.htm.

⑤ UNESCO World Heritage Centre. Report of the Experts Meeting on Evaluation of General Principles and Criteria for Nominations of Natural World Heritage Sites［EB/OL］.（1996-03-15）［2022-05-19］. https://whc.unesco.org/en/documents/838.

续表

时间	会议或文件或学者	观点
2000 年	基于非洲文脉的真实性完整性会议	功能性、结构性与可视化①
2005 年	《关于美洲世界遗产的真实性和完整性的全新观点》	社会功能完整性、历史—结构完整性、视觉/美学完整性②
2006 年	约基莱托	功能完整性、结构完整性与视觉完整性③
2007 年	斯托弗（Stovel）	完整性（Wholeness）、无缺憾性（Intactness）、材料真实性（Material genuineness）、空间与形式的组织（Organization of space and form）、功能的连续性（Continuity of function）、环境的连续性（Continuity of setting）④
2014 年	塔瓦卜（Tawab）	身份价值、尊重价值、历史价值、审美价值、建筑价值、科学价值、功能价值、经济价值、教育价值、政治价值等11项⑤
2013 年	戈林诺（Gullino）、拉彻（Larcher）	建筑布局、乡村布局、自然布局、文化价值、社会可持续性、经济可持续性、管理策略等11项⑥
2020 年	哈拉夫（Khalaf）	将连续性与兼容性作为完整性的限定条件，连续性即遗产随时间推移而持续的概念，兼容性即变化与周围环境的相容性⑦

① UNESCO World Heritage Centre. Synthetic Report of the Meeting on Authenticity and Integrity in An African Context［EB/OL］.（2000-10-09）［2022-05-19］.http://whc.unesco.org/en/documents/1080.

② ICOMOS. New views on Authenticity and Integrity in the World Heritage of the America［EB/OL］.（2011-11-15）［2022-05-19］.https://www.icomos.org/en/116-english-categories/resources/publications/259-mon-umentsasites-xiii.

③ Jokilehto J .Considerations on authenticity and integrity in world heritage context［J］.City & Time, 2006, 2（1）: 1.

④ Stovel H .Effective use of authenticity and integrity as world heritage qualifying conditions［J］.City & Time, 2007, 2（3）: 3.

⑤ Tawab A , Ayman G .The World Heritage Centre's approaches to the conservation of New Gourna Village, and the assessment of its authenticity and integrity［J］.Alexandria Engineering Journal, 2014, 53（3）: 691-704.

⑥ Paola, Gullino, Federica, et al. Integrity in UNESCO World Heritage Sites. A comparative study for rural landscapes［J］.Journal of Cultural Heritage, 2013, 14（5）: 389-395.

⑦ Khalaf R W .The implementation of the UNESCO World Heritage Convention: continuity and compatibility as qualifying conditions of integrity［J］.Heritage, 2020, 3（2）: 384-401.

续表

时间	会议或文件或学者	观点
2007 年	郭璇	建立整体性的文化遗产保护立法体系、整体性的专业指导准则、整体性的建成遗产保护方法、整体性的文化遗产保护管理体制[①]
2009 年	张松	政策导向和功能协调对整体性保护的顺利实施具有积极作用
2021 年	任伟、韩锋	多方协同、共同推进的遗产管理体制和规划体系是促成遗产保护可持续的关键与核心要求[②]

经总结归纳，本课题组认为国家文化公园整体性保护构成可分为"四个要素一个保障"（图 6-2）："四个要素"围绕遗产自身属性，分为组织结构完整性、功能价值完整性、视觉景观完整性与精神意义完整性，它们构成"内部核心层"，是遗产整体性保护的基础与要义；"一个保障"是指以管理协调机制和规划协同体系为核心的管理体系，它构成"外围保护圈"，是遗产整体性保护的保障手段。"四个要素"与"一个保障"相辅相成，是国家文化公园整体性保护路径与策略的逻辑根源。遗产整体性保护的对象是人、物质与非物质、空间与时间有机统合的可持续发展场域[③]，国家文化公园整体性保护需要对象、结构、时间、空间的完整。在保护对象上要囊括物质与非物质文化遗产以及人居空间，在结构上要保护遗产原有空间布局及组织结构；在时间上要挖掘文化过去、融入文化现代、放眼文化未来；在空间上，保护遗产物理空间、文化氛围空间、生活方式空间与精神意义空间。

---

①　郭璇.中国历史建成遗产真实性中的非物质维度——兼论整体性保护策略的可能性［J］.新建筑，2007（6）：74-79.

②　任伟，韩锋.建成遗产保护、城市再生与可持续发展——以英国牛津城堡为例［J］.建筑遗产，2021（1）：126-133.

③　艾菊红.人、物与时空整合视域下的文化遗产保护——以湘西凤凰文化遗产保护与传承为例［J］.中州学刊，2017（3）：71-77.

图 6-2　国家文化公园整体性保护构成要素

二、相容性利用是国家文化公园资源利用的中心理念

国家文化公园以保护传承利用、文化教育、公共服务、旅游观光、休闲娱乐、科学研究为主要功能，在党的二十大报告"建好用好国家文化公园"的发展方向下，国家文化公园遗产资源只有活化创新才有助于阐释文化底蕴、发挥遗产价值，从而促进文化成果人民共享、传承精神根脉。

（一）利用理念演进与转变

遗产利用理念与遗产保护相伴而生，并从单一保护向多元利用发展，自1964 年至今，国际上对于文化遗产利用的态度经历了利用地位合法化、利用方式具体化、利用体系丰富化、利用内涵扩展化四个阶段（图 6-3）。

阶段	重要理念	目的
1964—1980年 地位合法化	1964年《威尼斯宪章》为社会公用之目的的利用古迹永远有利于古迹的保护 1973年《巴拉宪章》以适合其重要性的方式解释和呈现这个地方	利用为保护
1981—1999年 方式具体化	1982年《佛罗伦萨宪章》提出日常利用，将利用与民众需要联系起来 1999年《国际文化旅游宪章》要通过适当的、启发性的当代教育形式、媒体、科技和个人解释历史、环境和文化信息	利用为满足公众需要
2000—2008年 体系丰富化	2003年《非物质文化遗产公约》教育、提高认识和能力建设，提倡针对公众尤其是青年的教育、提高认识与宣传计划 2008年《文化遗产阐释与展示宪章》细致阐述文化遗产利用的目标和原则	利用为遗产教育
2008年至今 内涵扩展化	2021年《国际文化遗产旅游宪章》从大众旅游转向以文化遗产为中心的更可持续、更负责任和以社区为中心的旅游	利用为可持续发展

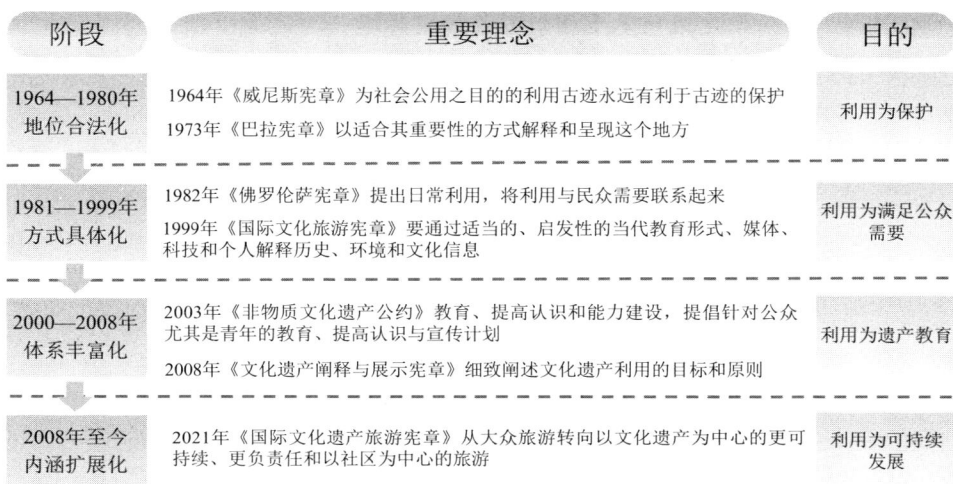

图 6-3　国际遗产利用的演变阶段

　　遗产利用最初是作为遗产保护的辅助手段出现。"阐释""展示""旅游"等利用手段开始出现在国际宪章中，这一阶段遗产利用多出于更好保护遗产的目的，探索遗产利用的价值及其对遗产保护的助益，为遗产利用原则的确立奠定了基础。20 世纪 80 年代开始，遗产利用方式开始具体化有形化。满足公众需要，向公众展示遗产，增进公众对遗产的理解[1]形成了这一时期的主要基调。进入 21 世纪，遗产利用的内涵不断延伸，并将促进遗产教育作为重点。2008 年以来，随着遗产学界由"物本主义"向"人本主义"的转变，可持续发展理念为遗产利用注入了新鲜血液。这种理念引起了全球遗产保护思潮"由物及人"的演变，人们意识到遗产保护首先必须基于当地人的发展，或者说当地人的生计可持续性[2]。

　　经过 50 年的发展，随着其他学科理念的引入与利用方式的更新换代，世

---

　　① 张松.文化生态的区域性保护策略探讨——以徽州文化生态保护实验区为例［J］.同济大学学报（社会科学版），2009，20（3）：27-35，48.

　　② ICOMOS. Historic Gardens（The Florence Charter - 1982）［EB/OL］.［2023-01-25］. https://www.icomos.org/en/newsletters-archives/179-articles-en-francais/ressources/charters-and-standards/158-the-florence-charter.

界遗产利用理念越来越交叉、利用方式越来越融合。首先，遗产利用的方向由最初的文化与自然二分体系不断发展演变为对文化与自然的认识不断融合，在后期价值阐释和遗产管理等多个发展方向上，都呈现出跨界融合的功能机制需求①。其次，遗产利用的实践与研究需要多个领域人才参与，具有鲜明的跨学科特征②。最后，文创开发推动了遗产利用呈现产业化、生活化的趋势，科技手段的加持促使遗产展示方式体验化、沉浸化。这三方面的融合都充分展现了相容性，相容性利用逐渐发展为国家文化公园等巨型遗产利用的主要趋势。

（二）相容性利用的逻辑与原则

相容性利用，简而言之，就是基于遗产地自然和文化的解决方案，通过多样化的方式，充分挖掘并展现文化内涵，推动遗产融入生态、生产与生活。

国家文化公园遗产相容性利用基于自然与文化两类解决方案。一是基于自然的解决方案（Nature-based Solutions）。其核心思想是"用生态的力量解决生态的问题"，鼓励"自然修复""再野化修复"等保护修复办法，即强调"与自然合作，让自然做功，减少人类干预"③。二是基于文化的解决方案（Culture-based Solutions）。它是指"干预行动要认同或借鉴本土文化的长处，并以世代传承的习俗、行为、价值观和信仰为基准"④。该方案主张当代遗产保护利用要更重视遗产杰出普遍价值（OUV）和文化符号，关注遗产地地格（Placeality），即一个地方长期形成的生活方式的综合特征⑤，同时也要关注当地历史文化背景，尊重本土的、已有的管理经验。基于自然的解决方案为国家

---

① 张朝枝.世界遗产保护与旅游发展关系 50 年回顾与展望［J］.中国文化遗产，2022（5）：38-42.

② 齐欣.关注中国世界遗产三大趋势［N］.人民日报（海外版），2023-01-16（011）.

③ 蒋钦宇，李贵清，张朝枝.《保护世界文化和自然遗产公约》50 周年：变化、对话与可持续发展——首届世界文化与自然遗产学术论坛综述［J］.自然与文化遗产研究，2023，8（1）：94-98.

④ 康蓉，李楠，史贝贝.生态经济学视角下"基于自然的解决方案"的欧盟经验［J］.西北大学学报（哲学社会科学版），2020，50（6）：135-146.

⑤ Mokuau N. Culturally based solutions to preserve the health of native hawaiians［J］. Journal of Ethnic & Cultural Diversity in Social Work，2011，20（2）：98–113.

文化公园建设中生态修复、生态系统完整性和生物多样性保护等工作提供了一定思路，基于文化的解决方案尊重文化多样性，利用本土的、历史的智慧与文化，考虑社区居民利益，使国家文化公园更具包容性、普惠性。

国家文化公园相容性利用要遵循协同共生与价值延续原则。协同共生原则强调空间层面上人与自然、遗产和环境之间要和谐共生，它要求国家文化公园在利用自然遗产时要充分尊重自然规律，最小干预生态系统，以此来提高人类社会应对气候变化风险和挑战的能力，促进生态质量的改善和提升；在利用文化遗产时，既要保证其自身结构和内容的完整，也要顾及遗产本体和所在环境的主辅相宜、空间共生。价值延续原则强调时间层面上过去与未来、历史与当代的连接延续，它要求国家文化公园在建设过程中应形成尊重历史、关注现在、融入未来的价值观，一方面要避免遗产再利用的过度商业化，保留历史文脉，另一方面要积极探索遗产"与当代生活相容"的表现形式，使遗产以"活"的姿态不断传承。

三、从国家文物保护单位到国家文化公园转型的难题

（一）体制转型的困局

我国文物保护制度正经历从文物保护单位制度向以国家文化公园为主体的文化遗产制度转型阶段。以往的管理体制使得文化遗产陷入静态管理与动态环境不相适应、刚性保护与价值利用错位发展、管理主体与利益诉求不匹配和评估体系不完备等困局①。首先，文物保护单位制度的重点在于文物修缮与保护，忽略了文物周边环境的重要作用，致使众多文化遗产单位丧失了原有"栖息地"，形成"文化孤岛"②。其次，以资源分类为核心的文化遗产管理缺乏相

---

① 邹统钎，赵英英.基于自然与文化解决方案的遗产旅游资源管理战略研究［J］.遗产与保护研究，2017，2（1）：35-38.
② 李丰庆，刘成.中国文化遗产管理发展与管理模式构建研究［J］.西北大学学报（哲学社会科学版），2021，51（4）：136-144.

应的体系化和系统化整合①，一个遗产地往往涉及文物、旅游、林草、国土等多个管理部门，"多头管理"问题容易造成"搭便车"与"公地悲剧"。最后，属地管理模式导致"条块分割"，各地之间发展不协调、不同步极不利于文化遗产的保护。2015 年我国《中国文物古迹保护准则》修订中说明，要进行文物保护就要认识到文物所代表的价值，在不改变文物的基础上立足于真实性和完整性对文物进行保护②。我国文化遗产保护重心由单体保护逐渐向整体保护过渡，保护对象由静态文物向文化空间转变。为克服体制弊端，统筹全局，国家文化公园建设势必将整体性保护思想贯彻到底，顺应文化、景观与生态终将走向统一的趋势③。

国家文化公园遗产特性致使统筹协调困难。国家文化公园特性具体表现为：（1）空间上的广域性，国家文化公园以长城、大运河、长征故道等巨型文化遗产为本体，以遗产周边文化环境为依托，横跨数省份，总体空间广度前所未有。（2）要素上的多样性，国家文化公园涵盖文物实体、村居村落及生态景观等物质文化资源，还包括传说传统、手工技艺、文化习俗等非物质文化资源，不同资源在保护方式与利用手段上都各有不同。（3）体制上的交织性，国家文化公园不仅涉及省份之间管理体制上的协调，还涉及部门及体系之间权力的归属、管辖范围的划分、管理层级的设置。（4）主体上的多元性，国家文化公园作为面向公众的公共空间，参与主体不仅有政府部门和投资企业，还有社区居民、科研机构、行业协会及公益组织等。（5）存在上的活态性，国家文化公园是发展的空间，是活态的遗产，其与居民生活空间联系密切，遗产环境随着城市建设与社区发展动态变化。这些特性时刻存在割裂文化景观、扰乱整体氛围的风险，也成为管理者在活化利用公园遗产与文化时所要考虑的难题。国家文化公园保护利用势必更加注重统筹协同，实施整体性保护，融合创新，坚定相容性利用，才能实现助力全线形成统一而宏大的文化符号。

① 邹统钎，韩全，李颖.国家文化公园：理论溯源、现实问题与制度探索［J］.东南文化，2022（1）：8-15.

② 肖建莉.历史文化名城制度 30 年背景下城市文化遗产管理的回顾与展望［J］.城市规划学刊，2012（5）：111-118.

③ 张政君.中国文物保护原则的发展与演变［J］.文物鉴定与鉴赏，2019（22）：88.

（二）国家文化公园面临现实威胁

现代化进程的加快使遗产面临着被破坏、污损、被忽视、掠夺或严重改变并影响其外观及功能的威胁。（1）现代设施的大规模建设破坏了遗产视觉景观完整性，如北京黄松峪乡长城文化带保护范围内违法违规建设酒店，影响了长城整体景观的视觉评估。（2）遗产脆弱性限制了功能价值完整性的保存，如大运河因改道修建等导致部分河段淤塞湮废，阻碍了大运河航运与泄洪功能的发挥。（3）居民谋生的需求对遗产组织结构完整性造成了冲击，如长江周边居民原先赖以生存的水产捕捞如若不加节制就会对长江国家文化公园的物种造成威胁，部分地方居民的乱砍滥伐破坏了国家文化公园内整体布局的连续性。（4）遗产被忽视被遗忘不利于遗产精神意义完整性的保护，如一些野长城长期被忽视，得不到有效保护，影响长城全线精神意义的完整诠释。（5）利用方式相互交织，多种并行，导致国家文化公园利用纷繁复杂，不成体系。各个景区景点"画地为牢"，各自经营，难以形成整体氛围，旅游品牌的辨识度较弱。各类利用方式"单打独斗"，盲目追逐热点，不能较好地从遗产文化底蕴出发开发出具有特色的利用方式。

（三）国家文化公园管理体制机制改革面临的主要问题

（1）缺乏稳定的管理机构和专业的管理队伍。目前除贵州等局部地区进行了一些机构设置探索外，总体上没有建立专门的管理机构。多数地区采取的是临时专班，从各个部门或者高校事业企业单位临时抽调人员组成国家文化公园建设的协调工作团队。普遍存在人员少、流动性大的状况。

（2）领导组织方式不统一。牵头单位之间需要协调，随着未来国家文化公园数量的增加，多个牵头单位之间的协调问题必然更加凸显。领导小组办公室主任与副主任不同单位的设置，影响工作效率。

（3）发展机制不健全。地方行动步调不一致，跨省和跨部门协调机制不完善。目前五大国家文化公园均有跨度大、差异显著、权属复杂的特点，对跨省和跨部门协调工作提出了很高的要求。整体性工作推进相对较慢。资金缺乏保障，投入机制不明确。一方面资金普遍缺口较大，另一方面缺乏资金投入的政策指导。部分属地财政困难，大量边远地区和欠发达地区面临资金困难的问题。

四、中国地方国家文化公园管理体制机制改革的探索

国际上，美国在 100 多年的发展与实践中积累出以下几条重要经验：第一，机构设置：国家主导，垂直分区模式。第二，资金保障：丰富多元，特许经营。第三，立法体系：横向协调，纵向关联。第四，参与管理：多元主体，全民共管。国内，中国国家公园探索出的主要经验包括：第一，采取试点方式探索管理体制机制改革。第二，中央直管、中央地方共管与地方管理机构设置模式。第三，设立必要的人员编制。第四，建设资金机制多元化。

全国各地在国家文化公园的管理体制机制建设方面做了有益的探索。中央层面，形成了"领导小组—办公室—专班"的顶层设计，对国家文化公园建设的统筹协调、总体规划、资金分配等功能初步实现。省级层面，"领导小组＋办公室"构建起各省总揽本地国家文化公园建设的管理架构。国家文化公园"中央—省—市"分级管理体制，和以省市行政边界为界的"分段管理"格局初步形成。对于"分省设立管理区"，各地对概念认识并不清楚，暂无省份专门设置管理区。

同时，各地在管理体制机制上有诸多创新实践。贵州省在宣传部增设了长征国家文化公园指导协调处，有 2 个编制。江苏省拟在宣传部文化产业处加挂大运河国家文化公园协调指导处的牌子，并增加相应编制。河南省拟将设于文化和旅游厅的国家文化公园建设工作领导小组办公室转变为实体性机构，增加10 余个专门编制。市级层面，河北省沧州市形成了以"组—办—院—企"为特征的综合性国家文化公园建设推进机构。河北省迁安市设立长城国家文化公园管理中心，是国内首个县级国家文化公园建设保护实体管理机构。江苏省淮安市采取建设工作领导小组—管理部门（宣传部、国资委）—管理办公室＋文旅集团模式，管理有效，执行有力（图6-4）。

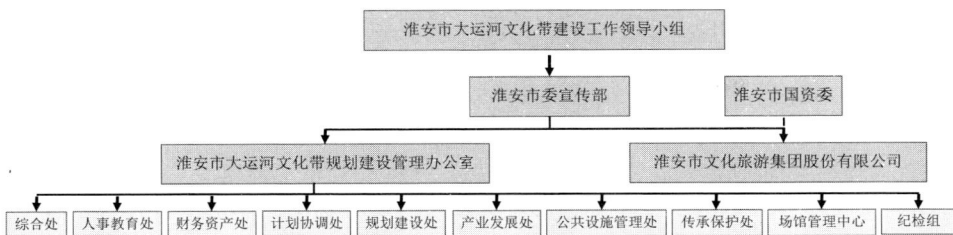

图 6-4　国家文化公园管理体制淮安模式

　　资金机制上开展多元化投入体系的探索。中央政府主要在重大遗产保护、核心主题展示、基础设施（大交通）配套方面提供资助。国家文化公园资金机制基本模式是"只给帽子不给票子"，目前普遍存在地区差异很大，经济发达地区资金来源渠道较多，经济落后地区主要靠政府转移支付，加上三年新冠疫情的影响，国家文化公园建设存在地区冷热不均的局面。江苏省的融资模式创新值得借鉴，首创发行国家文化公园的专项债券与发展基金。大运河文化带建设专项债券在上海交易所成功发行。建立了大运河文化旅游发展基金，涉及江苏省 11 个大运河沿线市县的 13 个大运河文化带建设项目，涵盖遗产遗迹保护修缮、文化旅游融合发展、环境整治、生态修复、水利建设、乡村发展等多个领域。

　　在立法建设领域，各地仍然以原遗产地的相关保护条例为主要法律依据，比如《中华人民共和国文物保护法》《中华人民共和国黄河保护法》《中华人民共和国长江保护法》《长城保护条例》《浙江省大运河世界文化遗产保护条例》《河北省大运河文化遗产保护利用条例》《淮安市大运河文化遗产保护条例》，贵州在全国率先推出《贵州省长征国家文化公园条例》，于 2021 年 7 月 1 日正式施行，标志着贵州省长征国家文化公园建设工作进入了规范化、法治化轨道。

五、国家文化公园管理体制机制综合改革建议

　　建设国家文化公园需要解决国家文化公园管理的机构设置、职能安排，以及实现国家文化公园管理目标所需的关键机制，包括协调、资金、法律保障

等。国家文化公园建设需要以习近平新时代中国特色社会主义思想为指导，全面贯彻党的十九大精神，以打造中华文化重要标志、坚定文化自信、彰显中华优秀传统文化持久影响力和社会主义先进文化强大生命力为目标指引，以深化改革和创新发展为主要手段，围绕并落实"中央统筹、省负总责、分级管理、分段负责"的工作格局，构建从国家文物保护单位制度向国家文化公园管理体制机制转变的目标与路径。

整体性保护与相容性利用是适应国家文化公园遗产特性与发展现状的最佳选择，分别体现在（图6-5）：（1）顺应我国文物保护制度转型趋势，整体性保护与相容性利用有助于破除遗产管理难题；（2）针对国家文化公园跨区域、跨部门、跨行业特性，整体性保护与相容性利用有助于中华文化标志建设；（3）应对现代城市发展与人类活动威胁，整体性保护与相容性利用有助于解决矛盾冲突，平衡保护与发展。

针对中国国家文化公园管理体制机制的问题，改革对策建议如下。

（1）建立稳定的组织机构和管理队伍。为了实现国家文化公园遗产整体性保护，中央层面，做实国家文化公园管理机构，完善顶层设计。建议考虑两种模式：一是将国家文化公园建设工作领导小组办公室做实，由临时性协调机构转变为有专门编制和相应权责的固定机构，按照整体性保护原则，文物和非物质文化遗产需要整体性保护，故合理的管理机构应该是国家文物局和文化和旅游部非物质文化遗产司合并成立国家文化遗产局，待国家文化公园建成之后加挂国家文化公园管理局。二是在文化和旅游部内设部门加挂国家文化公园管理局牌子，增加编制，明确权责。省级层面，构建与中央国家文化公园管理机构相统一的机构。市级层面，构建更加灵活的以政府部门或事业单位为存在形态的管理机构。

（2）完善统一管理体制。为了整体性保护国家文化公园，需要整合国家文化公园内现有的国家考古遗址公园、国家级风景名胜区、国家历史文化名村、中国历史文化名镇名村、全国重点文物保护单位、全国爱国主义教育示范基地、国家级烈士纪念设施保护单位、全国红色旅游精品线路经典景区等多个分类以及相应机构，应统一到国家文化公园的管理中。中国文化遗产保护体系的总体框架应该是：以文物保护单位和非物质文化遗产名录为基础，以国家文化公园为统领，以历史文化名城名镇名村、文化生态保护区和国家考古遗址公园为补充的文化遗产保护体系。除了现有的长城、大运河、长征、黄河与长江国家文化公园外，最具代表性的线性遗产丝绸之路、茶马古道将来应该纳入国家文化公园体系之中。

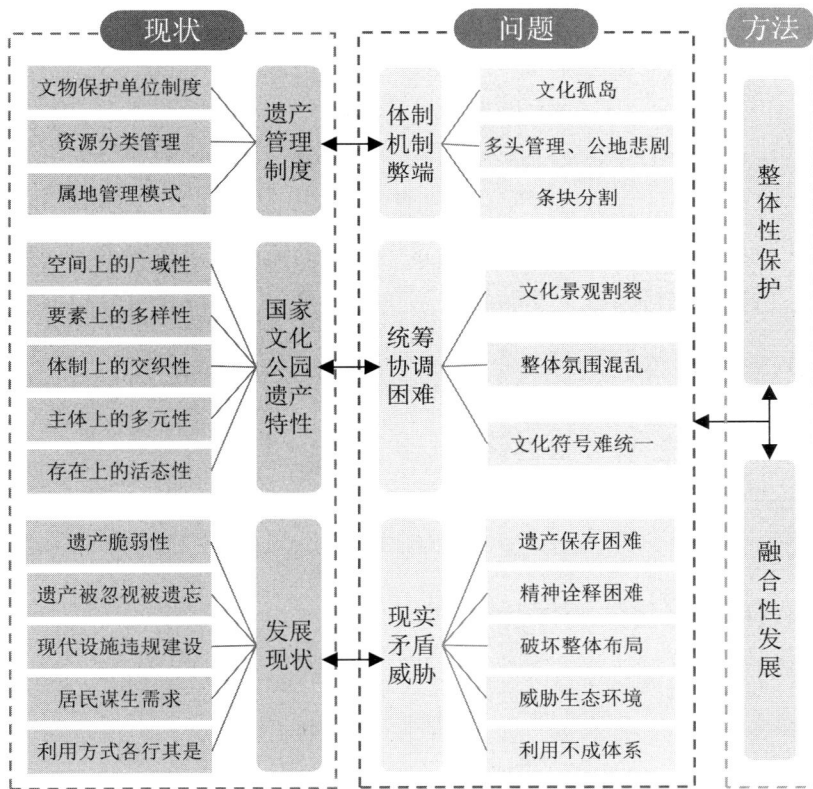

图6-5　国家文化公园现状、问题与解决办法

（3）形成"组—办/局—院—企"的推进机制。由国家文化公园建设工作领导小组为统领，实体办公室或国家文化公园管理局为具体管理机构，国家文化公园研究院或者地方党校（行政学院）为智库支持，文化和旅游企业为建设的主要实施部门的"组—办/局—院—企"推进机制，形成国家文化公园保护

与利用兼容的建设局面。地方党校（行政学院）以及其他智库机构提供国家文化公园的核心价值的诠释，设计中华文化标志的表征方案，为国家文化公园的各地段的建设提供指导。

（4）建立"财政资金＋社会资本"相结合的多元化资金保障机制。中国基本上借鉴了欧洲模式，以地方，特别是省级财政为主。我国国家文化公园资金体制应该是以中央财政投入为引导，地方财政投入为主体，社会资本和社会捐赠为补充的多元化资金保障机制。省级提供专项建设资金和中央配套资金。构建"债券＋基金"的社会资本投入机制，壮大社会捐赠资金规模。中央财政主要负责国家文化公园核心文化主题展示，大环境配套以及总体传播。以标志性的项目为重点抓手，区分中华文化标志项目与配套建设项目，每年中央和地方遴选一批国家文化公园建设的重大项目作为中央或地方重点专项、社会募集、企业融资的优先支持项目，发动全社会力量确保国家文化公园的顺利建成。

（5）建立有效协调机制。发挥中央宣传部、国家发展改革委、文化和旅游部、国家文物局等部门职能优势，形成推进合力。发挥领导小组部际协调职能，进一步固化省部际联席会议机制。强化跨区域协调机制，重要的大型线性公园设置全国性"专门委员会"，负责跨区域的调研、规划、协调、宣传、检查等工作。

六、国家文化公园保护与利用路径

国家文化公园延续中华文化命脉，是文化话语建构与传播的"发声筒"，是文化软实力塑造与提高的"拉力器"。文物承载灿烂文明，传承历史文化，维系民族精神，是老祖宗留给我们的宝贵遗产，是加强社会主义精神文明建设的深厚滋养[①]。在文化强国战略实施的关键节点上，国家文化公园要降解或破除现实危机，在新时代文化建设中发挥引领作用，须得摸索出一条完善的整体性保护与融合性发展路径，才能守住中华民族共同的根，焕活中华文化统一

---

① Mathewson，Kent. Cultural landscapes and ecology，1995－96：of oecumenics and nature（s）［J］. Progress in Human Geography，1998，22（1）：115-128.

的魂。

（一）国家文化公园整体性保护路径

国家文化公园整体性保护要警惕文化景观割裂风险，吸收融合国际组织文件成果与学者研究理论，借鉴国内外遗产保护实践，实现组织结构完整、功能价值完整、视觉景观完整、精神意义完整四大目标，完善管理体系保障。

1. 构建本体结构与三生空间平衡发展的遗产文化结构以实现组织结构完整

国家文化公园内具有区别于国家自然公园的遗产结构与经济结构、社会结构、文化结构的特点。首先，保护遗产本体结构。这是国家文化公园发挥功能、实现价值、体现精神的直接来源，以长城国家文化公园为例，实现其组织结构完整就要对长城城墙、烽火台、车马道等进行全线保护，不能破坏其整体体系。其次，保存完整的文化生态结构。国家文化公园可以借鉴文化生态学思想及文化生态保护区实践，保存原生态的遗产空间布局，维持原生态的遗产结构联系；在生产上，保存原有的生产活动方式，如当地传统手工艺、特色农业等；在生活上保存当地原有的生活方式，保留优良的原生态生活习俗。

继续推进文化生态保护区建设，围绕中华文化标志，以保护非物质文化遗产为核心，对历史文化积淀丰厚、存续状态良好、具有重要价值和鲜明特色的文化形态进行整体性保护。

2. 构建本底功能、直接应用功能与衍生价值多元发展的遗产功能体系以实现功能价值完整

国家文化公园是复合的功能空间，国家文化公园可以借鉴自然文化遗产综合利用的原则：严格保护本底价值、适度利用直接应用价值、大力发展间接衍生价值[①]。对于本底功能，国家文化公园要分类恢复、灵活运用；对于直接应用价值，国家文化公园可以充分发挥文化教育功能、遗产考古价值、旅游休闲功能及农林产品实物产出价值等；对于间接衍生价值，国家文化公园要注重宣传价值与代表意义，打造文化 IP，建设成为具有国家代表性的文化标识，打

---

① 唐伟. 坚定文化自信彰显中华魅力［N］. 云南日报，2018-03-08（012）.

造成为国际友好沟通渠道与中外文化交流桥梁。

3. 构建以权威话语为主、多元话语为辅的精神意义表征体系以实现精神意义完整

遗产在历史长河演变中被赋予了无形精神，已成为一个民族一个国家的形象象征与精神支撑，国家文化公园要精神意义完整，才能促进遗产意象的升华以及遗产价值的传播。国家文化公园要以国家等政治权威为遗产话语建构的主体，国家要诠释好、解说好、宣传好遗产承载的价值态度与文化信仰，以保障精神价值的统一表征。多元话语对遗产精神的建构有利于民众自我身份与种族话语的肯定 [①]，国家文化公园也要吸纳诸如学者、媒体与周边居民对遗产的理解，权威话语与多元话语的双重解读才有助于构建国家文化公园统一的意义空间与情感空间。最重要的是相关部门要做好精神意义的具化与宣传，既要保存好、修复好有形载体，又要活化利用、创新利用无形载体，同时利用现代科技打造丰富的娱乐体验项目，助力国家文化公园精神符号塑造。

4. 构建和谐一体的景观格局与环境氛围以实现视觉景观完整

景观尺度下的文化遗产是由遗产地的自然结构、经济结构和社会结构所构成的统一体，是"自然与人类的共同结晶"，要从空间、时间和文化属性三个维度来把握 [②]。在空间上，国家文化公园要维护好景观的连续性，在国家文化公园的核心遗产（Nucleus）外围应该构建一个不可侵犯带（Inviolate Belt）保护脆弱的核心遗产，在国家文化公园周边设置缓冲区，用以与城市景观进行一定程度的隔离；在建造必要的服务设施时，也要注重与整体景观和文化氛围的相容性，维护遗产地文化风貌。在时间上，国家文化公园要完整保存遗产的历史演变过程及时间演化痕迹，在文化属性上，国家文化公园内遗产景观具有时间压缩性，各类景观的文化属性与其成型的时间节点有机关联，形成规模的文化效应，各类遗产合理放置在特定的时空下，才能与其环境形成和谐景观。

---

① 陈耀华，刘强 . 中国自然文化遗产的价值体系及保护利用 [J] . 地理研究，2012，31（6）：1111-1120.

② Gruffudd P，Herbert D T，Piccini A . 'Good to think': social constructions of Celtic heritage in Wales [J] .Environment & Planning D Society & Space，1999，17（6）：705-721.

5. 通过管理协调机制和相容性利用保障国家文化公园文化遗产的完整性

与国家文化公园遗产特性相适应的管理体制是整体性保护实施并持续的保障。政府作为政策的制定者、实施者与协调者，是国家文化公园规划建设的主导力量与推进机构，政府主管部门坚定整体性保护思想、坚持整体性保护道路，是国家文化公园最坚实的保障。国家文化公园整体性保护需要跨区域、跨部门、跨行业协调管理协调体制来保障。跨区域协调需要在完善的顶层设计下建立稳定的组织机构与管理队伍，从中央到地方形成"组—办/局—院—企"的推进机制；跨部门协调需要构建更加灵活的国家文化公园领导小组或部门，协调好隶属关系，明确职权归属。跨行业协调需要相关部门统筹拓宽文化行业、旅游行业、地理行业等多相关领域专家学者及企业组织等的有效参与，为国家文化公园整体性保护建言献策。另外，完备的法律体系可作为整体性保护的行事准则与管理依据，为国家文化公园筑起最后一道防线。整体性保护要在全面系统的保护总体规划下，以具体的法律法规做保障，消除地方性行政壁垒，开启多边合作，推进整体性保护工作不断深入[①]。

（二）国家文化公园相容性利用路径

国家文化公园是"自然—文化—人类"的共生空间，生态、生产、生活三者交织融合，不可分割。国家文化公园以"三生空间"为载体，表征与具化中华文化核心内涵与精神价值，实现国家文化公园相容性利用。

1. 与地域生态相容

原真原味的自然与文化生态是遗产保育与利用的基础，在协同共生原则指导下，国家文化公园遗产利用要融入自然生态平衡与文化生态延续中来。

（1）尊重自然规律，统筹利用自然资源

长城、大运河、长征等线路贯穿大量生态涵养区，尤其是黄河、长江还有部分生态脆弱区域，因此国家文化公园要在自然规律的范围内进行合理开发、

---

① 佟玉权，韩福文，邓光玉.景观——文化遗产整体性保护的新视角［J］.经济地理，2010，30（11）：1932-1936.

统筹利用。首先，在保证自然环境不受干扰的前提下，国家文化公园可以借鉴国家公园实践，利用自然进行环境教育，如开发生态研学、绿色课堂、自然科普等活动。其次，国家文化公园可借鉴遗产廊道实践打造"自然体验"，如规划自驾车道、自行车道、徒步绿道等慢行游步道体系。另外，国家文化公园要平衡生态保护与自然体验，并实现二者的双向赋能，借鉴景迈山古茶林"山上做减法、山下做加法"的利用理念，因地制宜，盘活自然与人文资源，打造人与自然和谐共生的利用格局。

（2）传承场所精神，综合展现文化特色

国家文化公园要在保证文化连续性的基础上对文化生态进行特色开发，打造文化品牌，延续并传承场所精神。首先，国家文化公园可通过适应性改造将古建民居更新开发为有价值、有品位、有趣味的文创空间，鼓励文化消费品、艺术、娱乐等业态的入驻，打造非博物馆化的生活区模式。其次，可将成片的物质遗产资源和特色的非遗资源整合起来打造体验街区，如汉服体验街区、艺术创意街区、文化工坊等，形成当地的文化符号。另外，国家文化公园可通过节事活动来打造自己的文化品牌，会集非遗传承人、本地艺术者等来根据遗产特色进行文化创作，激发遗产活力，丰富文化表达形式，提高地方整体知名度。另外，高折叠度的空间具有强大的文化叙事能力，国家文化公园要主动利用这种高度凝练的文化符号进行空间叙事，如实景游戏，使游客在玩乐中既能感受原始悠久的文化氛围，又能增加空间事件体验。

2. 与地方生产相容

产业融合与创造转化是延续遗产价值、促进遗产焕发生命力的关键，国家文化公园要将遗产作为核心战略资产，并将其融入本土产业延伸与创意产业发展中来。

（1）融入本土产业，延伸产业链条

遗产要强化衍生能力，拓宽增值渠道，才能实现更广域的流传与更持续的发展，国家文化公园要推动遗产与产业共生融合。首先，国家文化公园可在原有产业上进行提质升级，如将红色文化与绿色生态相结合，红色旅游与文化演艺相结合，或故事复原打造角色扮演体验等。其次，国家文化公园要带动产品从使用价值向文化价值转变。要根据文化内涵和精神价值赋予农产品、手工艺品以独特含义，如长征国家文化公园可将沿线特色农产品与红军长征故事结合，打造红军客栈等主题民宿，通过形象和主题设计突出长征文化，形成国家文化公园特色 IP。国家文化公园可将产品产业与文化体验相结合。公园可在传统利用区兴建非遗体验工坊，如古法扎染体验工坊、手工造纸体验坊、杨柳青年画体验坊等，这不仅可以给当地非物质文化遗产充分的展示空间，也可以吸引游客动手参与，打造独特的文化体验。

（2）培育新兴产业，实现创新发展

文化产品要成为一种文化形态、形成现实的文化影响力、体现文化的传承性，要致力于成为留给后人的文化遗产[①]。国家文化公园要推动文化创造性转化，创新精神价值展示与传播载体。国家文化公园要重视文化引擎的创意性挖掘，打造多元产业生态。借鉴伦敦国王十字街区的经验，国家文化公园要打通文化的"枝节末梢"，联合非遗传承人、艺术工作者、文化馆、艺术馆等根据公园文化精神进行二次创作，从而汇集大量创意理念，开发文创产品，并通过文创展览、创意街区、文化市集等形成具有连续产业链的社区生态。国家文化公园还可与企业进行合作，开发国风动漫、趣味游戏等，延伸文化和遗产的传播载体。

3. 与社区生活相容

融入当代融入日常生活是加速遗产传播强化遗产传承的保障，协同共生与价值延续原则要求国家文化公园利用要让遗产活在当下、服务人民。

（1）世代传承文化记忆，延续传统生活方式

遗产要融入现代生活融入群众日常才能发扬光大[②]。遗产是社区的一部分，承载着社区居民的文化记忆。这种由记忆催生的认同感从意识上引导居民重视文化，促使不同时代的人们能够代际衔接与合作[③]，国家文化公园建设应当将社

---

① 佟玉权. 中东铁路工业遗产的分布现状及其完整性保护［J］. 城市发展研究，2013，20（4）：41-46.

② 李康化. 文化遗产与文化生产的创造性转化［J］. 江汉大学学报（人文科学版），2011，30（1）：37-42.

③ 邹统钎. 国家文化公园的整体性保护与融合性发展［J］. 探索与争鸣，2022（6）：8-11.

区融入进来，让遗产回归民间、扎根社区、融入生活。国家文化公园要延续地方记忆，让居民找到归属感，可打造文化市集，复兴传统工艺、民俗等。其次，国家文化公园要将活在历史中的文化拖拽到当下，将文化产品融入生活场景，让传统技艺借助现代载体，打造具有生活美学又实用精美的文化产品，要让社区居民参与到国家文化公园建设中来，激发群众的文化创造力，让社区居民成为文化缔造者之一。另外，国家文化公园要注重文化符号与文化品牌的打造，通过节事、互联网、社交媒体等渠道传播生活方式，让文化记忆长久流传。

（2）全民共享文化红利，涵化遗产精神空间

社区与居民是遗产空间中的活的要素，也是文化流动的传播载体。国家文化公园要保障社区人民享受到遗产利用成果，将遗产精神导入居民生活空间中，培养居民的文化情怀。首先，国家文化公园要统筹居民利用与游客利用，既要丰富游客本地生活方式体验，拓宽文化体验渠道，也要保障居民利益，让国家文化公园环境治理提升惠及社区，帮助社区改善生活环境，美化社区空间，让社区空间成为公园的一道独特美景。其次，协调公益性利用与生产性利用，不能因经济利益而牺牲全民公益，国家文化公园要开展遗产教育，扩大文化服务，让百姓切实体会到遗产在身边，也要将文化场景融入居民休闲游憩，满足社交娱乐需求，从而凝聚文化共同体。另外，要平衡传统利用与现代利用，要通过数字技术等现代科技手段展示国家文化公园遗产精神，建设遗产线上共享渠道，扩大遗产传播范围。

国家文化公园整体性保护与相容性利用作为规划管理的"一体两面"，一手抓保护，保护好国家文化公园区域内的自然与文化遗产风貌；一手抓利用，利用好国家文化公园遗产要素、空间景观与文化内涵。二者又相辅相成，整体性保护是相容性利用的基础，整体性保护才能延续文化遗产的生命力；相容性利用是整体性保护的目的，融合性发展才能提高文化遗产的活力。国家文化公园建设应牢记梁思成先生针对莫高窟加固而提出的"有若无，实若虚，大智若愚"的主张，统筹兼顾，从全局入手，兼顾"红花"与"绿叶"，兼顾保护与利用，从生产、生态、生活出发促进融合性发展，把国家文化公园打造成中华文化重要标志。

后 记

　　全书由邹统钎统一设计框架，提供基本思路与逻辑体系。第一章：邹统钎、邱子仪、苗慧；第二章：王欣、周琳、邹明乐、李莹；第三章：吴丽云、徐嘉阳、凌倩、向子凝；第四章：孟凡哲；第五章：唐承财、刘嘉仪、江玲、上官令仪；第六章：邹统钎、仇瑞。常东芳负责全书的文字通读与格式整合。

　　本书为国家社科基金艺术学重大课题"国家文化公园政策的国际比较研究"（20ZD02）的总报告，是北京第二外国语学院中国文化和旅游产业研究院的集体成果。北京联合大学李飞副教授、Texa A & M University 韩全博士、王金伟教授、李艳副教授、李颖博士，华东师范大学黄鑫博士，中国文化和旅游产业研究院研究生吕敏、常梦倩、陈歆瑜、陈欣、李晨曦、邱子仪、张梦雅、仇瑞、苗慧、常东芳、胡晓荣、席小童、张丽荣、谢双、程睿思、王一丁等、博士后冯星宇均参与了课题的研究。文化和旅游部周久财司长、国家行政学院祁述裕教授、武汉大学傅才武教授、中国传媒大学范周教授、中央文化和旅游管理干部学院毕绪龙教授、南京大学张捷教授、山东大学王德刚教授、厦门大学林德荣教授等均提供了精心指导。在课题设计与撰写过程中得到了王兴斌、苏扬和吴殿廷教授等人的大力支持，Pennsylvania StateUniversity 的潘兵教授，University of South Carolina 的孟芳教授，Université de Paris I（Panthéon-Sorbonne）的 Maria Gravari-Barbas 副校长、印恬恬博士，Silk Road International University of Tourism and Cultural Heritage 的 Ian Patterson 教授等给予了指导与帮助。本课题得到了 UNESCO 丝绸之路可持续遗产旅游教席的大力支持，也是丝绸之路国际旅游与文化遗产大学丝绸之路研究院的重要研究成果。文化和旅游部科技教育司王卉处长、王彦副处长，全国艺术科学规划领导小组办公室邱邑洪教授、姚宇航老师对课题的执行提供了精心指导。

邵铤钎

2023年12月16日星期六于撒马尔罕，
丝绸之路国际旅游与文化遗产大学

项目策划：张文广
责任编辑：刘志龙
责任印制：闫立中
封面设计：中文天地

图书在版编目（CIP）数据

国家文化公园政策的国际比较研究 / 邹统钎等著
. -- 北京 ： 中国旅游出版社， 2024.11
（国家文化公园管理文库）
ISBN 978-7-5032-7280-6

Ⅰ . ①国… Ⅱ . ①邹… Ⅲ . ①文化－国家公园－管理
－对比研究－世界 Ⅳ . ① G112

中国国家版本馆CIP数据核字(2024)第032350号

书　　　名：国家文化公园政策的国际比较研究

作　　　者：邹统钎　等著
出版发行：中国旅游出版社
　　　　　　（北京静安东里 6 号　邮编：100028 ）
　　　　　　https://www.cttp.net.cn　E-mail:cttp@mct.gov.cn
　　　　　　营销中心电话：010-57377103，010-57377106
　　　　　　读者服务部电话：010-57377107
排　　　版：北京旅教文化传播有限公司
经　　　销：全国各地新华书店
印　　　刷：三河市灵山芝兰印刷有限公司
版　　　次：2024 年 11 月第 1 版　2024 年 11 月第 1 次印刷
开　　　本：720 毫米 × 970 毫米　1/16
印　　　张：14.25
字　　　数：213 千
定　　　价：59.00 元
ＩＳＢＮ　　978-7-5032-7280-6